中国历代兴亡极简史

余耀华 ◎ 著

重庆出版集团 重庆出版社

图书在版编目（CIP）数据

中国历代兴亡极简史/余耀华著.—重庆：重庆出版社，2019.8

ISBN 978-7-229-14343-5

Ⅰ.①中… Ⅱ.①余… Ⅲ.①中国历史–通俗读物 Ⅳ.①K209

中国版本图书馆CIP数据核字（2019）第170744号

中国历代兴亡极简史
ZHONGGUO LIDAI XINGWANG JIJIANSHI
余耀华 著

责任编辑：周北川
责任校对：杨　婧
封面设计：张合涛
装帧设计：江岑子

重庆出版集团
重庆出版社　出版

重庆市南岸区南滨路162号1幢　邮政编码：400061　http://www.cqph.com
重庆市国丰印务有限责任公司印刷
重庆出版集团图书发行有限公司发行
E-MAIL:fxchu@cqph.com　邮购电话：023-61520646
全国新华书店经销

开本：710 mm×1000 mm　1/16　印张：21.75　字数：280千
2019年8月第1版　2019年8月第1次印刷
ISBN 978-7-229-14343-5
定价：45.80元

如有印装质量问题，请向本集团图书发行有限公司调换：023-61520678

版权所有　侵权必究

目录

第一章 绪论
读史：看成败，鉴得失，知兴替　　1

中国从秦朝统一天下到中华人民共和国成立，其间经历了秦、汉、三国魏晋南北朝、隋、唐、五代十国、宋、元、明、清、民国，撇开大分裂、大动荡的三国魏晋南北朝、五代十国不论，从秦、汉、隋、唐、宋、元、明、清、民国来看，历代从兴到亡，或则十数年，或则二三百年，正所谓"其兴也勃焉，其亡也忽焉"。旧朝代的结束，预示着新王朝的开始，若干年后，新王朝又成旧王朝，再被下一个王朝取代，历史重回起点。风水轮流转，个中缘由，耐人寻味。

管窥历代统治者的生存舞台，探寻历代王朝兴亡的轨迹，透过其成败、得失、兴替的表象，探索渐行渐显的内在规律，寻找若隐若现的因果关系，从中可以得到诸多启示与借鉴。

一、著名的延安"窑洞对"　　3
二、中国历代兴亡的命运悖论　　5
三、兴亡周期律因果探源　　9

第二章
三代——兴亡之始　　12

夏、商、周三代，一次次黄袍加身，一顶顶王冠落地，尽管各自有着不同的崛起与败亡的原因，但无疑存在着一些共同的废兴规律可供追寻。每一次王朝更迭和政权易手，仿佛在上演似曾相识的一幕。有的盛极一时，勃然而兴，迅速崛起，但却好景不长，瞬息而亡。有着强大无比的政权，似乎没有任何力量与之抗衡。兴，何以兴？亡，何以亡？王朝废兴的原因和规律究竟何在，这是中国历代王朝政权必然要共同面对的问题。

一、文明初始　　14
二、夏桀暴政亡国　　17
三、"成汤革命"　　19
四、纣王无道　　23

1

五、周公制礼安邦　　27
六、周幽王烽火戏诸侯　　33

第三章

秦王朝——勃兴猝亡　　37

秦帝国统治时间仅15年（前221—前206年），在中国历史长河中乃昙花一现，但作为中国历史上第一个大一统王朝，其在政治体制、经济建设、军队管理、吏治建设等方面的实践，都具有开创性。南宋理学家朱熹说，大凡以前没有人做过的事情，要做开创者，不是一件容易的事情。

秦王朝虽然国运短祚，但无论其成功的经验，还是失败的教训，对于后世来说，都弥足珍贵。其在如何防止官僚队伍的腐败化，保证官僚机构高效、有序运行这一历代王朝所面临的永恒课题方面，有许多经验、教训值得研究、思考和借鉴。

一、短祚王朝　　39
二、"焚书坑儒"　　41
三、《为吏之道》　　45
四、伟大的创举　　47
五、民心为何缺失　　49
六、秦朝兴亡的启示　　52

第四章

大汉王朝——在辉煌中走向灭亡　　54

汉朝分西汉和东汉两个时期。西汉以汉武朝为界分前后两个时期。刘邦立国后，推行轻徭、薄赋、节俭、省刑的惠民政策，又经文景两朝近40年的经营，政权达到黄金时代。汉武帝虽然是一位英主，但在东征西讨之时却又奢侈无度，将文景时期积累的财富挥霍一空，使得臻于极盛的武帝朝实际成为西汉王朝由盛转衰的转折点。武帝晚年虽然也表示悔过，但民众对刘氏皇室已失去了信心，以致出现王朝戏剧性易主。

东汉以汉和帝末期为界分前后两个时期。前期统治者特别重视对官吏的选拔，通过察举、贤良对策等方式选取贤才，吏治比较清明。

后期皇帝都是年幼即位，被外戚、宦官玩弄于股掌之中，社会黑暗，吏治败坏，社会风气日益腐败。王朝逐渐走向灭亡。

一、汉初"无为而治" 56

二、"文景之治" 64

三、汉武帝自毁 69

四、王莽篡汉 79

五、"光武中兴" 88

六、走向灭亡 93

七、汉朝兴亡的启示 98

第五章

隋王朝——兴于俭亡于奢　　101

隋朝是在结束了中国历史上几百年的分裂割据局面之后建立起来的统一王朝。隋文帝杨坚建立隋朝之后，为了国家的长治久安，进行了一系列政治改革，建立起一套较为严密的制度。如中央政府的三省六部制，地方政区的州、县二级制，选拔人才的科举制，以及地方官由中央任免制等等，无不与吏治建设有着直接或间接的关系。因此，杨坚统治时期，政治清明，经济文化发展也很快。

隋炀帝杨广是中国历史上有名的暴君，他一反乃父节俭的作风，大兴土木，不但破坏了文帝时期建立起来的政治秩序、耗尽了隋文帝积累下来的财富，还玩丢了文帝辛辛苦苦开创的大隋江山。

一、短祚王朝 103

二、隋文帝节俭治国 104

三、隋炀帝的功与过 112

四、隋朝兴亡的启示 117

第六章

大唐帝国——从神话中的坠落　　118

唐朝是中国封建社会的鼎盛时期，共289年。唐朝以安史之乱为界，分为前后两个时期。前期是向上发展时期，后期则为日渐衰落时期。唐代前期包括从唐高祖李渊建唐起，到唐玄宗李隆基末年止，经历了

7个皇帝，共130年。这段时期，唐太宗李世民统治时取得了较高成就，唐高祖李渊、武则天和唐玄宗李隆基统治的前期，也都有许多称道的地方。但此后的唐王朝则陷入吏治败坏，军阀混战的泥潭难以自拔，致使大唐帝国的神话迅速走向破灭，大唐帝国也就退出了历史舞台。

一、唐初的吏治　　120

二、"贞观之治"　　122

三、唐高宗并非一无是处　　134

四、武则天铁腕治吏　　139

五、唐玄宗前后判若两人　　142

六、帝国神话的破灭　　151

七、唐朝兴亡的启示　　161

第七章

大宋王朝——物欲横流的时代　　164

宋朝有320年的历史，从赵匡胤发动"陈桥兵变"篡夺后周政权，建都汴梁，到"靖康之乱"，宋廷统治者从江北逃往江南，栖息临安，直至"崖山海战"，陆秀夫背赵昺跳海自尽。建都汴梁的宋廷史称"北宋"，栖身临安的宋廷史称"南宋"。

宋朝是一个物欲横流的时代，无论是官场还是民间，全被物欲横流的气氛所笼罩。中国古代吏治败坏不仅在政治上与专制政体联系密切，在思想上与物欲横流也息息相关。专制和腐败是一对孪生兄弟，专制体制必然产生腐败，腐败必然依赖于专制体制。专制为腐败滋生提供条件，物欲横流推动官场腐败进一步恶化。

宋朝极贫，不是经济不发达，而是政府将巨额财富进贡给了异族；宋朝极弱，不是没有军队，而是军队没有战斗力，将帅只知敛财，不识战阵。指望一支腐败的军队保家卫国，那是天方夜谭了。

一、物欲横流的时代　　166

二、太祖、太宗对吏治的贡献　　170

三、"庆历新政"与王安石变法　　177

四、北宋后期积重难返　　187

五、南宋吏治败坏失江山　　190

六、宋朝兴亡的启示　　202

第八章

元朝——最无制度的朝代　　206

蒙古乃马背上的民族，对汉文化缺乏足够的认识，他们于马背上得天下，却又希图在马背上治天下，由于对儒家文化缺乏认知，导致治国理论出现缺失，政治制度少有章法，故被后人称为"最无制度"的朝代。

蒙古的兴起和元朝的建立，使中国古代的政治制度进入一个新的阶段。元朝承辽金之遗法，揽南宋之制度，结合本身之习俗，形成其独特的政治体制，在吏治建设方面，元朝自成体系，特别是在官吏监督方面颇有建树。但元朝国祚较短，而且对官吏贪赃枉法、搜刮聚敛缺乏有效的制裁措施，吏治腐败程度较为严重。

一、最无制度的朝代　　208

二、元初吏治逆天而行　　210

三、贪风四起与吏治整顿　　215

四、元朝后期的社会腐败　　220

五、元朝兴亡的启示　　225

第九章

明朝——整饬吏治高歌猛进　　230

明朝是中国历史上惩治贪官污吏力度最大、用刑最酷、杀戮最多的一个朝代。掀起这股反贪风暴的人是开国皇帝朱元璋。

朱元璋疾贪如仇，除贪务尽，声称要杀尽天下贪官，宁可错杀一千，不可放过一个。杀皇侄、惩驸马、戮勋臣、处窝案，向贪官污吏打出惊世骇俗的组合拳，为明初赢得了一百多年吏治清明的安定局面。

明朝中、后期，朱元璋及其后继者苦心经营起来的反贪机制逐渐遭到破坏直至全面瘫痪，基本上失去防腐反贪的作用，结果出现贪官污吏横行天下的乱局。当崇祯皇帝铲除以魏忠贤为首的最大贪污官僚集团之后，大明王朝这座大厦已从头烂到脚，再无回天之力。

一、明太祖严惩贪官污吏　　232

二、明成祖倡廉肃贪　　249

三、"仁宣之治"　　251

四、英宗时期为拐点　254

五、中后期的吏治　258

六、明朝兴亡的启示　284

第十章

清朝——君主专制最后一曲挽歌　286

　　清朝是中国历史上最后一个封建王朝。当时作为统治民族的满族完成向封建化的过渡还为时不久，大清贵族还保持着封建地主阶级在上升时期的某些朝气，同时也保持着八旗制度下贵族之间的某些民主。清初顺治、康熙、雍正、乾隆四位皇帝，又都是励精图治的皇帝，因此出现了长达一个半世纪的稳定发展时期，这就使清朝统治者有较充分的条件与可能，总结历代封建统治者成功的经验与失败的教训，加强和巩固其统治。实行廉政，整饬吏治，就是其中重要内容。但是，由于中国封建社会已是日薄西山，封建社会的一些弊端积重难返，这些弊端爆发之后如溃堤之水，势不可挡地泛滥成灾，最终葬送了大清王朝。

一、谁葬送了"康乾盛世"　288

二、腐败与烟毒交相为恶　307

三、侵吞军费酿国耻　315

四、光绪不做亡国之君　321

五、最后一曲挽歌　326

六、清朝兴亡的启示　336

第一章　绪论
读史：看成败，鉴得失，知兴替

中国从秦朝统一天下到中华人民共和国成立，其间经历了秦、汉、三国魏晋南北朝、隋、唐、五代十国、宋、元、明、清、民国，撇开大分裂、大动荡的三国魏晋南北朝、五代十国不论，从秦、汉、隋、唐、宋、元、明、清、民国来看，历代从兴到亡，或则十数年，或则二三百年，正所谓"其兴也勃焉，其亡也忽焉"。旧朝代的结束，预示着新王朝的开始，若干年后，新王朝又成旧王朝，再被下一个王朝取代，历史重回起点。风水轮流转，个中缘由，耐人寻味。

管窥历代统治者的生存舞台，探寻历代王朝兴亡的轨迹，透过其成败、得失、兴替的表象，探索渐行渐显的内在规律，寻找若隐若现的因果关系，从中可以得到诸多启示与借鉴。

一、著名的延安"窑洞对"

1945年7月，民主人士黄炎培、冷遹、王云五、左舜生、傅斯年、章伯钧6人到了延安，这些人不是来延安游山玩水的，而是应邀前来做客的。

延安方面非常重视这批尊贵的客人，毛泽东、周恩来、朱德、叶剑英、林伯渠、张闻天、邓颖超、杨尚昆、陈云、陈毅、刘少奇、彭真、刘伯承、聂荣臻、彭德怀、贺龙、陆定一等一些在延安的中共中央领导人集体出动，赴机场迎接这些贵宾。

中共领导人向这些民主人士表示，延安敞开怀抱欢迎他们，无论是机关、农舍，还是市场，贵宾们可以自由参观，不受任何限制。

几天之后，黄炎培发现，延安方面对他们真的没有任何限制，没有出现在重庆常紧随其后的"尾巴"；行走在延安街头的人们，人人气色红润，个个精神饱满，没有发现游手闲荡之人，也没有面带烟容的颓唐之人。街上没有标语，但有黑板报，黑板报上介绍的是卫生知识。印象最深的，是延安街上的意见箱。每个延安人都可以投书，上书建议直至毛泽东。他还发现，延安的人们对毛泽东大多是直呼其名，一般不连带他的头衔。

访问结束临离开延安时，黄炎培与毛泽东在延安窑洞里有一次精彩的对话。当时，毛泽东问黄炎培，这次到延安访问，有何感想。

黄炎培回答说："我生60多年，耳闻的不说，所亲眼看到的，真所谓'其兴也勃焉，其亡也忽焉'。一人、一家、一团体、一地方，乃至一国，不少单位都没能跳出这个周期律的支配力。大凡初时聚精会神，没有一事不用心，没有一人不卖力，也许那时艰难困苦，只有从万死中觅取一生。既而环境渐渐好转了，精神也渐渐放下了。有的因为历时长久，自然的性情发作，少数演为多数，到风气养成，虽有大力，无法扭转，并且无法补救。也有因为区域一步步扩大了，它的扩大，有的出于自然发展，有的为功业欲所驱使，到干部人才渐见竭蹶、艰于应付的时候，环境倒越加复杂起来了，控制力不免趋于薄弱了。一部历史，'政殆宦成'的也有，'人亡政息'的也有，'求荣取辱'的也有。总之没有能跳出这周期律。中共诸君从过去到现在，我略了解了些，就是希望找出一条新路，来跳出这个周期律的支配。"

毛泽东当时回答说："我们已经找到了新路，我们能跳出这个周期律。这条新路，就是民主。只有让人民来监督政府，政府才不敢松懈。只有人人起来负责，才不会人亡政息。"

对于毛泽东的回答，黄炎培后来写道："这是对的，只有大政方针决之于公众，个人功业欲望才不致发生。只有把每一个地方的事，公之于每一个地方的人，才能使地地得人，人人得事。用民主来打破这个周期律，怕是有效的。"

黄炎培与毛泽东的这段对话，便是著名的"窑洞对"，直至今日，仍然被人们广为引用。

为了永不松懈，跳出"周期律"。1949年3月，毛泽东又在西柏坡会议讲话中，极富预见性和前瞻性地提出了"两个务必"的著名论述，即：务必使同志们继续地保持谦虚、谨慎、不骄不躁的作风，务必使同志们继续地保持艰苦奋斗的作风。

历史就是历史，历史不能任意选择。不论发生过什么波折和曲折，出现过什么苦难和困难，中华民族的文明史是人民书写的历史。回顾历史，是为了总结和吸取历史教训，以史为鉴。

习近平同志指出，全党要牢记毛泽东同志提出的"我们决不当李自成"的深刻警示，牢记"两个务必"，牢记"生于忧患，死于安乐"的古训，解决好"其兴也勃焉，其亡也忽焉"的历史性课题，走好脚下的路。

二、中国历代兴亡的命运悖论

中国历代廉政建设,为推动政治文明的发展,进行了有益的探索,取得了积极的成果,积累了许多宝贵的经验。探索值得肯定,成果需要总结,经验可以借鉴。然而,在中国历代廉政制度的发展进程中,却始终无法摆脱自身命运的悖论。诸如"周期律"、"矛盾律"、"背反律"这样一些带有普遍性、必然性、规律性的历史现象,仿佛与传统廉政制度结下不解之缘。历史的悖论难题,更值得让人深思破解。

(一)关于"周期律"现象

透视中国历史的发展轨迹不难发现,历代王朝的兴亡,许多现象似乎是在重复走过一条相同的路,统治者生时的忧患,存时的百态,衰时的落寞,亡时的悲泣,许多是那么的相同或相似。旧政权的灭亡,新王朝的兴起,不过是又一轮循环往复的开始。这种"周期律"现象,仿佛是一个永远走不出去的"怪圈"。既然在中国历史发展进程中具有普遍性和必然性,当然就有其深刻的内在原因。如果从历代吏治建设与"周期律"二者关系的角度考量,至少可以从以下几个方面探究"周期怪圈"的视野:

历史的发展从来不以人的意志为转移,违背社会规律必将遭到惩罚。在遭到无数次惩罚之后,吃一堑长一智,或许能做出相对明智的选择。正是在这样的经历之后,中国古代统治者都能作出整肃吏治、加强自身廉政建设的必然选择。这就是传统的吏治,抑或廉政建设历史合理性之所在,即历代统治者的廉政建设不得不为之,不如此,轮回周期将会更短,本轮"怪圈"的终结将会快速降临。强盛一时的秦帝国仅二世而终,威名赫赫的隋王朝历两代而亡,血淋淋的前车之鉴,促使后来统治者为了延长自己的统治周期,不得不在吏治上做文章,加强政治改革，推行廉政建设。如此，新一轮"周期怪圈"开始。

　　传统的廉政制度，虽然在一定程度上具有代表社会进步的一面，但其本质毫无疑问是代表统治阶级的利益，代表的进步性是相对的、表面的、有限的，代表的本质性则是绝对的、实质的、无限的。这就决定了传统的廉政建设不得不进行，但又不可能进行得彻底。两种力量相持，两种作用并存，其作用大小、强弱并不平衡。历史的合力，驱动"周期怪圈"前行，只能沿着既定的弧形轨迹，小幅度波浪似的前进，终极目标只会是本轮"周期怪圈"的终结，历史又回到原先的起点。

　　传统的廉政制度，只是一项具体政治制度，并且是在中央集权君主专制的政治体制之内产生并为之服务的具体制度。这就决定其必然无意与根本制度相抵触，而传统廉政制度在实际执行过程中，一旦与根本制度出现背离，必将遭到根本制度的否定。这就决定了传统廉政建设不可能进行得彻底，也不可能持久地进行。廉政建设的受阻，使得"周期怪圈"的弧形轨道加速轮回。旧的轮回结束，新的周期开始。

　　"周期律"现象，反映了传统廉政建设过程中的运行表象的规律。之所以在运行表象上出现"周期律"现象，则与中国传统廉政制度本身所固有的内在矛盾密切相关。"周期律"与"矛盾律"携手共存，都是中国传统廉政制度无法摆脱的命运悖论。

（二）关于"矛盾律"现象

　　中国传统廉政建设面临着许多无法避免的矛盾，其中最根本的矛盾当然是经济利益与政治利益的冲突。建立在私有制基础上的国家政权，势必要维护统治阶级自身的利益，不可能真正为人民大众谋福祉。这就使得传统的廉政建设处于一种两难的境地，一方面，强化廉政建设，就要对国家政权以及统治集团成员的政治行为给予某些约束与限制，这样势必会触犯某些人的既得利益，甚或危及他们的生存。另一方面，强化廉政建设，又是维护统治集团的整体利益、根本利益与长远利益。反过来说，统治集团的根本利益，需要相应的廉政制度加以维护，但这种维护又必须控制在一定的范围之内，因为真正意义上的廉洁政治，势必会冲击王朝政权的根本利益，甚至危及王朝的统治基础。这种"矛盾律"的现象，从根本上决定了传统廉政建设必然会出现以下一些矛盾现象。

"真反贪"与"假反贪"的矛盾。贪赃是历代官场根深蒂固的痼疾，历代统治者也心知肚明，当这个痼疾严重到危及政权存亡时，最高统治者会摆出大力惩贪的架势，制定一些惩贪措施，严惩一批贪官污吏以儆效尤。此时的反贪决心和惩贪措施不能说不真。但真中亦有假，真也会转化为假。统治者的反贪行为，可能只是意在安抚民心的姿态性表演。惩贪规定也可能只是表面文章。因为君主与官僚的利益相一致，君主需要臣子为己卖命，若法网过紧，则寒了臣属之心，心寒则人心离散，因此，君主只求臣属"忠君"，不一定要臣属为官清廉，只要没有政治野心，贪财好利不是一件要命的事情。王翦自污，秦始皇高兴，萧何自污，刘邦放心，就是这个道理。

"前严酷"与"后宽松"的矛盾。前紧后松，虎头蛇尾，以严惩反贪开始，以宽容放纵结束，这也是传统廉政建设过程中常见的矛盾现象。历代封建王朝的反贪努力，既不彻底，也不能持久，同一朝代，也存在前严后宽的矛盾现象。如明太祖朱元璋开国之后，以严刑峻法严惩贪官污吏，朝政为之一清。然而仅隔几代，在位的明朝皇帝便政务荒殆，吏治宽纵，"太祖之法荡如矣"。唐太宗发出"自古草创之主，至于子孙多乱，何也？"之问，看来古人早有所察。即使同一位帝王，也存在前严后宽的矛盾现象。如清代乾隆皇帝，前期惩贪如秋风扫落叶，仅三品以上大员以贪赃罪被处死者达数十人之多，但后期却吏治松懈，导致贪贿成风，在他的眼皮底下，甚至出现了和珅这样的巨贪。甚至同一件案子，也存在前严后松现象。如甘肃藩司王亶望、山东巡抚国泰的贪污大案。乾隆皇帝先是下令彻查，后因牵涉官员太多，又以顾及"国体"、"颜面"为由，不愿再兴大狱，查案工作半途而废，非但不再深究，甚至对多数涉案官员也从轻发落。

"边反贪"与"边贪污"的矛盾。有人说，中国一部 24 史，就是一部贪污史，此言不虚，但也要补上一句：中国一部 24 史，同样也是一部反贪史。历朝历代贪污不绝，历朝历代也反贪不止。这正是中国传统廉政建设"矛盾律"的一个重要表现。反贪为何效果不彰？原因是多方面的，或因只反小贪，不反大贪，只打苍蝇，不打老虎；或因官官相护；或因执法者自贪；或因皇帝优容包庇，不予追究；等等。不论何种原因，归根到底就在于中国传统廉政制度的"矛盾律"决定其既无心回天，也无力回天，不可能彻底根治贪污腐败问题。

（三）关于"背反律"现象

中国传统廉政建设过程中，还存在一种"背反律"现象。表现为：制度规范与制度失范的背反，制度初衷与制度变异的背反，朝廷"明规范"与官场"潜规则"的背反。

中国历代国家统治者制定廉政制度的本意在于规范官吏的行政行为，但在实际执行中，相关规定又常常遭到破坏，制度本身的规范作用难以发挥。同一个违法行为，同一件贪赃罪行，是否追究，何时追究，追究到何种程度，实际上取决于当政者的主观意愿。制度的制定者，往往又是制度的破坏者。这种背反现象，势必弱化制度的约束效力。

在中国传统廉政建设过程中，创立某些制度的初衷或许是出自廉政的意图，但制度本身的发展却导致出南辕北辙的结果。如魏晋南北朝时期创行的"九品中正"选官制度，初衷无疑是"唯才是举"，结果却演变成为门阀世族维护自身特权的工具。制度初衷与最终效果的背离,削弱甚至完全改变了许多廉政制度原本具有的进步作用和积极意义。

传统廉政建设重视成文的"明规范",但除朝廷公开明示的制度外,传统官场实际上还存在一套被广泛认可但又不被正式承认的潜规则。这种"潜规则"明显与"明规范"相背反:"明规范"要求官吏廉洁奉公,"潜规则"则使清官廉吏见疑见妒,甚至自污以求自保;"明规范"宣扬廉荣贪耻,"潜规则"则认为廉者固穷,贪者自富,穷是无能,富乃本事;"明规范"主张倡廉肃贪,"潜规则"导致的后果却是贪官污吏当道,清官廉吏遭殃。"明规范"与"潜规则"的背反,既损害了廉政制度的运行效力,又破坏了廉政建设的社会氛围。

鸟瞰中国传统廉政制度的生存舞台,追踪历代王朝兴亡的轨迹,寻幽探古,从个中的成与败、得与失、兴与替,寻找一些带规律性的东西,以资借鉴,不失为一件幸事。

三、兴亡周期律因果探源

中国封建社会存续时间比较长,王朝更替始终没有突破封建制度的樊篱,与此相伴随的官场腐败也是周期性循环。导致腐败周期循环的原因虽然很多,但廉政建设无疑是其中一个极为重要的原因,主要表现在如下几个方面。

一是惩贪手段单一。中国传统廉政思想非常丰富,对反腐倡廉的措施论述得也比较全面,但就一个朝代而言,腐败却往往得不到综合治理,即存在廉政思想得不到全面贯彻的问题。注重德治,却轻视了制度、法治;或重视法治,却又轻视了德治,终究不能全面发挥廉政思想的实际效能。如明朝最重视以法惩贪,惩贪法律之严密、刑罚之残酷，为中国古代之最，为何最终未能逃脱亡国的命运呢？原因在于明朝统治者注重法治，却忽视了德治。整肃吏治、惩治腐败是一项系统工程，需要法治与德治等多管齐下方能奏效，如果仅用一种手段，忽视它种手段的作用，充其量只能头疼医头，脚疼医脚，虽能奏效一时，却难以解决吏治腐败问题，更谈不上根治。这是中国古代廉政思想非常丰富，但腐败现象却一直蔓延的重要原因之一。

二是惩贪力度前严后宽，吏治建设难以贯穿始终。一般来说，新王朝建立初期，统治者都能够励精图治，整个官僚队伍从上到下也都比较勤廉，对贪官污吏的惩处也极为严厉，社会呈现出一片欣欣向荣的景象。一旦统治稳定之后，继承者渐渐忘却了先祖创业的艰辛，居安享乐，不思进取，奢侈腐败之风逐渐蔓延开来，并愈演愈烈，直至王朝最终覆亡。

秦始皇气贯长虹，一统天下，期望家天下传至万世，但仅系二世而亡。

汉初统治者实行无为而治，休养生息，轻徭薄赋，创造了文景之治。从汉武帝开始，汉朝历代皇帝却醉心于享乐，奢侈之风自上而下弥漫朝野，最后外戚专权，难逃亡国之运。

隋文帝杨坚勤政爱民，以节俭治天下，其子炀帝杨广却荒淫无道，腐败透顶，最终命丧江都。

唐初以唐太宗李世民为首的统治集团吸取隋亡的教训，勤廉为政，开创了贞观盛世。迨至唐玄宗后期，腐败渐露，进而成泛滥之势，国势也由盛转衰，大唐神话也从神坛跌落。

宋朝初期，统治者尚属清廉，"以忠厚开国，凡罪罚悉从轻简，独于治赃最严"。对赃吏处以弃市、杖流等。到宋真宗时，惩贪之法渐松，有法不依，弃市之处罚不复见。可见宋朝依法惩贪也重蹈了始严、继松、终弃的老套路，导致宋朝反贪官的起义此起彼伏，民无宁日。

元、明、清各朝也未能逃脱廉明兴国，腐败丧邦的历史怪圈。对反腐败的廉政建设，历代王朝正如《诗经》中所言，"靡不有初，鲜克有终"。

三是皇帝带头腐败，腐败遂成风气。反对腐败，惩治贪污，往往都是皇帝对臣民的要求，但皇帝却很少不腐败。古代的贡奉制其实就是收受贿赂。由于皇帝有至高无上地位，把臣民向朝廷贡献视为理所当然，并用贡物的多少作为衡量、检验臣民忠否的标准。

如宋代有专门收受各地贡奉之物的"应奉局"，各地要把本地特产奉献给朝廷。在地方向朝廷贡奉的过程中，过手三分肥，地方官借上贡之机，额外加征，更加重了人民的负担。

清朝乾隆皇帝在严惩官员行贿受贿的同时，自己却又大肆收受贡奉。几次出巡，两淮盐商报效白银百万两；70大寿，地方官更是抢运贡品，古北口外"篝火相照，铃铎动地，鞭声震野"，以致道路阻塞。

皇帝收受贡品，其实就是聚敛搜刮，地方官员献贡，当然就是行贿。地方官的贡献来自于层层摊派，这又给地方官提供了贪赃纳贿的机会。更为重要的是，皇帝的行为直接引导了臣民的言行，"君好之，则臣为之"，"上之所好，民必甚焉"，说的就是上行下效实情。

无数历史事实表明，凡是倡廉无效，贿赂公行，赃官遍地，屡禁不止，愈演愈烈者，病根多在最高统治者身上。最高统治者是整个国家社会腐败的总导演，正如唐朝名相魏征所言：君严其禁，臣或犯上，况上启其源，下必有甚，川雍而溃，其伤必多，欲使凡百黎元，何所措其手足！此则君开一源，下生百端之变，无不乱者也。

中国古代廉政思想的缺陷与实践中的不一致，使中国古代的廉政建设过多地体现出个人因素的干扰与影响，也使中国古代反腐斗争跌宕起伏，不仅同一朝代前后不一，即使是同一朝代同一个皇帝，前后也会出现不统一，共同演绎着腐败——廉政——腐败的周期性循环。

第二章
三代——兴亡之始

夏、商、周三代，一次次黄袍加身，一顶顶王冠落地，尽管各自有着不同的崛起与败亡的原因，但无疑存在着一些共同的废兴规律可供追寻。每一次王朝更迭和政权易手，仿佛在上演似曾相识的一幕。有的盛极一时，勃然而兴，迅速崛起，但却好景不长，瞬息而亡。有着强大无比的政权，似乎没有任何力量与之抗衡。兴，何以兴？亡，何以亡？王朝废兴的原因和规律究竟何在，这是中国历代王朝政权必然要共同面对的问题。

一、文明初始

在漫长的原始社会中,氏族成员共同劳动,共同消费,一切生产、生活资料归氏族集体所有,人们过着相互平等,无阶级压迫的原始"共产主义"生活。

人类进入到父系氏族公社以后,伴随着生产力的发展和剩余产品的出现,私有制由萌芽而产生。父系大家族的家长,凭借手中的特权和家长制作风,将氏族成员的共同劳动所得攫为己有,成为显贵。他们破坏了原始的生产资料公有制,导致贫富分化的加剧和最初的阶级对立。

随着生产范围的扩大和对外战争的需要,氏族与氏族、部落与部落之间结成联盟,以增加军事力量,称为军事民主制。这一时期的部落或联盟首领,由"四岳"会议民主选举产生。这种民主推举更替首领的办法,史称"禅让制"。尧、舜、禹相继被推举为首领,就是"禅让制"的产物。

尧、舜、禹选贤任能,实施仁政,躬身力行,带头节俭,出现了原始的廉政萌芽。

夏禹老了,遵照尧、舜禅让的先例,寻找接班人。"四岳"会议推荐皋陶为接班人,得到禹的认可。但皋陶不幸染病,先禹而死。"四岳"会议再次公推伯益为新的接班人。禹当众允诺:"我死后,伯益为领袖。"

伯益等了十年,夏禹终于宾天了。当伯益准备走马上任时,夏禹的儿子夏启横插一杠子,武力抢班夺权,建立了我国历史上第一个奴隶制国家——夏朝。从此,"世袭制"代替了"禅让制","天下为公"变成了"天下为家"。

许多部族由于势单力薄,无法与夏王朝抗衡,只好臣服。但也有不服者，其中有扈氏部落首先站出来。有扈氏是一个强大的部落或酋邦，居地在今陕西户县。他们以启破坏民主"禅让制"为由，宣布独立，声称要推翻夏王朝。

夏启清醒地认识到，如果不消灭有扈氏，夏王朝政权就有被颠覆的危险，于是决定出兵讨伐有扈氏。

在誓师大会上，夏启大声疾呼，讨伐有扈氏是"恭行天之罚"，对部下则说："用命，赏于祖；不用命，戮于社。"即勇往直前者，赏；贪生怕死者，杀。

夏军与有扈氏的军队，在甘水流域的甘地展开生死决战，以夏军大获全胜而告终。因战争发生在甘地，史称"甘之战"。

"甘之战"是中国历史进入阶级社会后的第一次战争。战争的结果，代表新兴势力的夏王朝，巩固和发展了奴隶制专制政权，为定都河洛奠定了基础，揭开了中国社会跨进文明时代的序幕。

夏启征服有扈氏、巩固夏王朝政权之后，一反过去俭朴的生活方式，尊老爱幼，任用贤能的治政作风，生活逐渐变得腐化起来，整日饮酒作乐，歌舞游猎。夏启死后，他的儿子太康继承王位。

太康自小跟着父亲启享乐，即位后生活比夏启更腐化，只顾饮酒游猎，不理政事。

有一次，他带着家属、亲信去洛水北岸游猎。一去三个多月不回来，弄得百事废弛，民怨沸腾。东夷族有穷氏（在今山东省德州市北）部落首领后羿乘机起兵，夺取了夏的都城安邑。

太康带着猎物兴高采烈地回来，当走到洛水岸边时，见对岸有重兵把守，慌忙派人过河探问，这才知道自己的老窝被后羿端了，不让他回都。各部落首领都不满太康的荒唐，又惧怕后羿的实力，谁也不来帮助。太康后悔不及，只好在阳夏筑了一座土城居住下来。这次事件，史称"太康失国"。

太康失国，最痛苦的是他的母亲和五个弟弟。这一天，太康的五个弟弟陪伴母亲来到洛河北岸，向南岸眺望，心中怀念祖父大禹的英明，怨恨太康的愚顽，分别作歌以戒。这便是载于《尚书》的著名的《五子之歌》，大意是说：

> 大禹说过，老百姓可以亲近，而不可轻视。人民为国家之本，本固了国家才能安宁。
>
> 大禹说过，不要贪图女色、打猎玩乐、嗜酒、豪华的住宅。只要有此一项，就会导致亡国。
>
> 陶唐氏部落本来有很广大的土地，因为失德，败坏纲常，导致灭亡。
>
> 大禹为后世楷模，制定了法典，因为太康废弃了典法，导致宗庙祭祀灭绝。
>
> 我们被后羿逼到洛河对岸，没有归宿，叹息不谨慎的行道，追悔莫及。

后羿也是一个残暴的统治者，在荒淫程度上，较之太康有过之而无不及。后又被他的义子寒浞所杀。寒浞夺取东夷族的权力后，兴兵灭了夏朝，使夏朝的统治中断了四十年。

最后，太康的孙子少康集结夏部落旧臣，出兵打败了寒浞，夺回王位，恢复了夏朝的统治，建都阳夏。

夏王朝从"太康失国"，政权被后羿夺走，经过三代人约四十年的斗争，重新夺回政权，恢复了夏朝奴隶主贵族的统治。自此夏王朝对全国的统治才最后巩固。如果说，夏朝之建立算是中国历代王朝最早之"兴"，夏启便是依靠权谋开国之枭雄，太康则成为最早的昏君。

至少康还都，夏朝才进入由"治"及"盛"的局面，出现中兴之势。

少康自幼历尽苦难，复国后勤于政事，讲究信用。在他的治理下，天下安定，他得到各部落的拥戴，夏朝再度兴盛，史称"少康中兴"。这是中国历史上首次出现以"中兴"二字命名的时代。

二、夏桀暴政亡国

相传夏朝最后一个统治者夏桀智勇双全，力大无穷，能把坚硬的鹿角一手折断，敢同虎豹搏斗。如此高的天赋，如果走正道，一定会留下千古美名。事实上，夏桀是中国历史上有名的暴君。

夏桀奢侈腐化，荒淫无度，且性情暴躁，动辄杀人。地处东方的有施氏（今山东滕县）在夏桀当夏王之前，就已反叛，不臣服。夏桀因有施是一个小方国，即位之后，欲拿有施氏祭刀，起到杀一儆百的作用。

有施氏国小力薄，见夏朝大兵压境，只得表示请罪，愿意臣服纳贡。夏桀开始不答应，一定要灭掉有施氏。有施氏得知夏桀是一个好色之徒，挑选了一个叫妹喜的美女进献请降。夏桀见妹喜秀色可餐，大喜过望，不再说要灭有施氏，立即罢兵，带着妹喜回到王都。

妹喜见王都宫殿陈旧，有些不高兴。夏桀为了讨妹喜欢心，下令在洛阳建造一座倾宫。为此花费了大量的人力、财力、物力，老百姓怨声载道。

倾宫建成之后，夏桀和妹喜迁往倾宫。当他登上高大的宫殿，俯视其下，仿佛自己就在天上，于是就将自己比作天上的太阳，永远存在。

百姓苦不堪言，咒骂说：这个太阳为何不快灭亡，我们愿与你一同灭亡。

妹喜听厌了音乐，想听撕裂布帛的声音。桀便向老百姓征集大量布帛，全堆在倾宫，令人撕帛来博得妹喜的笑声。

　　太史令终古见夏桀荒淫奢侈，哭谏说：自古帝王都很勤俭并爱惜人民，才得到人民的爱戴。不能把人民的血汗供一人娱乐，这样奢侈，只有亡国。夏桀很不耐烦，斥责终古多管闲事。

　　夏桀不但不听，反而还征发平民和奴隶在倾宫修建一个很大的池子，里面灌满了酒，称为"酒池"。并做了一只彩船放在池中，命歌女在船上演奏"靡靡之乐"。又让青年男女在池边载歌载舞，饮池中之酒，然后在池边相戏。夏桀与妹喜以及一些谀臣通宵达旦在此观看和饮酒作乐，不理政务。

　　终古多次哭谏，夏桀不但不听，反而责骂终古多事。终古知夏桀已不可救药，预料夏桀一定要灭亡，于是投奔了商汤。

　　有人给夏桀引见了伊尹。伊尹以尧、舜的仁政劝说夏桀，希望夏桀体谅百姓疾苦，用心治理天下。夏桀听不进伊尹的良言，伊尹离他而去，投奔了商汤。

　　大夫关龙逢见终古劝谏夏桀无效，手捧"皇图"到倾宫求见夏桀。

　　"皇图"也称"黄图"，是古代王朝绘制有帝王祖先功绩的图，留给后代帝王看，以便效法祖先治理国家。关龙逢捧去的"皇图"，上面绘有大禹治水和涂山大会等图像。意思是要夏桀效法先王，像始祖大禹那样节俭爱民、薄衣食、惜民力，才能得到天下诸侯的拥戴，才能长久享国。如果像如今这样挥霍，任意杀人，亡国的日子就不远了。

　　夏桀不但不听，反而下令杀了关龙逢，还焚毁了皇图，并警告朝臣，再有人胡言乱语，格杀勿论。

　　从此，忠臣纷纷远离夏桀，奸臣成群围着夏桀转。当夏桀众叛亲离、成为孤家寡人的时候，商汤讨伐的条件也就成熟了。

三、"成汤革命"

"成汤革命"是中国历史上第一次通过武力改朝换代，成汤是革命的主角。他通过"伐谋"、"伐交"、"伐兵"，取得战争速胜，推翻了夏朝政权、开创殷商天下。这对后世政权的更迭、战争的发展、军事理论的构建，都产生过深远的影响。

成汤是商族领袖，商朝的缔造者，中国历史上少有的明君。他善体民情，明于知人，严格要求属下勤于政事，造福于民。在灭夏之前，他就实施"以宽治民"的方针，主张根据民情来决定国家的政策走向。

成汤知人善用，不拘一格，选用伊尹，就是一个很好的例子。

伊尹是一名奴隶，在有莘国做厨师，烹调技术一流，深通治国之道。成汤三番五次地前往有莘国聘请伊尹。无奈伊尹的主人有莘王不答应。为了达到招揽伊尹的目的，成汤娶有莘王的女儿为妃，伊尹作为陪嫁奴隶，来到了汤王身边，开始与成汤接触。

一次，成汤与伊尹对话，伊尹以烹调技术比喻治国的道理，从三皇五帝说到夏朝，让成汤推行王道。成汤发现伊尹果然有治国理民的雄才大略，便让伊尹离开厨房，入宾幕僚。

当夏桀的暴政导致人民怨声载道，诸侯众叛亲离时，成汤和伊尹都认为"革命时机"已经成熟，决定出兵讨伐夏桀。为了鼓舞士气，成汤召开誓师大会，宣读伐夏檄文，他说：

> 你们大家听我说，不是我以臣伐君，犯上作乱，而是夏王桀有许多罪恶，上天命我去诛伐他。
> 你们大家都知道，桀的罪行在于他不顾我们的农事，侵夺人民的劳动成果，伤害了夏朝传统的政事。正如我听见大家所说，桀之罪还不仅是他和他

的一些奸谀侵夺人民的劳动成果。他们为了淫逸享乐，还聚敛诸侯的财物，供他们挥霍，害得夏朝的人都不得安居。大家一致不与桀一条心，指着太阳咒骂他：这个太阳，何日灭亡？我们愿同他一起亡。

这已经是天怒人怨了。桀的罪行如此之多，上天命我征伐他，我怕上天惩罚我，不敢不率大家征伐他。

大家辅助征伐，如果上天惩罚，由我一人去领受，而我将给大家很多赏赐。你们不要不相信我的话，我决不食言。如果你们有不听我誓言的，我就要杀戮不赦，希望你们不要受罚。

这就是《尚书》记载的《汤誓》。《汤誓》是汤在商夏决战前的动员令。《周易·革》把汤伐桀灭夏，周武王剪商称之为"汤武革命，顺乎天而庆乎人"。

成汤出兵，第一步灭掉了夏国的属国"葛"，即"汤一征，自葛始"。接着先后灭掉了韦、顾、昆吾等，最后与夏桀在鸣条（今河南封丘东）之野展开决战，一举灭夏。夏桀南逃，死于南巢（今安徽寿县东南）。一意孤行，不可一世的暴君，最终落得个亡国亡身的可悲下场，带着自酿的苦酒，跑到阴曹地府干杯去了。

成汤革命，是中国奴隶社会一个奴隶主总代表革了另一个奴隶主总代表的命，虽然革除了夏桀的暴虐，但仍然是奴隶主的统治，故后世称之为"贵族革命"。

成汤推翻夏桀的统治，开创商王朝。为了能够有效地控制四方的诸侯、部落和夏王朝的遗民，巩固新建立起来的商王朝，汤和伊尹将王都迁到西亳。汤汲取夏桀灭亡的经验教训，认为要使国家巩固和兴旺，必须得到人民的拥护；要使人民拥护自己，就不能对人民施暴政。

在灭夏的过程中，成汤就是通过施德政争取人民拥护的。他曾对伊尹说：人往水中看，就能见到自己的形象，看见人民的态度，就知道自己能不能治理好国家。由于成汤能看到人民是国家的根本，意识到没有人民的拥护，就不能灭夏建商，因此商朝建立之后，成汤废除了夏朝的繁重徭役、横征暴敛的苛政，给人民一个休养生息的时期。

成汤灭夏立国后，畿内发生了一场旱灾，延续了七年，特别是后五年，旱情更是严重，烈日暴晒，河干井涸，草木枯焦，禾苗不生，地里庄稼颗粒无收。天灾是一种自然现象，商代统治者认为这是天帝所为。因此，自从旱灾发生之后，汤就在郊外设立祭坛，天天派人举行祭祀，祈求天帝下雨拯救天下众生。古代在郊外祭天叫做"郊祭"。最初的郊祭是燃烧木柴，用牛羊猪狗这些家畜作上供的祭品。

汤见郊祭也不下雨，就命史官们在一座林木茂盛的山上，选了一个叫桑林的地方设祭坛，他亲自率伊尹等大臣举行祭祀求雨。但祭祀之后，仍然没有下雨。

太史占卜之后说："应当杀一个人来向神祈雨。"

成汤说："祭祀占卜求雨，本是为民，怎么能把人当祭品呢？如果一定要用杀人的方式向神求雨，用我来代替吧！"

于是成汤沐浴斋戒，修剪头发、指甲，乘白马素车，身上缠绕白茅，作为向神祈雨的牺牲品，在桑林旷野中向神祷告，以六件事情向神询问：是不是因为"政治失调，使民疾苦，宫室奢侈，信任妇言，贿赂通行，谗人兴起？"不然的话，"何以不雨至斯极也！"

古代政治术语的"六事"就是出自于此，这则典故被收编在《文心雕龙·祝盟》。《文心雕龙》是古代文学创作理论的经典，《祝盟》是其文体论中的一篇，文体论是一种写作指南，为写作者指点迷津。

他告诉人们：在举行祭神祈雨的活动中，应该态度诚信，言辞恳切，商汤在求雨禳灾中以"六事"自责，是正确的态度和方法，可以作为榜样来学习，其祷文是一种范文，亦可套用。这是从文学的角度讲解成汤的这篇祭文的。

成汤接着又说：如果我一人有罪，不能惩罚万民，万民有罪，都在我一人，不要以我一人没有才能，使天帝鬼神伤害人民的性命。

成汤祈告完之后，坐到柴堆上，还没有点火，忽然，北风尽吹，大雨狂飘，国内旱情消弭。

这就是历史上所说的"桑林之祷"，尽管有后人附会之嫌，但成汤作为殷商立国之君，其善政确实深受百姓拥戴。

成汤革命推翻夏朝，改朝换代，一举成功。从此，中国的历史进入商朝奴隶制时代。成汤革命后，施行了一系列利国利民的措施，使商朝成为当时世界上强大的奴隶制国家。

汤死后，因长子太丁病殁，其子又年幼，才由汤第二子外丙即位。外丙在位三年死，其弟中壬即位，中壬在位四年死。伊尹立太丁之子太甲即位。

太甲亲政三年，不明事理，暴虐无道，不遵王法。伊尹断然把太甲幽禁在桐宫，罚他修德。并作书训导太甲。见载于《尚书·伊训》，其内容有：

> 敢有恒舞于宫，酣歌于室，时谓巫风。
> 敢有殉于货色，恒于游畋，时谓淫风。
> 敢有侮圣言，逆忠直，远耆德，比顽童，时谓乱风。
> 惟兹三风十愆，卿士有一于身，家必丧；
> 邦君有一于身，国必亡！

三风，即巫风、淫风、乱风。十愆，三风中包括的舞、歌、货、色、游、畋、侮、逆、远、比。愆为罪过。这里概括了几乎所有淫逸悖乱的内容。

上述三风十愆，卿士只要犯有一项，便会丧家；君王如果犯有一项，必将亡国。

太甲果然不负伊尹的苦心，在桐宫悔过三年，果然大彻大悟，悔过自新。伊尹重新还政于太甲。

太甲复位为商王，重新执政之后，注重修德，使诸侯归降于殷，百姓得到安宁，商王朝政权得到巩固。这时候，伊尹年事已高，他见太甲能继商汤而管理好国家，就不再参与朝政了。但是，太甲在位仅十二年便病死了。

四、纣王无道

成汤革命后，实行了一系列利国利民的措施，使商朝成为当时世界上强大的奴隶制国家。但是，自中丁到阳甲，商朝统治阶级内部为争夺王位继承权，出现了"九乱之世"，此外，商朝自成汤建国至盘庚即位前，曾五次迁都，严重地削弱了国力。公元前十四世纪，盘庚即位，为了摆脱政治上的混乱局面和旧贵族的羁绊，寻找政治上的新出路，发展生产，增强国力，由奄（今山东曲阜）迁都至殷（今河南安阳小屯），史称"盘庚迁殷"。此后商朝再未迁都。因此，商朝又称殷或殷商，商朝人又称殷人。

盘庚是一位具有远见卓识的奴隶主贵族政治家。为了实现迁都求复兴的计划，他以坚毅的决心刷新吏治，警告臣下说："恶之易也，如火之燎于原，不可乡迩，其犹可扑灭！"（《左传·隐公六年》）意思是说，恶的蔓延，就像火在荒原上燃烧，不能够接近，更别说扑灭了。

可见盘庚对恶人恶事痛恨之深。他曾告诫臣下说：如有行为不善，不走正道，狂乱而不听命，欺诈奸邪者，即灭绝之，不留后裔。他还公开宣布：不任用贪财聚货者，而任用能为臣民生财致富、使臣民安居乐业之人，并根据贡献大小依次尊敬他们。还一再警示臣下不要聚敛财货，而要努力为臣民谋求幸福。

盘庚迁殷，为商朝新的发展奠定了基础，成为商朝前后期的转折点。武丁即位后，举贤任能，注意节俭，励精图治，武功赫赫。在位五十九年，政治清明，社会稳定，经济比较繁荣，史称"武丁中兴"。这是商朝最强盛的时期。"日中则昃，月满则亏"，商朝统治者自祖甲之后，奢侈腐化，每况愈下，"帝甲乱之，七世而陨"。帝甲就是祖甲，七世至商纣而亡。

商纣王和帝辛，是同一个人，都是商王朝末代君主的称号。一个人有两种称号，在中国历史上唯此一例。

这两个称号之间差别是巨大的，对不同的人群来说具有不同的含义。

帝辛，是商族人，或者说是商帝国的人称呼自己国君的叫法。因为国王的名字叫辛。商王朝帝王的名字，一直是以天干命名。商帝国的人在称呼君主时，是在名字前加一个帝字，如帝太丁、帝武丁、帝祖甲、帝文丁等等。

商纣王，或殷纣王，则是周人侮辱、蔑视性的称呼。

商，是国名，提醒人们这是前朝的，被我们灭掉的。殷，是地名，纣，则是侮辱性称呼。按《说文解字》援引谥法的解释："残义损善曰纣。"通俗地说，就是凶恶的坏蛋。帝辛，子姓，名受，故"帝辛"又称受辛，是商朝最后一位君王。

历史上的帝辛，天资聪颖、领悟力强，身材高大，勇力过人，能赤手和猛兽搏斗。帝辛继位之后，统一东南，把中原先进的生产技术和文化传播到东南，推动了社会进步和经济发展，促进了民族融合。郭沫若在一首诗里说：

> 但缘东夷已克服，
> 殷人南下集江湖。
> 南方因之渐开化，
> 国焉有宋荆与舒。

毛泽东评价帝辛说："其实纣王是个很有本事、能文能武的人。他统一东南，把东夷和中原的统一巩固起来，在历史上是有功的。"

在中国历史上，商纣王以暴君的形象流传于世，是继夏桀之后又一个荒淫暴虐的帝王。至于他的功绩，似乎少有人提及，究其原因，除他的统治确实存在暴虐之外，还有一个重要原因，就是古典文学名著之一的《封神演义》，将商纣王的暴政放大，让商纣王的暴君形象，根深蒂固地留在世人脑海里。

商纣王统一东南，消耗掉了大量资财和人力，统一东南之后，本应安定民心，发展社会生产。可是，他却居功自傲，不但不稳定社会秩序，守护成汤创下的基业，反而实行暴虐统治，荒废朝政，甘当暴君。

为了玩乐，纣王下令把商都附近的大片农田荒废，使之成为天然动物园，让禽兽在那里自然生长，供他狩猎玩乐。失去土地的人民无田可耕，衣食无着。

纣王用兵连年得胜，愈加志得意满，为了满足淫乐，他大兴土木，耗巨资在朝歌修筑了一个方圆三里、高过千尺的鹿台，将在战争中抢夺或诸侯进贡的各种珠宝钱财，收藏其中；又修了一座名为巨桥的巨大仓库，将搜刮来的粮食储藏在里面；扩建原来的宫殿，搜罗天下奇物充实其中。自己则领着一群妃子宠臣在那里游嬉，过着花天酒地、奢侈无度的生活。

纣王贪恋酒色，经常和最宠爱的女人妲己在一起，整日整夜地喝酒，听靡靡之音，看淫秽不堪的"北里之舞"，无心过问朝政。

这些似乎还不够，纣王又下令在南连朝歌（今河南淇县），北到沙丘（今河北广宗西北）、邯郸的广大区域内修筑许多离宫别馆，并在这些御苑中放养了许多珍禽异兽。甚至在沙丘一带的离宫里，"以酒为池，悬肉为林，使男女裸相逐其间，为长夜之饮"。夏代的暴君夏桀也造过酒池，而且还可以"运舟"。

商纣王不仅好色，而且还远贤人，用奸佞。所重用的费仲、恶来、崇侯虎、飞廉等人，都是好利忘义的善谗之徒。他们把持朝政，助纣为虐。朝廷内外，怨声载道。凡是"百姓怨望而诸侯有畔者"，纣王就处以重刑，"用炮烙之法"。炮烙之刑，就是用青铜铸造一根中间空的铜柱，把人绑在柱上，下面烧火，将人活活烙死。

纣王的暴行，引起诸侯的反对。著名的贤臣，主管礼乐的商容因劝谏而被杀。司徒梅伯也屡劝谏纣王不要对臣民滥用酷刑，纣王非但不听，还将梅伯剁成肉酱，分赏给诸侯吃了；并宣布，如有再劝谏者，以此为例。

三公之一的九侯（封地在今河北临漳）有一个漂亮的女儿，被纣王选进宫，因看不惯妲己的淫荡，惨遭纣王杀戮。九侯受牵连被杀，被剁成肉酱，分赏给诸侯吃了。三公的另一个鄂侯（封地在今河南沁阳西北）为此而指责纣王，也被纣王杀了，并将其制成干尸示众。

西伯侯姬昌（周文王）当时也在商都，见两侯连遭杀害，很是叹息，说了一句"太过分了"。不巧被奸佞崇侯虎听见了，他立即向纣王报告了这件事。纣王慑于周在西部地区的势力，不敢贸然杀姬昌，只是下令将姬昌囚禁在羑里。

纣王囚姬昌的消息传到周以后，周的大臣闳夭、散宜生等人，商议救姬昌的办法。他们想起费仲是个好利的谀臣，纣王又是个好色之徒，于是在莘国（今陕西合阳东南）选了有莘氏的一个美女；在西戎选了些骏马和许多美玉、宝器及奇异玩物。重贿费仲，请他向纣王说情。

费仲收了重贿，将周人进献的美女、奇珍异宝和良马转送给纣王。纣王一高兴，居然将姬昌放了。这是一次重大的政治贿赂，贪贿者就是纣王，费仲是帮凶。纣王释放姬昌，无异于放虎归山。

约公元前11世纪，姬昌的儿子周武王联合西方十一个小国会师孟津，对商朝发起进攻，牧野之战，商朝大批士兵倒戈。

纣王兵败回城，登上鹿台，自焚而亡，商朝遂告灭亡。

周武王举行入城仪式，殷商百姓、官员夹道欢迎。至此，"武王克商，光有天下"。

五、周公制礼安邦

姬昌被营救回周后，为剪商大业做好了大量的准备工作，还没有来得及付诸实行，便病死了，儿子发继位，就是赫赫有名的周武王。

武王继位，继续积极进行灭商的准备工作。任命吕尚为"师"，负责军事；任命弟弟周公旦为辅佐，负责政务。还在沣水西岸营造新都——镐京。

这时候，东方古老的商王朝，在纣王的统治下已处于分崩离析，岌岌可危的境地。武王见时机已到，率周军在孟津会合各路诸侯伐纣。在誓师大会上，周武王号召说：

　　各位友邦君长，各位将士，你们听我说：
　　　　天地乃万物之父母，人乃万物之灵，只有聪明能干的人才能做天子。天子好比是人民的父母，要爱护人民。现在，纣王上不敬天，下祸人民，沉浸于酒色，实行暴虐，残害百姓；听信妇人之言，不敬天地，不祭祖宗；遗弃同祖兄弟不用，而任用有罪的逃犯；乱杀忠良，囚禁正直的人，耗竭民力，大修宫苑亭台。像这样的暴虐无道之人，一定要灭亡。大家必须同心同德消灭他！

誓师之后，周武王率各路大军渡过黄河，北上伐纣。

商纣王闻讯非常惊慌。此时商朝的主力部队在东南战场全力征伐东夷，朝歌的兵马有限得很。他只得临时抱佛脚，把大批奴隶和从东南战场捉回的战俘武装起来凑数。两军在离朝歌七十里的牧野（今河南汲县）摆开战场。

商纣王把由奴隶和俘虏组成的军队摆在前面先战，把正规军摆在后面督阵。刚交火，奴隶军突然阵前起义，回头杀向商军。商军自乱阵脚。周武王挥师乘势前进，数十万商军土崩瓦解。

这就是历史上所说的"牧野之战"。

商朝灭亡后，周武王定都镐京，建立周朝，史称"西周"。西周自公元前11世纪（前1046年）兴至公元前771年亡，享国275年。

西周政权初创，百废待兴，如何稳定秩序，安抚殷民，处置刚刚失败而又随时会卷土重来的残余势力，发展生产等，问题一大堆。周武王忧心忡忡，彻夜难眠。

周公旦建议说，夺取政权不易，巩固政权更难，殷商刚刚灭亡，我们不能重蹈覆辙，必须革新政治，做到"明德慎罚"，才能长治久安。

周兵进城后，周武王向百姓宣布，废除纣王的一切苛政和酷刑，取缔靡靡之音，惩治贪官，禁止酗酒；告诫新政权的各级官吏，要节俭，不多欲，不夺农时，造福于民。

在周公等人的辅佐下，周武王又明确了"迁殷顽民"和"分封诸侯"两大政治措施。

分封制与宗法制相辅相成。

周人原本是偏居西土的一个小邦，进驻朝歌后，如何统治新征服的广大地区，是西周王朝面临的头等大事。分封制是解决这一问题的重要措施。

所谓分封，就是周天子把自己的兄弟、叔侄、亲戚、功臣或古代先王圣贤的后裔，分别授予一定范围的土地和人民，让他们去建立统治据点，拱卫周王室。

所谓宗法，就是宗庙或宗族之法。西周的宗法制，是以血缘关系为纽带，从原始社会父系氏族公社的家长制演变而来的一种严密的政治制度，其核心是保持严格的等级关系，便于周天子对各地诸侯以及诸侯之间的层层控制，加强对百姓和奴隶的统治。这种制度，适用于天子、诸侯、卿大夫、士等内部权力的再分配，以区别大宗与小宗，确定只有大宗有继承权和主祭权，区分后世子孙的尊卑亲疏。

具体地说，周王自称上天的元子，叫周天子，代表上天统治人民。周天子既是政治上的共主，又是天下大宗。王位由嫡长子继承，世代保持大宗地位，享有主祭的权利；嫡长子的众兄弟，受封为诸侯国君。相对于周天子，诸侯国君是小宗。但在其封地之内，却又是大宗，君位也由嫡长子继承，其众兄弟则封为卿大夫；卿大夫对诸侯国君而言是小宗，在其宗族中也处于大宗地位。

这样，周天子、诸侯、卿大夫之间是上级与下级、大宗与小宗的关系。周天子利用这种关系，把诸侯、卿大夫一级一级控制起来，谁也不能僭越严格的等级界线。

此外，周人实行同姓之间不得通婚的制度，用儿女亲家的婚姻关系把异姓贵族联合起来，使国家上上下下形成一个庞大的家族系统，把族权、政权、神权牢固地掌握起来。

为了有效地行使大宗的权力，大宗要对各个小宗的政绩进行考核。周天子定期或不定期巡狩；诸侯每年秋季要朝觐天子，汇报一年的工作。对不按期朝觐天子的诸侯，要给予处罚：一次不朝，贬其爵；二次不朝，削其地；三次不朝，出兵伐之。

分封制与宗法制的实行，使周天子牢牢掌握了政权、神权、族权、军权、财权、司法权，维持严格的等级制度，确立了"天下有道，礼乐征伐自天子出"的绝对权威。定期考核，使诸侯、卿大夫各安其位，各守其土，各称其职，各尽其责。至此，周从灭商以前的"小邦国"，一跃而成为"普天之下，莫非王土，率土之滨，莫非王臣"的赫赫宗周——"大邑周"。

不幸的是，周武王在灭商的第二年病逝，年幼的成王继位。此时的成王还是一个年幼的娃娃，不能处理国事，由叔父周公摄政。

周公，名旦，文王之子，武王之弟，西周王朝的缔造者之一。因辅佐周天子，故称周公。周公的一生与周初的政治历史息息相关，他先后辅佐其父、其兄、其侄，历经文王、武王、成王三代，为建立赫赫宗周作出了卓越贡献，献出了毕生的精力，使中国古代奴隶制在周初达到全盛。

周公一生的主要功绩：率军东征；分封诸侯；制礼作乐。

率军东征。成王即位，周公摄政，两个弟弟管叔、蔡叔不满，他们勾结商纣王的儿子武庚发动叛乱。周公奉成王之命，率军东征，用了三年时间，平定了"管蔡以武庚叛"，稳定了周初政局。

礼，初为原始社会祭神祈福的一种仪式。进入阶级社会以后，礼逐渐成为调整社会关系、维护等级制度和指导各项活动的最高准则。

周公制礼，是指周公制定、推行维护西周等级关系的政治准则、道德规范和各项典章制度。它是统治阶级意志和利益的集中体现，是维护以宗法制为核心的西周奴隶制政权的重要工具，用以"经国家，定社稷，序民人，利后嗣"。

礼的内容非常广泛，大到国家的根本大法，小到待人接物等生活细节；上至君臣的尊卑贵贱之序，下及黎民百姓的衣食住行，都要受到礼的制约。

礼不仅体现了阶级关系，而且确定了上上下下不同等级的地位和权利，成为人们的行为规范和准则。天子、诸侯、卿大夫、士、庶民，各有各的礼，上下有别，等级森严，不得僭越。它告诫人们，非礼勿听，非礼勿说，非礼勿视，非礼勿做。

周公通过制礼，设官分职，明确责任，使各职能部门分工明确。同时，使主管政治、经济、军事、司法、文教、邦国等事务的官吏，各自平行，互不隶属，以保证王权的集中。

在确定诸侯国君职责时，明确规定诸侯国的国君必须向周天子交纳贡赋、朝觐、述职，随天子征伐、主邦国祭祀、接受监察等等。

在设官分职，明确权利与责任后，周公采取了礼、乐、政、刑相互配合的治吏方针。

这里的乐，不是狭义上的音乐，而是包含着文化、教养等方面的广义上的乐，是兴衰治乱的一种表现形式，与"政"紧密相连，"审乐而知政"。因而有"治世之音"、"乱世之音"、"亡国之音"的说法。

刑与法通，其主要任务是"诘邦国，刑百官，纠万民"，是维护统治阶级利益的重要手段。

在礼、乐、政、刑四者中，礼为统率，四者之间又相互作用，缺一不可。

周公吸取夏桀、商纣王因吏治腐败而亡国的历史教训，提出了明君治吏而后治民的主张。他把选才、用才作为基本国策，制定了吏法——《周官》，提出了用人的三条标准：一是品德行为；二是管理能力和业务素质；三是举止言谈。提出"德行为上，其次治事，再次言语"。

对于"以官治官"的监察官的选拔，要求更加严格。

周初，政治和社会虽已趋于稳定，但殷商的腐败之风仍然侵袭着各级官吏，为了加强吏治，惩腐兴廉，周公等人明确了"考监并举，察吏为先"的吏治原则。规定监察官的主要任务：以法明政，以法理官。监察官的选拔，除必须具备"德行为上，其次治事，再次言语"三条标准之外，还必须是清廉正直之人。只有清正廉洁之人，才能监督他人，才能纠禁贪赃枉法之事。

周公在明确各级官吏职责的同时，制定了官法。以官法考察各职能部门的工作和各级官吏的政绩。年终，"令百官府各正其治，受其会，听其致事，而诏王废置"。

对百官的考核内容，主要从六个方面进行，即"一曰廉善，二曰廉能，三曰廉敬，四曰廉正，五曰廉法，六曰廉辨"。这是我国古代较早的考绩规定，也是较早的廉政措施。

周公在反复探索治国之道的过程中认识到，治国的关键在于治本，治本应以礼为主，以刑为辅。因此制定了明德慎罚、勤政爱民的政策。

明德就是对民要宽厚，要安民、保民、惠民，以礼导其志，以礼正其行，重在宣传教化，取信于民。

慎罚，是指处罚要审慎，量刑要准确、恰当，不要滥刑无辜，做到这一点，就能稳定周朝政局。

制礼的目的在于安邦，只有勤政爱民，才能"本固邦宁"。因此，周公要求君王要做到"居上克明",百官要做到"为下克忠"。

克明,就是要求君王,以天下为公,全力做到明德,成为开明的君主。

克忠,就是要求各级官吏要忠于职守,惟忠惟孝,克勤无怠。

周公制礼,不但身体力行,而且还告诫儿子伯禽要礼贤下士,勤政爱民,为王亲国戚做出表率。在他的影响下,受封齐地的姜子牙、燕地的召公奭,代替武庚受封于宋的微子等等,都取得了显著的政绩,受到百姓的爱戴。

周公制礼,建立健全了西周的典章制度,并实行了明德慎罚、勤政爱民的政策,将礼、乐、政、刑有机地结合起来,综合为治,收到了"上下相维,脉络相闻,提防密而奸究不生,法度严而'驯服'有素"的安邦效果。开创了"成康之际,天下安宁,刑措四十余年不用"的太平盛世的新局面。

六、周幽王烽火戏诸侯

周成王、周康王统治时期,周朝政局比较稳定。后来由于封建贵族加重剥削,加上不断发动战争,国人的不满情绪随着增长。周朝的统治者为了镇压人民,采用十分严酷的刑罚。周穆王编修刑法——《吕刑》,制订刑法三千条,犯法的人受的刑罚有五种,叫做"五刑",如额上刺字、割鼻、砍脚等。

刑罚再严,也阻止不了人民的反抗。到了西周第十位国王周厉王即位,对人民的压迫更加残酷。周厉王宠信一个名叫荣夷公的大臣,实行"专利",他们霸占了一切湖泊、河流,不准人民利用这些天然资源谋生;他们还勒索财物,虐待人民。当时住在野外的农夫叫"野人",住在都城里的平民叫"国人"。

国都镐京的国人不满厉王的暴虐行径，怨声载道。

《诗经·桑柔》篇在讽刺周厉王时有一句话说："大风有隧，贪人败类"。矛头直接指向"贪人"。

大臣召公虎听到国人的议论越来越多，进宫劝谏周厉王："百姓忍受不了啦，大王如果不趁早改变做法，出了乱子就不好收拾了。"

周厉王满不在乎地说："你不用急，我自有办法对付。"

周厉王的做法很简单，就是下一道命令，禁止国人批评朝政，还从卫国找来一个巫师，要他专门刺探批评朝政的人，并对那个巫师说，如果发现有人诽谤他，就立即向他报告。

卫国巫师为了讨好周厉王，派人到处侦探，这些人乘机敲诈勒索，谁不服他们，便随意诬告。

周厉王听信卫国巫师的报告，杀了不少国人。高压之下，国人不敢在公开场合发表议论，走在路上碰到熟人，也不敢说话打招呼，只是以眼色示意，然后匆匆离开。这就是史书中说的"路人以目"。

周厉王见批评朝政的人少了，十分满意，很得意地对召公虎说："你看，这不是已经没有人议论了吗？"

召公虎叹口气说："这怎么行呢？堵住人的嘴，不让人说话，比堵住河流还要危险哪！治水必须疏通河道，让水流到大海；治国的道理也一样，必须引导百姓说话。硬堵住河流，就要决口；硬堵住人的嘴，要闯大祸的呀！"

周厉王不理会，召公虎只好退出。

周厉王和荣夷公的暴政越来越厉害，过了三年，也就是公元前841年，国人忍无可忍，终于爆发了一次大规模的起义。起义的国人围攻王宫，要杀国王。厉王得知风声，带了一批人逃命，一直逃过黄河，逃到彘（今山西霍县东北）这个地方才停下来。

国人打进王宫，没有搜到国王。有人探知王子静躲藏在召公虎家，国人又围住召公虎家，要召公虎交出王子。召公虎只好把自己的儿子冒充太子送出去，才算把王子保护下来。

这一事件，就是历史上著名的"国人暴动"。

周厉王出走之后，国中无主，经大臣们商议，由召公虎和另一个大臣周公（周公旦的后代）主持贵族会议，暂时代替周天子行使职权。历史上称之为"共和行政"。"共和"一词便是由此而来。

从共和元年（前841年）起，中国历史才有了确切的纪年。共和行政维持了十四年之后，周厉王在彘死去。

周厉王死后，周宣王即位。周宣王对所处内忧外患的动荡局面，采取了一些积极的措施，缓和了社会矛盾，社会经济出现短暂兴旺。由于西周奴隶制王朝已不是一朝一王所能挽救，宣王的"中兴"只是延缓了社会崩溃而已。

周宣王死后，继承者为幽王。周幽王是西周王朝的末代国王，也是历史上臭名昭著的昏暴之君。他继承宣王晚年已衰败的国势，短短十二年时间，就葬送了西周王朝。

幽王即位以后，社会上呈现一派山雨欲来，政权不稳的景象，天灾人祸纷至沓来，交相为虐。幽王二年（前780年），周王朝的心脏关中一带发生强烈地震，加之连年旱灾，民众饥寒交迫、流离失所，社会动荡不安。

山崩地裂，川原堵塞，不仅造成人民生命财产的巨大损失，也加剧了政局的不稳定。一些头脑清醒的人物，已预感到西周王朝的末日将至，王室史官伯阳父说："现在周朝的情况，很像夏、商二代末年的景象"，并一再预言："周将灭矣！"

在这危急存亡之秋，幽王不但没有采取任何补救措施，反而加重对人民的剥削，以满足他奢侈无度的享受。他任用奸人，使"小人在位,君子在野"。虢石父是一个贪财好利的奸诈小人,他善于阿谀奉承,得到幽王的信任,被大加重用,擢升为卿士,使社会越来越黑暗,激起国人更强烈的不满。

周幽王宠爱妃子褒姒,据说褒姒不爱笑,幽王费尽心机,企图博得美人一笑,用尽一切办法,未能如愿。虢石父想出了一个荒唐的主意,用"烽火戏诸侯"的办法,以求博得美人一笑。

"烽火"是古代军事报警信号。为了传递军情,在边塞或军事要地,相隔一段距离修建一座"烽火台",台上堆积柴草,遇有敌人入侵,白天以柴草烧烟为信号,称为"燧",夜晚举火为号,称为"烽"。点燃烽燧,就意味着紧急军情发生。在西周,如果天子发出警报,诸侯都有出兵救援的义务。可见,燃烽燧,召诸侯,是一件十分严肃的军国大事。可是,周幽王却拿它当儿戏。他命人点燃了烽燧,霎时间,烽烟滚滚,传遍四方。诸侯闻警,纷纷率领本国兵马,浩浩荡荡开赴镐京勤王。来到镐京一看,根本就没有什么敌人,这才知道上了当。

褒姒见状,果然开怀大笑。幽王自以为得计,也乐不可支。

公元前771年,强敌犬戎大举进攻西周,当烽火台狼烟再起时,可怜的周幽王就像那个喊狼来了的小孩一样,没有人把他的求救当回事。救兵不到,敌军攻破镐京,周幽王被杀,西周宣告灭亡。中国历史进入礼崩乐坏的春秋时期。

有人把周朝灭亡的罪过栽在一个不懂政治、不懂军事的女人褒姒身上,这不公平。烽火戏诸侯不是她的错,是周幽王昏庸,更是佞臣埋下的祸根。

第三章

秦王朝——勃兴猝亡

秦帝国统治时间仅 15 年（前 221—前 206 年），在中国历史长河中乃昙花一现，但作为中国历史上第一个大一统王朝，其在政治体制、经济建设、军队管理、吏治建设等方面的实践，都具有开创性。南宋理学家朱熹说，大凡以前没有人做过的事情，要做开创者，不是一件容易的事情。

秦王朝虽然国运短祚，但无论其成功的经验，还是失败的教训，对于后世来说，都弥足珍贵。其在如何防止官僚队伍的腐败化，保证官僚机构高效、有序运行这一历代王朝所面临的永恒课题方面，有许多经验、教训值得研究、思考和借鉴。

一、短祚王朝

秦王朝的出现，是春秋战国历史发展的必然结果。伴随着农业、手工业、商业的发展和城市的繁荣，以及宗法旧贵族的衰落和新兴王权与士人阶层的崛起，天下归一统已成为必然趋势。

秦国只是一个远在西鄙的小国，其政治、经济和文化都远比东方各国落后。自秦孝公（前361—前338年在位）继位，任命商鞅变法图强，国势蒸蒸日上，到秦王政即位（前246年）时，秦国已从落后小国一跃而为泱泱大国，并开始了统一六国的行动。

秦国经过商鞅变法，比较彻底地铲除了旧贵族势力，改革了落后腐朽的社会制度。在政治上不仅深得地主阶级的拥护，人民群众也支持由秦国来结束无休止的分裂割据和兼并战争；在经济上发展迅速，财力极为充裕；在军事上，将士们勇敢善战，锐不可挡；在地理条件上，兼具进可攻，退可守的优越地形。

关东六国与秦国相反，奴隶主旧贵族还拥有相当的势力，经过改革建立起来的地主政权，受到旧势力的严重挑战，彼此之间不但没有结成共同对付强秦的联盟，反而还相互攻伐，使得各自的实力在内战中不断削弱。

秦国的优势显而易见。关东六国如同被蛀虫蛀空已摇摇欲坠的大树，在秦军狂风暴雨般的攻势面前，轰然倒地。两相对照，历史的抉择发人深省。

秦国统一天下的历程，是一曲酣畅淋漓的行进凯歌。在秦始皇、李斯、王翦等人的指挥下，除灭楚之战略有波折外，秦军所到之处，势如破竹。但是，胜利的果实轻易取得，却也埋下了秦国君臣自满情绪极度膨胀的恶果。

为胜利而自豪乃人之常情，但自豪如果转化为自满，并以这种心态来处理错综复杂的军国大事，那就是一件非常危险的事情。因为在统一过程中，不仅要以武力清除六国既得利益集团，而且也不可避免地会伤害到广大被征服地区民众的人身安全和经济利益，民众由此便产生了对秦政权的敌对情绪。在民众对和平统一有一种强烈期盼的情况下，秦统治者如果处理得当，是有可能逐步化解民众的敌对情绪和离心倾向，进而开创一代盛世的。

强者一统天下，智者稳定江山，很显然，秦始皇是一位强者，但很难说是一位智者。因为大秦帝国统治集团灭六国而完成统一大业之后，并没有很好地研究守江山的问题，他和他的文臣武将们，全都沉醉于取得胜利的狂悦之中，处处以征服者的姿态自居，过高估计了自己，忽视了关东地区强大的反抗力量。在政治上，对被征服者采用赶尽杀绝的做法，不给他们任何出路；对许多哪怕只须稍加安抚，便可成为合作者的势力，也要采取赶尽杀绝的做法，将本来有可能成为朋友的人，直接逼到了对立面，走上与秦统治者相对抗的道路。在经济上，采用迁徙的办法，任意剥夺被征服者的财产，从而激起了被征服者的强烈反抗。

秦始皇在世的时候，就已出现了张良狙击始皇于博浪沙，彭越聚众于巨野泽造反等反秦事件，只是由于强人秦始皇的存在，这些反秦势力没有形成燎原之势。

秦二世继位之后，重用赵高，不仅把秦始皇内兴土木、外肆征伐的错误政策推向极致，而且还以恐怖屠杀手段处理统治集团的内部矛盾，蒙恬、李斯等重要人物，都成为这种内部斗争的牺牲品。各种矛盾的聚集，终于引爆了陈胜、吴广大起义，貌似强大的秦王朝，在短短的两年时间内便葬身于风起云涌的反秦浪潮之中。

秦二世暴政失天下，正好印证了儒学大士荀子关于统一前景的预测，"兼并是容易进行的，唯有坚固和凝聚才是困难的"。尤其是像秦王朝这种以武力征伐而得天下者，完成统一大业之后，如果不改弦更张，继续以战时理念来治理天下，要想使天下长治久安，江山稳固，恐怕是痴人说梦了。

二、"焚书坑儒"

秦代作为一个政治实体，虽然已灰飞烟灭，但其作为中国历史上第一个完成统一大业的封建王朝，留下了许多耐人思索的东西，比如治国理念，就是一个千年之争的问题。

春秋战国时期，诸子百家蜂起，思想的发展呈现多元化的趋势。多元化比起周代官学的一统天下，当然是一个巨大的进步，这种进步导致中国学术上一个黄金时代的出现：百家争鸣、群星灿烂。使得数千年之后的今天，人们仍然禁不住像仰望星空一样，衷心仰慕，叹为观止。

仔细想起来，任何历史的进步，总是要付出代价。战国时期百家争鸣的前提是礼崩乐坏，而礼崩乐坏使得周王朝再也无法维持原先一统天下的局面。礼崩乐坏之后，又出现了多国林立、诸侯争霸的局面，而这种天下混战的局面，又正是百家争鸣能够出现的客观条件。

如果不是礼崩乐坏，知识就不可能下移，春秋战国时期的士人或许仍然还是士人，而难以出现一个庞大的士人阶层。如果不是多国林立、诸侯争霸的局面，各国国君就不会千方百计地招揽人才，士人阶层也不会引起政治家们的足够重视，成为各国政治家们争相聘请的座上宾，也就不会有士人阶层人士敞开心扉，自由阐述自己思想的机会。

春秋战国时期的百家争鸣，是特定历史条件下的产物，这是中国思想史上的一段黄金时代。当时的学术流派虽然纷纭复杂，但大致可分为两大派：一派是"法先王"派，另一派是"法后王"派。

"法先王"派以儒家为代表，主张效法古代圣明君王的言行、制度，言必称尧、舜、文、武。主张仁政与王道，心目中的楷模就是古代圣王，提出的口号是"法先王"。孟子在《离娄上》中说，圆规、曲尺，是方和圆的最高标准；圣人，是做人的最高典范。想成为好君主，就要尽到做君主的道理；想成为好臣子，就要尽到做臣子的道理。二者都效法尧、舜就行了。不用舜侍奉尧的态度来侍奉君主，就是不敬重他的君主；不用尧治理百姓的方法来治理百姓，就是残害他的百姓。

古代圣王被孟子统称为"先王"，他所提倡的仁政也就是效法先王，"以不忍人之心，行不忍人之政"，为政必须"遵先王之法"，否则就是离经叛道，就得人神共诛之。

"法先王"思想是先秦的儒家思想，缺乏对社会现实及人性现实的思考，具有一定的历史局限性。

"法后王"派以法家为代表，其思想与"法先王"派反其道而行之，主张以后世君王的做法为规范，比较讲究实际，不泥古。

"法先王"与"法后王"，一字之别，代表了两个阵营。

"法先王"派研究的是和平时期如何长治久安的问题，但他们所处的却是一个战乱时期，在现实生活中不合拍，被讥为"迂远而阔于事情"，不为现实政治所接纳，但如果是和平时期，这种治国理论就能派上大用场。

"法后王"致力于研究和总结战乱时期争霸的经验，现炒热卖，在当时政治舞台上非常活跃，片言而取卿相，成为诸侯争相招揽的人才。当时的士人官僚大多出自这一阵营。这个阵营的理论主要为兼并战争服务，适用于战乱时期，一旦天下统一之后，仍然将这种战时体制的理论用于治国，就行不通了。

春秋战国时期百家争鸣中两大阵营的理论，各有其适用范围，也各有其局限性。之所以要在这里提出这个命题，是因为这个命题直接影响到秦始皇统一中国后的一个重要问题——君权制约。

为什么讨论君权制约时，要说一个看似题外话的问题呢？因为两大阵营在君权制约这个问题上针锋相对，而争论的结果又直接关系到治国理念。

"法先王"的诸学派以儒家为代表。儒家学派的最大优势，在于他们整理了三代典籍。三代典籍中包括大量有关权力制约思想和制度的素材。"法先王"派中的墨家重视民的作用，也是一种带根本性的权力制约思想；道家主张清静无为，无为则政府事少，事少而人员不必太多，这也可视为一种对君主权力制约的方式。

"法后王"派则不然，法家是"法后王"派的代表。他们认为，当时的头等大事是统一天下，争城夺地。他们研究的是在战争环境下如何克敌制胜的理论。

由于中原地区早已在周礼的规范下形成了文化认同的大背景，而春秋战国的多国林立又有其走向统一的客观必然性，所以法家的战时体制理论因其有利于通过军事手段实现统一而有其合理性。但这一理论体系也不过就是在走向统一的过程中起到了一定作用而已，把法家说得多么进步、多么革命，不过是把树木说成森林，把蜉蝣说成彭祖的诡辩而已。

儒家等"法先王"的学派，研究三代和平时期如何长治久安，他们的学说不但不是复辟倒退，反而为未来中国实现统一后提供治国理论。所以说，儒家等"法先王"学派是春秋战国时期不折不扣的未来学，即宣扬治国理政，稳定江山的理论。

在列国兼并过程中，由于战胜国的疆域越来越大，如何管理日益扩大的领土也成了法家理论中必须研究的内容，因此法家学说中逐渐发展了有关郡县制的理论，这一部分理论也属于未来学。因而法家学说实质上应该解剖为两大部分：一是适应于战争兼并环境的战时体制理论；二是建立封建中央集权制的理论。两大部分各有其适用范围。

法家是排他学派，其战时体制论容易趋向于专制，法家人士执政以后，往往会提出禁绝其他学派、禁绝一切对战时体制不利的言论。商鞅把儒家等其他学派称为"六虱"，主张加以禁绝，反对一切对政治、政策的"私议"。韩非也非常强烈地排斥儒家。

著名的焚书坑儒事件，正是法家思想排他性的产物。

秦王嬴政统一天下之后，根据商鞅、韩非子的"法后王"理论，创立了高度集中的皇权制度，自称始皇帝。

皇帝制度的主要特点是神权被皇权所利用。君权与神权被紧密地结合在一起，侮君轻君就等于是侮神轻神，侮神轻神则要受到诛灭的惩罚。因为皇帝是真龙天子，是秉承天命的圣哲。皇帝本人更是大吹特吹，说自己登上皇位是"奉天承运"，奉天帝之命来处理人间之事的。皇权独尊无二，皇帝成为天下"至尊"，皇帝之上除有一个虚无缥缈而又人格化的"天"之外，再不容许有敢于超越或干扰其权力的任何人或事物的存在。

秦始皇是中国历史上第一代专制帝王，他不想使自己的权力受到约束，更不愿意接受他人监督。在其统治集团中虽然设有谏官，但只是一个摆设而已，并没有什么实在意义。为了排除异己，他采纳李斯的建议，下令将除史书和律法、医药、农业、占卜星相方面以外的所有书籍全部焚毁，借以统一天下的思想，加强文化方面的统治；同时还活埋了持不同政见的儒生460人，这就是历史上有名的"焚书坑儒"事件。

历史事实证明，秦始皇的"焚书坑儒"是一项可悲而又弱智的决策。因为"焚书坑儒"事件不但彻底断绝了不同意见的信息源，而且还否定了领袖集团和其他政治力量对国君的制约，强调君权独断、君尊臣卑，消除了舆论对皇帝监督的可能性。这些都是君权制约从理论到实践上的大倒退。这一倒退，对2000多年中国封建社会所带来的危害极其深远，其流毒贻害甚至延续到了当今。

中国封建君主制度下的专制暴政，可以说基本上来自法家学说；今天社会生活中的封建专制主义遗留物，也与法家学说的流毒息息相关。

儒家向后看，"法先王"而整理三代典籍，看似后退，却为未来统一的新王朝准备了长治久安的理论，后退中包含着真正的历史进步。

法家向前看，"法后王"为中国统一作出了贡献，但是前进中却包含着不折不扣的倒退，摒弃了三代积累下来的君权制约的理论与制度，从而为秦朝二世而亡作了可悲的理论准备。

"焚书坑儒"，福兮！祸兮！

三、《为吏之道》

秦王朝集战国政治改革之大成，创立了专制主义中央集权政体，在历史上留下了永不磨灭的烙印，不仅汉代承袭秦制，在中国整个封建社会历史长河中，历代王朝的政治体制虽然更替频繁，但就基本框架而言，并没有跳出秦制的窠臼，吏治之道、廉政监察制度，莫不如是。

秦王朝以封建官僚代替了以前世袭的封君，任用精通法律的人士治理国家和郡县。这些人由皇帝和有关部门任命，不再由世袭的奴隶贵族垄断。任职期间，国家付给工资，不再享有封邑，这些以当官为职业的新式官吏，其来源的形式主要有求贤、推荐、对高级官员特殊任命等。

秦王朝励精图治时通过各种途径，将一批有才能的理论家、军事家、政治家及行政组织管理人员吸收到政权机构中来，成为管理政府各部门事务的官吏，使秦国日益强大起来。

韩非子的一句名言"明主治吏不治民",被历代君王奉为治国要术。大秦帝国以法家理论治国,更是将其奉为圣典。不仅给了各级官吏种种优待,也对官吏提出了严格的要求。

云梦出土的秦简《为吏之道》,提出了各级官吏必须具备的道德规范,必须遵守的行为准则。这些内容和要求,构成秦王朝选拔、任命以及考察官员的理论根据和具体标准尺度。《为吏之道》首先提出了"五善"和"五失",五善是良吏的五条标准:"一曰忠信敬上,二曰清廉毋谤,三曰举事审当,四曰喜为善行,五曰恭敬多让。"五失则为恶吏的五种过失:"一曰夸以迣,二曰贵以大,三曰擅制割,四曰犯上弗知害,五曰贱士而贵货贝。"

《为吏之道》对做官的基本要求是:精细谨慎,正直刚强,无私善察,赏罚确当。既要有棱角、有原则,又不要过于锋利,轻易伤害别人,不要总是企求压倒或胜过别人,不要任一时感情冲动而作出重大决定。要宽厚、忠信、平和,不要重复犯过的错误;对下级要抚爱而不要凌辱,对上司要敬重而不要轻易冒犯;要认真耐心地听取不同意见,不要偏听偏信,闭目塞听;要审度民力,正确引导他们,及时纠正他们。

《为吏之道》对官吏的要求,可归纳如下几个方面:

第一,必须忠诚于最高统治者——君主。

第二,廉能。要求"凡为吏,必精洁正直","精廉勿谤","遏其私图";反对以权谋利的"居官善取","贱士而贵货贝"的贪黩行为。

第三,严明赏罚,这是秦国吏治的传统作风。规定"五善"毕之,"必有大赏",而"五失"中仅"犯上"一失,就要处以死刑。

第四,重实务,讲效率,强调才能,主张"审民能,以任吏"。

四、伟大的创举

先秦的御史发展到秦代，已成为以御史大夫为首，属官由御史中丞、侍御史、监御史等构成的一个完整的监察系统，这是质的飞跃。为什么说是质的飞跃呢？因为在秦代创建而由汉代继承下来的官制中，御史大夫及其属官这样一个监察官僚系统，是独立于行政官僚系统之外，直接受皇帝领导的垂直系统。自秦代开始，中国封建社会形成了在皇帝统一领导下的监察官僚系统与行政官僚系统的分立制，这是在法家学术思想指导下的一项官制上的伟大创举。

为什么说是"伟大创举"呢？因为秦代创设的监察官僚系统，在此后2000多年历次改朝换代的官制变易中一直被奉行不替。

作为秦代指导理论的法家思想，在督责臣僚方面做得高明，体现在官制上也缜密和严谨。

秦代中央监察机构的最高长官是御史大夫，同丞相、太尉合称三公。但在三公排列中，御史大夫处于最末一位，明确规定"掌副丞相"。三公之间的分工非常明确：丞相是统领百官的最高行政长官，太尉是管军事的最高长官，御史大夫是监察机构最高长官。

御史大夫虽然为副丞相，但却直属皇帝领导，有权监察包括丞相、太尉在内的百官，有权弹劾、查治丞相、太尉。

御史不仅监察朝官，而且还监察郡一级的地方官。监御史隶属于御史中丞领导，平时在各郡所在地办公，每年定期返京，向御史大夫及御史中丞汇报工作。

秦朝已经构建了从中央到地方的监察网。居于这张网中心的是独揽帝国全权的皇帝，御史、监御史等都是皇帝的耳目。

秦朝不仅初步构建了监察机构，并配备了相当数量的监察官员，而且规定有极为细致、严厉的监察法规，以残酷的律令来慑服各级官吏尽心竭力地服务于秦帝国，惩处官吏以权谋私、贪污受贿的腐败犯罪行为。

秦朝虽然没有专门的监察法规出现，但从湖北省云梦县睡虎地出土的秦墓竹简来看，散见于其他各种律文中的监察法内容却比较丰富。如《置吏律》和《除吏律》，是有关任免官吏的专门法规，其对担任官吏的条件，如年龄、经历、学识等都有不少限制。《法律答问》中则有大量针对官吏贪污行为的处罚规定。

《法律答问》明确规定，官吏利用职权私自挪用官钱，作贪污盗窃罪论处："府中公金钱私贷用之，与盗同法。"即将公府中公家金钱，私自借用，与盗窃同样论罪。

秦律对行贿、受贿的处罚极严。如《法律答问》明确规定："通一钱，黥为城旦。"哪怕受贿一个铜钱，也要受脸上刺字，修城服苦役的惩罚。

行贿如此，受贿者处罚更加严重。如秦简《为吏之道》规定："临财见利，不取苟富；临难见死，不取苟免。欲富太甚，贫不可得；欲贵太甚，贱不可得。毋喜富，毋恶贫，正行修身，祸去福存。"意思是指作为国家官吏，不应该贪图不正当的富贵，否则就难免有杀身之祸。这对贪官污吏确实是极好的警告。

在秦代法律中，有不少禁止官吏利用职权谋取私利的规定。如《效律》规定要对各地官府的仓库定期进行例行检查，新旧官吏职务交接时，也要对官府财物进行核实。如果有账物不符的情况，对相关责任人要给予处罚。希望通过严格的检查，防止官吏利用职务之便侵吞国家财物。

秦律还规定禁止官吏私自调用官府人力、物力牟取私利，如《杂抄》规定，官吏利用驮运行李的马和看守文书的私卒为个人进行贸易牟利，要给予流放的严厉处罚。

秦代监察机制的运行以强有力的专制皇权为保障，皇帝不仅授权各级监察官对官吏进行监察，而且还经常亲自巡行各地，检查地方吏治和民情，督促监察系统的高效运行。这是秦代监察机制的有机补充。正因为如此，秦代监察机制运行正常与否，往往与专制君主的个人素质密切相关。当雄才大略的秦始皇主政时，就能够通过高效、有力的监察系统对全国实行有效控制，而当秦始皇归天，秦二世、赵高之流主政时，监察机制就近乎瘫痪，以致很快遭到天下皆叛而恬然不知的灭顶之灾。

五、民心为何缺失

秦代统治时间不长，官僚队伍的贪腐现象并没有发展到非常严重的程度，但并不是说官僚队伍很干净。早在统一六国战争胜利之初，秦统治集团就开始沉浸于奢侈享乐的安逸生活之中，如秦始皇本人就是穷奢极欲的典型，他不仅修筑大量豪华富丽的宫殿，纵情享乐，而且还不惜民力，大修骊山陵墓。

丞相李斯也不甘示弱，出行时随从的阵容庞大空前；儿子李由回京省亲，更是大摆宴席，赴宴宾客络绎不绝，门前停放的车骑逾千，排场无人能及。

最高统治者奢侈无度成为风向标，这是官僚队伍走向腐败深渊的开端。最明显的表现是上梁不正下梁歪，各级官吏上行下效，频频借宴请、迎送的机会公开索贿收礼。

沛县一众胥吏为了祝贺县令旧友吕公定居沛县，纷纷前往祝贺，并以贺礼的多少安排席位，"进不满千钱，坐之堂下"。送礼者如此慷慨，当然是借祝贺之机，行贿赂讨好之实。

刘邦当时只是一名小小的亭长，到咸阳公干也要乘机捞一把，属下 300 或 500 的送程仪。

至于强行勒索普通民众财物的事情，更是司空见惯，如秦统一六国后，将六国旧民迁往咸阳，官吏们乘机大收贿赂，赵国的卓氏拒绝行贿，被发配到边远的邛县。

百姓到关中服徭役时，也要受到当地官吏、豪强的敲诈勒索，"诸侯吏卒异时故繇使屯戍过秦中，秦中吏卒遇之多无状……"，终于引发了项羽坑杀秦 20 万降军的惨剧。

刘邦当亭长时，也常常假公济私，动辄到私人酒店里白吃白喝，酒店老板只能是徒唤奈何。

更为甚者，如项梁犯了人命案逃到会稽，成了郡守的座上宾。项伯是一个杀人犯，竟然能在张良的庇护下逍遥法外。张良之所以能如此，是依赖其五世相韩而积敛起来的家财贿赂官府。

当时社会上流传一句俗语："千金不死，百金不刑"，说的就是人们免受轻重刑罚，根据其拥有的财富而定。这是对秦律所标榜"不别亲疏，不殊贵贱，一断于法"的极大讽刺。

秦二世的统治更为黑暗，官僚队伍的腐败趋势在任人唯亲、滥杀无辜的恐怖政治环境中更是一泻千里，无法遏制。不但胡亥声色犬马，赵高贪欲无厌，即便是比较成熟的政治家李斯，也因为贪图禄位而与胡亥、赵高同流合污，致使秦代官场弥漫着依附权贵、明哲保身的恶劣气氛，以致出现独揽大权的赵高指鹿为马的闹剧。

昔日精干有力的官僚队伍已经腐败，蜕化为依附在秦政权肌肤上的寄生虫。秦朝灭亡的命运也就不可避免。

贪贿与腐败的横行，注定了秦朝政权灭亡的命运，其与秦二世的失德纠缠在一起，就加速了大秦帝国灭亡的进程。

大秦帝国诞生于战乱之后，按理说，完成统一大业后，应该将主要精力转移到休养生息，发展社会生产中来，但秦始皇和他的主要大臣李斯、蒙恬等人并没有认识到转变政策的重要性，反而变本加厉地推行各种急政、暴政。

秦始皇是一个战争狂人，统一六国之后，战争之欲丝毫不减，在人心思定、人心厌战的统一初年，竟然连续发动了征服百越和讨伐匈奴两大战役，虽然有开疆拓土的作用，但却给民众带来无穷的灾难。司马迁在《史记》卷88中批评说："夫秦之初灭诸侯，天下之心未定，痍伤者未瘳，而恬为名将，不以此时强谏，振百姓之急，养老存孤，务修众庶之和，而阿意兴功，此其兄弟遇诛，不亦宜乎！何乃罪地脉哉？"

秦始皇不但是一个战争狂人，而且还是一个享乐狂人，为了满足自己的享乐要求，大肆征发民力滥修宫殿、陵墓，仅骊山陵工程，就动用了70万民工。加之修筑长城，开灵渠，修驰道、直道等大工程，使得大量的人力、物力、财力消耗在无休止的徭役征发之中。《水经注》记载了一首民谣，是当时历史的真实写照：

生男慎勿举，生女哺用铺。

不见长城下，尸骸相支柱。

战争的消耗与享乐的挥霍，需要强大的经济基础来支撑，羊毛出在羊身上，统治者势必会强化对民众的盘剥。《汉书》就曾记载，秦代的赋税20倍于古，虽然有夸张成分，但秦代百姓承担的赋税之重是不争的事实。

贪贿和暴政的综合作用，就是民心的缺失，民众一旦对统治者失去信心，随之而来的便是反秦情绪的迅速蔓延，呈几何级数膨胀、放大，秦帝国政权随之也陷入风雨飘摇之中。

秦二世继位之后，即使是改弦更张，能否维持其统治尚是未知数，更何况他继位之后,将秦始皇时期的徭役、赋税推向极致,如招来天怒人怨的阿房宫、骊山陵等巨大工程仍在继续,严刑峻法也丝毫不减。如此倒行逆施,等待秦政权的只能是覆灭的下场。

公元前209年,随着陈胜、吴广的大泽乡起义,轰轰烈烈的反秦浪潮迅速席卷全国,秦朝历史也就走到了尽头。

六、秦朝兴亡的启示

秦王朝作为中国封建君主专制政体的开端,无论其创行的政治还是经济政策,都具有开创性,也取得一定的成就,但却难逃吏治崩溃和政权迅速瓦解的悲剧。纵观秦朝的兴亡,无论是成功的经验,还是失败的教训,无疑都是留给后人的珍贵启示。

第一,意识形态决定国之兴亡。秦朝以法家学说为治国理论,法家主张君权独断与尊君卑臣。在春秋战国诸子百家中,法家还是一个排他学派。商鞅把儒家等学派称为"六虱",主张予以禁绝。秦始皇更是根据这个理论,从禁绝百家到焚书坑儒,成为暴政的典型。从商鞅变法到秦始皇任法而治,从理论上完全否定了统治集团和其他政治力量对国君的制约,强调了君权独断,尊君卑臣,消除了舆论监督的可能性,这种理论对二千多年中国封建社会所带来的影响危害极大,流毒深远,其贻害甚至延续到今天。中国封建君主制度下的专制暴政,基本来自法家学说。法家理论虽然为中国统一作出了贡献,但也为秦朝的二世而亡埋下了伏笔。

第二,必须对贪污腐败保持清醒的认识。秦代思想家商鞅反复指明了贪污腐败对社会生活和国家政权侵蚀的严重性。事实上,秦末的腐败流行和兵徭征发等急政一样,都是秦朝二世而亡的关键因素。民众对官吏的贪污腐败最敏感也最仇视和痛恨。如果出现贪污腐败问题,他们会在忍让承受寄望于政府处理的同时，也以各种形式表达自己的不满和反抗。一旦现政权缺乏或者忽视了对贪官污吏的有效控制，当矛盾积累到一定程度，来自社会中下层的反抗力量必然会以雷霆之势荡除一切官场丑恶，秦朝灭亡，正是这种历史的必然。显而易见，为了尽量避免发生伴随王朝覆灭而来的巨大社会动荡和破坏，统治者就必须始终对贪污腐败的危害性保持高度警戒，坚持不懈地抓好反贪腐工作。

第三，构建严密的监察机构是反贪腐有效进行的必备前提。秦代反贪腐的主要成功经验之一就是构建了由中央到地方成完整体系的监察网，并配备有相当数量的监察官员。实践证明，当整个政治大环境比较健康的时代，监察机制确实收到了澄清吏治的良好效果；但也存在较明显的问题，最突出的就是监察权与行政权分离不彻底，监察权经常会受到行政权力的制约。也就是说，监察机制运行正常与否，与执政者密切相关。秦朝在秦始皇主政时，监察系统对全国实行有效控制，对吏治建设发挥了重要作用。而当秦二世、赵高之流主政时，监察机制近乎瘫痪，秦王朝也迅速灭亡。其实，在专制主义政体之下，由于各种因素的作用，要想使监察体制长期有效地发挥作用是不可能的。

第四章

大汉王朝——在辉煌中走向灭亡

汉朝分西汉和东汉两个时期。西汉以汉武朝为界分前后两个时期。刘邦立国后，推行轻徭、薄赋、节俭、省刑的惠民政策，又经文景两朝近40年的经营，政权达到黄金时代。汉武帝虽然是一位英主，但在东征西讨之时却又奢侈无度，将文景时期积累的财富挥霍一空，使得臻于极盛的武帝朝实际成为西汉王朝由盛转衰的转折点。武帝晚年虽然也表示悔过，但民众对刘氏皇室已失去了信心，以致出现王朝戏剧性易主。

东汉以汉和帝末期为界分前后两个时期。前期统治者特别重视对官吏的选拔，通过察举、贤良对策等方式选取贤才，吏治比较清明。后期皇帝都是年幼即位，被外戚、宦官玩弄于股掌之中，社会黑暗，吏治败坏，社会风气日益腐败。王朝逐渐走向灭亡。

一、汉初"无为而治"

（一）改弦易辙

刘邦年轻时游手好闲，可当这个市井无赖成为大汉王朝的开国皇帝后，没有人再敢轻视他了。史家们对刘邦也充满了好奇，纷纷探究刘邦有何过人之处。刘邦的过人之处其实不是什么秘密，主要有两条：一是知人善用，二是善于听取意见。

在一次庆功宴上，刘邦对百官说："我之所以有今天，得力于三个人，运筹帷幄之中，决胜千里之外，我不如子房；镇守国家，安抚百姓，不断供给军粮，我不如萧何；率百万之众，战必胜，攻必取，我不如韩信。三位皆人杰，我能用之，此我所以取天下者也。"

刘邦不但知人善用，而且还善于听取臣子的意见。在戎马倥偬、频繁的战争中，他非常注意总结吸收秦朝灭亡的历史教训，在汉初掀起了一股强大的反思热潮，陆贾的《新语》就是在这种情况下出笼的。

司马迁在《史记》中说：陆贾是汉代大儒，他经常在高祖刘邦面前谈论《诗经》、《尚书》等儒家经典，刘邦是一个粗人，听到这些文绉绉的话就头痛，有一次不高兴地对陆贾说：老子的天下是靠骑在马上南征北战打出来的，哪里用得着《诗》、《书》！

陆贾不服气地说："您在马上可以取得天下，难道要骑在马上治天下吗？商汤和周武以武力征服天下，然后顺应形势以文治守成，文治武功并用，这才是国家长治久安的最好办法啊！从前吴王夫差、晋国卿大夫智伯都是因极力炫耀武功而致使国家灭亡；秦王朝也是一味使用严酷刑法而不知变更，最后导致灭亡。假使秦朝统一天下之后，实行仁义之道，效法先圣，那么，陛下您又怎么能取得天下呢？"

刘邦听完后脸露愧色，诚恳地对陆贾说："那就请您尝试着总结一下秦朝失去天下，我们得到天下，原因究竟在哪里，以及古代各王朝成功和失败的原因又是什么。"

刘邦的话是圣旨，陆贾奉旨之后，不敢怠慢，夜以继日，一共写了12篇论文，系统地总结论述了历代王朝兴衰存亡的征兆和原因。

刘邦每读完一篇，都拍案叫绝，于是命人将12篇论文编订成册，这就是流传后世的《新语》。

陆贾的《新语》之所以获得刘邦及群臣的点赞，原因在于他指出了秦朝灭亡的根本原因：秦始皇企图用严刑峻法来治理天下，结果却是事与愿违，不但没有达到稳定社会的目的，反而使天下大乱，其中的原因就在于"举措暴众而用刑太极"。陆贾还批评了秦始皇的"骄奢靡丽"之风，认为统治者的奢侈腐化导致上行下效，无法遏止，正所谓"上之化下，犹风之靡草也"。解决这一问题的办法是从上做起："故君子之御下也，民奢应之以俭，骄淫者统之以理；未有上仁而下贼，让行而争路者也。"这就是孔子所谓的"移风易俗"。陆贾的《新语》从理论上构建了汉初黄老政治的基本框架。

陆贾所说的是黄老"无为而治"治国之术的具体体现。"无为而治"是一种什么样的理论呢？

司马谈在《论六家要旨》中说："道家无为，又曰无不为。"《经法·道法》也说："故执道者之观于天下也，无执也，无处也，无为也，无私也。"

他们说的这种理论的渊源，应上溯到《老子》。老子通过对生物、自然、历史等现象的辩证运动过程进行深入思索后得出了很独特的见解，他说："人之生也柔弱，其死也坚强。草木之生也柔脆，其死也枯槁。故坚强者死之徒，柔弱者生之徒。是以兵强则灭，木强则折，强大居下，柔弱居上。"

依据这一理论，老子指出君主在治国行政时就必须像水流始终居下那样自觉保持清净、无为状态，老子再三强调，"道常无为而无不为。侯王若能守之，万物将自化。化而欲作，吾将镇之以无名之朴，镇之以无名之朴，夫将不欲。不欲以静，天下将自定"。还说"上德不德，是以有德。下德不失德，是以无德。上德无为而无不为，下德为之而有以为"。

在老子看来，君主作为官僚行政机构的中心，官吏作为社会管理的中心，都不能完全陷入现实行政事务和个别矛盾之中而无法自拔，只有跳出具体矛盾以外敢于充分放权，才能够得心应手利用矛盾，解决矛盾，从而取得良好的政治效果，这就是他的名言"我无为而民自化，我好静而民自正。我无事而民自富，我无欲而民自朴。其政闷闷，其民淳淳。其政察察，其民缺缺"所包含的底蕴。

叔孙通也为汉王朝奠定了礼乐制度，他提出"五帝异乐，三王不同礼"，不能"不知世变"的食古不化。他根据汉代实际情况，"采古礼与秦仪杂就之"，制定了汉仪，撰写《仪品》16篇。

陆贾与叔孙通的共同点，就是强调教化和礼的重要作用，这开了西汉自武帝以后，逐渐转向以儒家政治思想作为国家政策法令的指导原则的先河，也为西汉吏治及廉政措施定下了基调。

在黄老思想指导下，以刘邦为代表的统治集团，一方推行轻徭薄赋、简政省刑、与民休息的无为政策，使民众在战火之余，有了休养生息的安定环境。一方面又强化对吏治的整饬，并重视法制建设。如开国之初，由萧何主修《九章律》、韩信制定《军法》，为治国和整肃吏治提供了坚实的法律保障。

必须指出的是，汉初立法之严，主要是指承袭秦律中严厉的官吏立法，以重刑防范官吏贪贿行为，这对于保证吏治清明，无疑是必要的，其与汉初对民众采取轻刑宽政的主流实质上并不矛盾。恰恰相反，正是以宽待民，从严治吏，宽猛结合的综合作用，才使汉初吏治得以保持基本健康的状态，其对"文景之治"的出现，起到了积极的促进作用。

但也不可否认,由于黄老"无为"思想的长期影响,西汉从汉文帝时开始,官吏因循守旧,官官相护,贪赃纳贿的现象已日渐严重,至景帝后期已发展成为相当严重的社会问题。汉武帝加大对贪官污吏的打击力度,摒弃黄老"无为"思想,以儒学取而代之,并不是一时冲动,而是经过深思熟虑采取的一项基本国策。

(二)布衣卿相与惠民政策

刘邦以一介亭长而在反秦风暴中创立帝业,其战将谋臣也多来自于社会中下阶层,从而在汉初形成了独具特色的布衣卿相格局。

汉初众臣,张良是原韩国宰相之子,出身虽然尊贵,其实却已没落而沦落为庶民。其次是张苍,在秦朝曾任御史之职;叔孙通为秦朝待诏博士。次则是萧何,他是沛县官府的一名小吏;曹参、任敖都是监狱管理员;周昌、周苛,泗水卒史;傅宽,魏骑将;申屠嘉,材官(武卒)。其余陈平、王陵、陆贾、郦商、郦食其、夏侯婴等都是一介平民。樊哙,屠夫出身,周勃是给人办丧事的一位乐手,灌婴是一位小商贩,娄敬是一位推车者。这些人在汉朝都官至将相。

布衣卿相局面的出现,是春秋战国以来"贵"的衰落与"贤"的兴起的最终结果。相对于世卿世禄的贵族生活,布衣卿相作为新的统治者,他们与民众的联系比较紧密,对下层民众的疾苦有较多的了解,也亲身经历了大秦帝国勃兴猝亡的全过程,因而更能够找到稳定社会、发展生产的良药,对症下药,这剂良药,就是汉初的惠民政策。

汉初的惠民政策,主要围绕发展农业生产,繁荣社会经济的总目标进行。

一是制定重农抑末的政策:农指的是农业,末指的是商业。战国以来,商品经济有了很大发展,弃农经商的现象也日益增多,对农业生产起了瓦解作用，严重妨碍了农业的发展。富商大贾进行商业投机，以财役民，破坏了农村经济。针对这些社会问题，西汉政府制定了抑制的政策法令，为商人另立"市籍"，规定凡有"市籍"的商人，不准做官，不准骑马乘车，不准携带武器，不准穿丝绸衣服，加倍交纳人口税。这些抑制商业的规定，对大工商业主的行为作了一些限制，从而有利于农业生产的恢复和发展。

重视农业不是提一句空洞的口号就能解决问题的，必须拿出具体措施来保证实施。公元前202年，刘邦诏令招募因战乱离乡背井，"聚保山泽"的民众，各归其县，复故爵田宅。

这些人中包括地主和农民，诏令力图将离散的劳动力与土地重新结合起来；同时下令让一些士兵解甲归农，并根据他们的军功大小，给复员的官兵一定数量的土地和园宅，造就了一批新的地主与自耕农，奠定了西汉农业发展的基础。

秦王朝虽然建立了封建的国家，但社会上奴隶的残余还相当多，因罪为奴的数量也不少。秦末农民起义军中，奴隶是其中的重要力量，有一部分奴隶在起义的过程中挣脱了奴隶的枷锁，也有一部分人因灾荒和战祸卖身为奴，沦为奴隶。刘邦即位不久即下令：凡庶民因饥寒卖身为奴者，一律释免为平民。为农业生产提供了大量的劳动力，这些获得自由的奴隶，具有极高的劳动生产积极性。

汉初，尽量减轻农民的负担，实行轻徭薄赋的政策，直接促进了农业经济的恢复和发展。刘邦时规定田租15税1，到景帝时更减为30税1。地主经济得到很大的实惠，广大的自耕农也减轻了负担，社会生产得到相应的提高和发展。减省徭役也是有利于生产的重要一环，在汉初的60年中，基本上停止了大规模的营建工程和兴兵远征，并屡诏郡县官吏，要减省徭役，与民休息。

汉惠帝时期，由于高后垂帘听政，发生了统治集团内部权力分配的斗争，但国家的大政方针仍然沿袭着刘邦、萧何制定的国家政策继续前进。班固在《汉书·高后纪第三》中说：汉孝惠帝、高后之时，四海脱离战乱之苦，君臣都想无为而治，所以惠帝垂拱以安天下，高后以妇女主持朝政，不出宫门而天下安泰，刑罚少用，人民从事耕种，衣食丰足。是符合当时情况的。

汉初布衣卿相的出现，对吏治建设具有积极作用，但也有负面影响。由于这些人早期相对贫贱，进入上层社会之后，对财富的追求异常强烈，为了达到个人目的，甚至不择手段，不受所谓道德观念的约束。

最高统治者刘邦就是一个贪财好色之人，登上帝位之后，赤裸裸地把天下视为个人的私产，他对父亲说：当初，大人常常认为我没有出息，不会经营产业，比不上二哥刘仲勤快努力。现在我的产业与刘仲相比，哪一个多？

刘邦的这种心态，在汉初具有代表性。因此几乎在与刘邦开国的同时，贪贿歪风便已显现出来，吏治也已经出现了腐败问题。

吏治问题首先出现在基层。刘邦称帝的当年五月就曾下诏说，血战疆场的将士难以得到按军功受赏的土地和田宅，主持授田的基层小吏却近水楼台先得月，优先得到良田美宅，甚至视帝国诏令如无物。这明显是一种变相的贪污行为，因而引起西汉中央政府的重视，不得不下诏予以制止。

既然到了要中央政府下令制止的程度，可见当时贪腐的问题已相当严重。

西汉开国后，地方政府出现贪腐行为，其实根源还是在统治集团上层。刘邦是一个迷恋奢靡生活的人。《汉书·周昌传》记载了这样一件事：

周昌刚强正直，敢于直言，除萧何、曹参之外的其他官员，对他都是谨小慎微，毕恭毕敬。一次，周昌在刘邦宴饮时汇报工作，刘邦当时正在拥抱戚姬,周昌什么也不说,退了出去。刘邦追赶出来,抓住周昌,骑在周昌脖子上问道:"我是怎样的君主?"周昌仰起头说:"陛下就是桀、纣之主。"刘邦大笑起来,然而还是很怕他。

周昌虽然有些夸张,但上有好者,下必甚焉,刘邦君臣的奢侈享受之风毕竟是愈演愈烈了。例如身为列侯、计相的张苍,就是一个非常懂得享受的人,张苍退了相位后,口中已没了牙齿,平时就是吃人的乳汁,把妇女当乳母。为了保证奶水充足,张苍蓄养了上百个妻妾。这些妻妾怀孕后便不再受到宠爱。

萧何也很典型。他不但凭借相国的权势,强行低价购买长安平民田宅,而且还公然收取商人大量钱财,替他们向刘邦请求开放上林苑皇家禁地。如果前者可以用"萧何自污"来解释,勉强说得过去,后者显然就是受贿行为了。

实际上,萧何早年就曾重贿时任亭长的刘邦,刘邦到咸阳去出差,其他人送刘邦300钱,唯独萧何送500钱。

萧何主持修未央宫时,更是穷极华丽,借以讨好刘邦。这足以说明萧何精于行贿、受贿之道,并醉心于豪奢生活。

无独有偶,汉初另一位重要政治家陈平也是一位贪腐之人,较之萧何甚至是有过之而无不及。早在楚汉相争之时,他便公开收受将士的贿赂,"金多者得善处,金少者得恶处"。这种公然索贿的行为在军中引起强烈反响。当刘邦质疑陈平的举荐人魏无知时,魏无知竟然认为这是小事,不必计较。陈平自己也辩解说:"臣裸身来,不受金无以为资。"这足以说明陈平确有索贿纳贿的品质问题。当陈平在吕后时期担任丞相要职时,贪腐行为更是变本加厉,有一次给周勃祝寿,出手就是500金。如此阔绰大方,不得不让人怀疑,这些巨额财富从何而来。

据说陈平曾经预言自己的家族难以再兴,他说:我多用诡秘的阴谋，这是道家所禁忌的。我的继承者如果被废黜，也就完了，终究不能兴起，因为我暗中种下了很多祸根。"吾世即废，亦已矣，终不能复起，以吾多阴祸也。"

其实，与其将家族走向衰落归咎于阴谋，不如归咎于他的贪得无厌，锦衣玉食的糜烂生活，导致家族迅速走向衰败。

萧何、陈平二人只是当时高官的一个缩影，其余贪赃纳贿者比比皆是。正如陈平在分析刘邦、项羽两大集团的优缺点时所说：项王为人谦恭有礼，对人爱护，具有清廉节操、喜欢礼仪的士人多归附他。到了论功行赏、授爵封邑时，却又吝啬这些爵邑，士人因此又不愿归附他。如今大王傲慢又缺乏礼仪，具有清廉节操的士人不来归附；但是大王能够舍得给人爵位、食邑，那些圆滑没有骨气、好利无耻之徒又多归附汉王。

显而易见，刘邦集团多由"好利无耻之徒"构成，尽管这不妨碍他们在战场上冲锋陷阵，杀敌制胜以建功立业，但在得天下后，要想使这些人变得廉洁奉公，恐怕就是一件很难的事情。这就是西汉开国之后所面临的一大隐患。

应该说，刘邦开国之后，长期忙于处理清除异姓王、防范匈奴犯境、恢复社会经济等棘手的军国大事，对官僚队伍的贪污腐败行为有所忽视，只是"汉承秦制"，保留了大量秦律中惩处贪官污吏的律法，对贪官污吏仍然具有一定震慑作用；加之当时人心思安，且社会经济确实很凋零，官吏即使想贪腐，也是无油水可捞，才使得贪贿现象在当时没有演变成严重的社会问题，但却也给继承者埋下一个巨大的隐患。

汉惠帝和吕后统治期间是西汉平稳发展的时期，社会经济在朝廷推行黄老"无为"政策、减少过多干预的情况下迅速走向恢复。

吕后虽然是一位优秀干练的政治家，但也没有摆脱宠信佞臣、宦官的陋习，而这种陋习正是吏治的一剂毒药。如宗室刘泽为了获得王位,以200金给说客田生祝寿,并通过田生贿赂吕后身边的宦官张释卿。张释卿受贿后,在吕后面前替刘泽大唱赞歌。刘泽如愿以偿,得封琅琊王。甚至连宦官张释卿,后来也被封为建陵侯,为汉室宦官封侯开了一个很坏的先例。这样的事例虽然不是很普遍,但通过权贵请托而得高位的先例一开,必将是后患无穷,因为这样很容易造成官吏为求升官而不择手段地巴结权贵,导致官场贪赃纳贿之风盛行。

除此之外,由于涉及敏感而残酷的宫廷政治斗争,惠帝、吕后时的执政大臣们往往采取明哲保身的态度。如陈平身为丞相,"非治事,日饮醇酒,戏妇女"。丞相如此,百官就更不用说了。这种掩盖问题的做法,实质上是一种消极怠工的行为,对加强反贪和澄清吏治显然是不利的。

吕后死后,虽然发生了刘氏皇族、元老重臣与吕氏宗族的夺权斗争,但基本上没有影响到整个社会的稳定。

二、"文景之治"

汉文帝、景帝在位近40年,其间虽然有匈奴扰边和"七国之乱"的干扰,西汉政治仍然达到了它的黄金时代。

前179年,文帝刘恒即位,朝廷继承刘邦、萧何的省刑简政、轻徭薄赋的政策,实行了一系列减轻农民负担、扶植农业生产的措施,但直到前168年,社会经济和生产仍然十分落后。

文帝后期,针对农业生产发展缓慢的情况,连续4年(前168—前165年)取消农民的田租,赈抚孤寡贫民,并提出"右贤左戚(尊重贤能之士,疏外戚之官)、先民后己"的口号,号召官吏举荐贤良。将孝悌与力田两者结合起来,大力进行表彰,向全国下诏表扬说:"孝悌,天下之大顺也;力田,为生之本也;三老,众民之师也;廉吏,众民之表也。"这里，同时也规定了廉吏的职责范围和内容：既要承担提倡封建伦理道德，化民成俗的教化责任，又要完成提高农业，发展生产的任务。

文帝在位 23 年，始终保持着勤俭的生活，很少添置新衣，本来计划在宫里建一个露台，但召工匠对工程进行预算，说是需要百金费用。百金是个什么概念呢？相当于 10 户中产人家的家业。文帝觉得耗费太大，断然取消了这个计划。文帝不但自己穿皂绨衣，并且还规定宫人的衣裙不得拖地，帐帷不得文绣，向天下做出俭朴寒素的表率。在政务方面坚持以德化民，兴于礼仪。

景帝继位后，仍然保持了文帝俭朴的作风，延续文帝时的惠民政策。所有这些措施，稳定了民众的生活，提高了农民生产的积极性，成为农业恢复发展和社会经济趋向繁荣的重要原因。

经过两代皇帝的努力，终于使西汉达到移风易俗，黎民淳厚的局面。当时能奉公守法的循吏如河南郡太守吴公、蜀郡太守文翁这些人，都能严于律己，为人表率，办事清廉公正，不用强迫的方法，就能使人民顺从地接受感化。中国封建社会出现了第一次繁荣昌盛的黄金时期——"文景之治"。

其实，文景之治并不是神话，它只能代表当时的社会政治、经济较之前代进步和繁荣，并不等于就是太平世界，朗朗乾坤，因为当时潜在的问题仍然很多。随着生产的发展和社会财富的积累，随之兴起了奢侈腐化之风，出现了兼并豪党之徒，就是一个很严重的问题。司马迁在《史记·平准书》中说：法网宽疏而百姓富实，因而产生了利用财物做骄奢不法事的人，兼并土地的人家以及土豪巨党，以威势武力横行乡里。宗室有封地的以至公卿大夫以下，争相奢侈，房屋车服超过了自身等级，没有限度。物盛则衰，本来就是事物应有的变化。

贾谊说：当今不务农而去经商，吃饭的人多，种地的人少，这是对天下大大的伤害；荒废放荡的风俗与日俱增，这是天下大大的负担铺张。对公家的损害，却没办法制止；命运将要颠覆，却没办法救济。生产得很少消耗得很大，天下的财产如何能不减少！汉朝建立已经四十多年了，无论公家还是私人的积蓄都很惨淡。一旦该下雨的时候不下雨，人民的处境就会危急；要是年景不好没有收获，人民就只能出卖自己的爵位、孩子。

这绝对不是故弄玄虚的夸张之词，因为在汉文帝末年，便已出现了大旱与蝗灾；景帝初年，自然灾害更是频频发生，给民众的生活带来极大的影响。如果说自然灾害不能简单地归咎于文、景两朝，且解决这些社会难题也不能在短期内一蹴而就，但对于腐败恶习日益加剧的吏治问题，文帝和景帝就有着不可推卸的责任。

景帝多次下诏，痛斥吏治腐败的问题。如中元五年（前145年）下诏说：法令与度量，是用以禁暴止邪的。刑狱，是决定人的生死的，死者不可复生。有的官吏不执行法令，贪赃枉法，狼狈为奸，以威逼迫使其供认，以严酷决断案情，以致无辜者蒙受不白之冤，朕深为同情。有罪者不服罪，藐视王法，负隅顽抗，那就另当别论。而对于疑狱，即使可以引用律条进行判处而人心却不服的，就应进行复审与合议。

后元二年（前142年）四月更下诏说：今年收成不好，人民的口粮减省，原因在哪里？是不是有些奸诈之人当了官，官吏以财物作交易，掠夺百姓，侵害人民？县丞是县吏的长官，他们借执法的机会做坏事，助盗为盗，这实在是失去了朝廷设置县丞的用意。命令郡守们各自严格履行自己的职责，对于不忠于职守、昏昧不明的郡守，丞相把他们的情况报告我，要求治他们的罪。

皇帝公开向天下承认官吏存在贪污受贿、枉法求利等腐败问题，说明当时的吏治腐败已经到了非常严重的程度。对于出现这种状况的原因，贾谊一针见血地指出：吏治腐败的根源，在于黄老指导思想的因循守旧，放任纵容。出现这种情况，文帝和景帝，尤其是文帝，难辞其咎。

文景盛世之所以出现吏治腐败的问题，一方面是由于文帝政治上的容忍，另一方面则是社会经济领域所发生的变化。

众所周知，汉文帝只是一个藩王，当上皇帝是一个意外，是周勃、陈平等一批元老重臣与吕氏外戚集团争斗之中将他拥上皇位的。

文帝即位之初，人心浮动，各怀异志，他当务之急是安抚人心，巩固刚获得的皇位。他一方面不露声色地以各种手段清除有可能威胁帝位的政敌，如楚元王、齐哀王、城阳王刘章、济北王刘兴居等，都在文帝上台不到两年的时间内陆续去了阴间。另一方面，文帝也注意对社会各阶层人物的笼络，如对其他诸侯王就采取退还削地的怀柔政策；吴王诈病不上朝，文帝不但没有深究，反而还赐给他几杖，嘱咐他要好好保重身体。对农民减轻租赋，对商人开关梁，驰山泽之禁等惠民政策，也是在这种背景下审时度势而制定的。当然，最主要的是对官吏们的拉拢。如张武等人贪赃枉法，他不是采取惩处的办法，而是赏赐，并美其名曰"以愧其心"。这种做法对惩贪没有任何效果，反而还鼓励了官吏们的贪腐行为。

政治上的软弱，迫使文帝不得不在一定程度上容忍官吏们的贪贿行为以换取他们的支持，同时，文帝的宠臣、宦官赵谈、北宫伯子等"无技能"的佞臣也恶化了官场风气。

当然，文景时期之所以出现吏治腐败问题，主要原因还在社会经济领域。我们知道，战国、秦汉时期是中国古代社会商品、货币经济发展迅速的时期，社会生产力迅速发展，农业、手工业趋向个体化经营，社会分工有了进一步发展，交换也日益频繁；货币经济的发展，冲破了以物易物的交易范畴，于是从谷物到牲畜、手工业品都转化为商品，最后连人也卷入其中。文帝、景帝时期出现了天下统一，开放关卡要道，解除开采山泽的禁令，因此富商大贾得以通行天下，交易的货物无不畅通，商品经济出现繁荣的局面。

商品经济的发展，有力地促进了汉初社会经济的恢复和发展，同时也对社会各阶层的生活产生了重大影响，其就像一只看不见的魔手，无处不在地引诱着人们对财富的追求。官吏作为一个掌握政治权力但收入相对固定的社会阶层，在财富的引诱下自然也难洁身自好，他们知法犯法，试图利用自己掌握的权力，同货币持有者商人阶层进行肮脏的权钱交易，从而使得贪腐之风愈刮愈烈，这是不以个人意志为转移的必然现象。

不仅如此，文、景两代商品经济的发展，也加剧了全社会奢侈风气，因为在自然经济条件下，货币财富很难大规模地转化为产业资本，只能转向购买土地或以侈靡享受的方式消耗掉。追求享乐之风，最先从商人阶层中刮起。

贾谊深恶痛绝地说：如今那些卖奴婢的人，给奴婢穿上绣边的衣服和丝边的鞋子，然后关进交易奴婢的栏中；这种服饰是古代王后穿的，而且只是进庙祭祀才穿，平时都不穿，但现在平民却用来给奴婢穿。那种白皱纹纱作面子，薄细绢作里子的花边衣服，是古代天子的衣服，如今富有商人却用于招待客人时装饰墙壁。

晁错在《论贵粟疏》也指出：那些商人，大的囤积货物获取加倍的利息；小的开设店铺，贩卖货物，获取利益。他们每天去集市游逛，趁政府急需货物的机会，成倍地抬高物价。所以商人男的不必耕地耘田，女的不用养蚕织布，穿的必定是华美的衣服，吃的必定是上等米和肉；没有农夫的劳苦，却占有非常丰厚的利润。依仗自己丰厚的钱财，与王侯结交，势力超过官吏，凭借资产相互倾轧；他们遨游各地，车乘络绎不绝，乘着坚固的车，赶着壮实的马，脚穿丝鞋，身披绸衣。

官吏们很快也卷入其中，争相过着奢侈的生活。要维持这种高消费，必须要有大量的金钱为后盾，仅凭合法的俸禄收入远远不够，因此官吏们便纷纷另谋财路，贪污、受贿、索贿，无所不用其极。

在这种社会大背景下，要保证官吏队伍廉洁奉公，是一件非常困难的事情。面对日渐盛行的腐败风气，文、景两朝也采取了一系列措施。

汉文帝时规定：商人不得为官；贪官污吏不得再出仕；贪官不得赎罪。前两项旨在保证官吏队伍的人员素质，后一条意义更大。如文帝时规定：官吏"受赇枉法"，"弃市"，即官吏贪赃枉法，处以极刑。可见文帝反贪用法之严。但问题在于，在黄老因循守旧思想的指导下，纵容贪贿、官官相护被视为一种美谈，如景帝时，御史大夫张欧号称长者，从不曾惩治别人，专门以诚恳忠厚的态度做官。部属都认为他是忠厚的长者，也不敢过分地欺骗他。皇上把准备审理的案件交给他，有能够退回重审的就退回；不能退回重审的，因事不得已，就为罪人流泪而哭，不忍读文书，亲自看着封好文书。他就像这样爱护别人。而勇于反贪的廉吏如郅都，反而被视为异类，并终惨遭杀身之祸。显而易见，处于这种社会环境下，即使有较好的反贪措施，也难以得到有效的贯彻执行。

因此说，文景之治虽然称之为盛世，但吏治仍然存在许多问题，直到汉武帝加大反贪力度之后，才在一定程度上得以缓解。

三、汉武帝自毁

（一）极盛而衰的转折点

汉武帝是继秦始皇以后出现的又一位雄才大略的君主，他于公元前140年登上皇位之后，改变汉初政坛的因循守旧风气，果断地抛弃了已经不适应于强化皇权和开边拓土需要的黄老思想，在意识形态领域实行"罢黜百家，独尊儒术"，把经过董仲舒改造过的新儒学奉为治国的理论指导，全面推行新政策。如削弱相权，设立"中朝"负责朝廷中枢机构；推行"左官律"和"推恩令"，基本解决了诸侯王不服中央的问题；设十三州刺史监察郡县，任用酷吏打击豪强，进一步加强中央集权；厉行统一货币、加强盐铁专卖；设立均输平准制，进行经济改革等等。其中最主要的是改汉初以来长期沿用的和亲国策，挥戈北上，不仅先后出兵平定闽越、南越、西南夷、朝鲜等地，而且还对北边强敌匈奴实行穷追猛打的战争政策，又派张骞等出使西域。

经过多年征战，取得了对匈奴的战略性胜利。这些取得的成就虽然辉煌，却也使广大民众付出了惨重的代价。西汉著名学者夏侯胜评价说，汉武帝虽然有抵御四方强敌，扩疆拓土之功，但在战争中滥杀俘虏及庶民；浪费了大量钱财，过度铺张，白白消耗了大量财力，导致百姓流离失所，逃亡在外。

由于汉武帝连续对外用兵30余年，再加上好大喜功，大兴土木，导致国家财政日渐紧张，虽然有桑弘羊等理财能臣的精心筹划，但依然不得不加剧对民众的盘剥，加重赋税，广征徭役，同时又推行剥夺商人财产的算缗令和告缗令，致使大多数中等以上人家陷入破产境地。这些杀鸡取卵的做法，尽管在短期内取得了一定的经济效果，却进一步加深了各种社会矛盾。

如元封四年（前107年），因战争导致关东流民多达200万众。天汉年间更是发生了农民大暴动。暴动遍及关东地区，队伍多者数千人，攻陷城邑，杀死州县官；少者数百人，掠夺乡里，扰乱百姓。汉武帝派兵进行残酷镇压，并进一步强化刑罚，迫使民众慑服于他的专制淫威。加之汉武帝晚年疑心重，屡兴巫蛊之祸，乱杀无辜，无论是朝臣，还是宗室，都是惶惶不可终日。

显而易见，汉武帝不但挥霍了文、景两朝积累下来的所有财富，也几乎触犯了社会各阶层的切身利益，严重削弱了汉初培养起来的民众对西汉政权的向心力，使得臻于极盛的武帝朝实际成为大汉帝国由盛而衰的转折点。

（二）官场腐败的种种表现

汉武帝在位的53年是汉帝国极盛的辉煌与危机四伏交织在一起的多彩时代。在这期间，汉武帝穷兵黩武的个性得以淋漓尽致地发挥，他东征西讨，南征北伐，虽然取得了开疆拓土、制服匈奴等战绩，但付出的代价是惨重的。

司马光批评说："孝武穷奢极欲，繁刑重敛，内侈宫室，外事四夷。信惑神怪，巡游无度。使百姓疲敝起为盗贼，其所以异于秦始皇者无几矣。"这是比较公正的。

司马光指出，汉武帝的穷奢极欲和他的穷兵黩武政策一样，是导致大汉帝国由极盛走向衰落的重要原因。其实汲黯早在汉武帝即位之初就已指出汉武帝"内多欲而外施仁义"的个性弱点。西汉著名学者夏侯胜也曾直斥汉武帝：杀了许多大臣和百姓，使老百姓的财力穷竭，挥霍无度，天下已被消耗得很虚弱，百姓流离失所，死去的人超过一半。

汉武帝的荒淫生活，不仅毫无意义地挥霍掉了文、景两朝积累起来的社会财富，加剧了本来就很紧张的财政问题，更重要的是不但没有遏制住文、景两朝以来日渐蔓延的奢侈之风，反而进一步推波助澜，终于导致奢侈之风日渐蔓延。汉武帝是中国历史上少有的具有雄才伟略的帝王，由于生活上奢侈腐化，不能自律，又自毁了一世英名。

奢侈之风的弄潮者主要有两种人，一是商人，二是官吏。如汉武帝前期的武安侯田蚡：所修建的住宅华丽雄壮，超过了所有贵族的宅第。他的田地庄园都是极其肥沃的，他派到郡县去收买名贵器物的人，在道路上络绎不绝。前堂摆设着钟鼓，树立着曲柄长幡，后房的美女多至百数。诸侯奉送给他的珍宝、狗马及古玩陈设等，数都数不清。

上行下效，奢靡之风已经成为官场的通病。

对此所造成的严重危害，董仲舒阐述得最为深刻。他说：官吏们要满足奢侈生活的需求，以及对财富追逐的心态，仅靠工资收入是远远不够的，而且也不会仅仅限于经营地产、买卖等虽不符合道德要求但毕竟是合法的收入，于是选择了一条最简便也是最容易致富的捷径——贪污受贿。这种政治权力与金钱的私下交易，对于官吏来说是无本万利。官场腐败总是与贪污、贿赂紧紧地联系在一起，原因就在这里。

汉武帝时期的吏治在奢靡风气的侵蚀下，官吏贪赃枉法不可避免。正如盐铁论会议上斥责的那样，贪官污吏见利不考虑其害，贪污不顾廉耻，以利易身，以财易死。当时的官吏能够做到洁身自好的确是凤毛麟角。以至素以清廉著称的丞相公孙弘也被视为沽名钓誉的奸诈之徒。这说明吏治腐败已到了非常严重的地步。

汉武帝自元狩年间以来，改变了自汉兴以来实行的放任私营工商业发展的不干预政策，强制推行新经济政策，先后实施盐铁专卖、均输、平准、算缗、告缗等官府垄断工商业经营的经济改革措施，最大限度地把财源收归政府以支持国家财政，可在吏治方面出现了前所未有的新的贪污问题。

表面上看，吏治腐败是由于推行新经济政策的用人制度造成的，因为当时主持官营工商业的官员多为重财轻义的商贾子弟，如当时主持盐铁工作的大农丞孔仅、东郭咸阳都是家有千金的大商人，财政大臣桑弘羊也是出自商人世家。但真正的原因则是官府直接参与了利润最大的工商业的经营。正如卜式揭露的那样，官吏依靠百姓缴纳的租税生活，现在桑弘羊却命令官吏开店经商，贩买贩卖牟利，不出现恶性的贪污问题是不可想象的。正因为如此，汉武帝时期的官吏贪污算是承袭了文、景以来的旧习，而且又有了鲜明的时代特点。

第一，官吏仗势侵吞田宅。西汉前期，由于地广人稀，土地兼并问题并不像明清时代那么严重，但到汉武帝时期，也成为了激化社会矛盾的一个重要因素。肥沃的土地，始终是权贵们猎逐的对象，因此他们难免要巧取豪夺百姓已经开垦、耕耘的土地。正如董仲舒所说：富者田连阡陌，贫者无立锥之地。出现这种情况的原因，就是豪强们的巧取豪夺。而汉武帝及以他为代表的政府，就是百姓田地的最大侵夺者。为扩建上林苑，政府毁坏了大批民众的田宅，甚至墓地，后又发布告缗令，将大批民田收归国有，由政府直接经营。尽管这些强占百姓田产的行为都打着这样或那样合法的旗号，实质上仍然是依仗专制权力，强行剥夺民众财产以自肥。

皇帝如此，官吏照本宣科，他们凭借手中的权力，侵吞百姓田产，从中牟取私利。如丞相田蚡，"治宅甲诸第，田园极膏腴"，如此众多的肥田沃土，除了依仗权势霸占外，没有别的途径。田蚡是一个大贪官，他的政治对手窦婴、灌夫也是有过之而无不及。窦婴在长安城郊有多处大庄院，田蚡也为之垂涎欲滴。灌夫的财富则更多：家产累积达数千万之巨。每天的食客常有数十人或上百人之多。为了垄断水利田园，灌夫家族及宾客争权夺利，在颍川一带横行霸道。颍川的小孩子们在儿歌中唱道："颍水清清，灌家安宁；颍水浊浊，灌家灭族。"从百姓的咒骂中可以看出，灌氏的这些田产，有相当数量是凭借权势生夺硬抢而来，并已在当地引起民怨。类似于田蚡、窦婴、灌夫等人以权谋私、侵占民田的行为在当时官场中相当普遍。

第二，在官有土地管理中，官吏豪强内外勾结贪污牟利的现象非常严重。西汉开国以来，承袭战国时代推行的以土地国有为主要特征的国家授田制余风，依然以政府的名义控制着苑囿园池、山川泽沼、未开垦的荒地等相当数量的土地。尤其是汉武帝又强行收夺了工商业者的大量私田归政府所有，国有土地在短期内严重膨胀。这些土地的经营方式主要有两种：一是由官府任命的官员直接管理，以服役的犯人和奴隶等人为劳动力进行耕种，收获全归政府。二是出租，即官府将土地出租给无地或少地农民，以收取地租形式获得财政收入。当时除了官府出租土地外，豪强地主也有土地出租。政府让利于民，向租地农民收取的地租较低，同等条件下，豪强地主收取的地租较之政府收取的地租高出许多，甚至高出数倍。

政府收取的地租与豪强地主收取的地租存在差额，这就给主持其事的官吏提供了上下其手、贪污受贿的机会。他们利用惠民政策，将大批土地以极低的地租转让给豪强地主，豪强地主再以高额地租转租给无地贫民，然后官吏与豪强地主分享地租差价。国家惠民政策在此流于一纸空文。

第三，官场行贿受贿恶习屡禁不止，日益蔓延。汉武帝虽然是一代明君，驾驭臣下极严，但也不能完全禁绝官吏为谋求个人利益而行贿受贿的行为。如汉武帝初期在朝中担任要职的田蚡就是一个大贪官。丢官在家的大将韩安国为了重新谋得一官半职，重贿田蚡500金，谋得汉太尉、大司农之职。大行令王恢在战场上伏击匈奴打了败仗，为逃避死刑而重贿田蚡。只是由于汉武帝的坚持，阴谋没有得逞。由于田蚡贪得无厌，众多别有所图的人如同苍蝇见到血一样，他们抓住田蚡这一弱点，投其所好，送钱送物，谋取他们所想得到的东西。权钱交易，各有所得。

像田蚡这样大肆受贿的贪官绝非少数，如早年穷困落魄的主父偃在以花言巧语谋得大官后，就肆无忌惮地索贿受贿。当有人善意地提醒他稍加收敛时，主父偃振振有词地说：我从束发游学以来已40余年，自己的志向得不到实现，父母不把我当儿子看，兄弟们不肯收留我，宾客抛弃我，我穷困的时间太久了。丈夫活着，如不能列五鼎而食，死时就受五鼎烹煮的刑罚好了。我已到日暮途远之时，所以要倒行逆施，横暴行事。主父偃受了四十多年的穷，一旦他得势，疯狂地敛财，谁送他都收，谁送他都敢收，后来主父偃终因东窗事发而惹来杀身之祸。

第四，司法腐败。司法腐败在汉武帝时是一个非常严重的问题。复杂的政治斗争和由外伐四夷、内兴功利而引发的矛盾，促使崇尚武力的汉武帝希图用严刑峻法来维护自己的统治地位。他最信任的两位执法大臣张汤和杜周，都是看汉武帝脸色行事的酷吏，凡汉武帝看不顺眼者，无罪能遭重罚，凡汉武帝倚重者，有罪亦可逍遥。如此纵容执法者随心所欲，虽然能给汉武帝清除异己提供便利，但法律的公正性一旦被破坏，就会给贪官污吏大开方便之门。杜周本是一个不名一文的穷光蛋，由于长期担任廷尉、御史大夫等职务，以至"家资累数巨万"。受"李陵事件"牵连的史学家司马迁下狱后，就是落在了酷吏杜周的手里，遭受精神和肉体的残酷摧残。高级官员贪赃枉法，对官场腐败之风起了推波助澜的作用。官吏贪赃枉法直接威胁到民众生命财产安全，因而司法领域腐败特别容易激起民愤。汉武帝晚年之所以民变蜂起，司法腐败无疑是重要诱因之一。

第五，官吏乘改革之机敛财。为了筹措巨额的军费支出以及奢侈享受的需要，汉武帝先后任用张汤、桑弘羊等为代表的"兴利之臣"主管国家的经济工作，陆续出台了货币制造、盐铁专卖、均输、平准等新经济政策。

在这些新经济政策中，统一铸造货币虽然也出现了铸币官吏中饱私囊的贪污行为，但总体效果还是好的，且这项政策也很有必要。但盐铁专卖、均输、平准等政策在执行过程中暴露出很多问题：一是将社会财富过度集中在政府手中，既不利于社会经济的健康发展，也激化了社会矛盾。二是不利于澄清吏治。

在推行新经济政策之初，政府没有专业管理人才，难免要依靠私营业主代办其事，如推行盐铁专卖政策任用的官员孔仅、东郭咸阳等人，就是经营盐铁的巨商，这些人中很多人都成了贪赃纳贿之徒。

由于政府垄断经营，对原料加工、商品销售、价格水平有绝对的决定权，因此贪污问题就难以避免。主要表现为：

其一，出卖国家经济情报。最典型的是深得汉武帝宠信、高居御史大夫之位、握有经济决定权的张汤。张汤与长安商人田信等过往甚密，经常把国家经济情报出卖给他们，很多经济政策还没有出台，田信等人事先就知道了；田信等人"居物致富"后，与张汤分享。精明的汉武帝有所觉察，曾当面质问过张汤。张汤虽然拒不承认是自己泄露了国家机密，但却也因此而失宠。

其二，偷工减料，以次充好。在盐铁专卖中表现得尤为突出。由于官府垄断经营盐铁，用政治权力强迫民众购买，主管经营的官吏根本不必考虑降低成本，促进销售；相反，降低质量，偷工减料，从中贪污，中饱私囊。

其三，官商勾结，囤积居奇，操纵物价。主要表现在均输、平准两项政策的实行过程中。均输是将各地应上缴给中央政府的物资，按当地市价折成畅销的土特产，加上运费，就地缴给均输官，由均输官运往京师或易地销售谋利。平准则是官府直接参与和干预商业活动，贵时抛售，贱时收买，以求稳定市场价格。名义上，均输、平准的目的在于平抑物价，限制市场上的投机活动，实质上却成了官府敛财的一种招术；而且很快就出现了官吏和商人勾结，囤积居奇，贱收贵卖等腐败问题。

（三）汉武帝的反贪措施

愈演愈烈的贪贿之风，直接威胁到汉武帝经营边疆的雄图大业和政局的稳定，迫使汉武帝不得不加强反贪力度，以铁腕手段推行察举选官、强化监察、严惩贪吏、表彰廉吏，甚至不惜重用酷吏，以法外的残暴手段整饬吏治。在付出高昂代价之后，收到了一定成效，但由于国家多事，加之以汉武帝为代表的统治阶级难以治愈奢靡享受的痼疾，许多措施并没有完全发挥出应有的功效。

一是推行察举选官制度。汉武帝于元光元年（前134年）接受大儒董仲舒的建议，推行主要以是否通晓儒学经典为标准的察举制度，命郡国守相每年向朝廷举荐孝、廉各一人。这不仅是选官制度的重大改革，也是试图从提高官吏素质入手，加强反贪的尝试。在察举制度确立之前，西汉选官主要有任子和赀选两种途径。任子是指二千石以上高官在任职3年以后，可以保举一位子弟出任郎中。赀选则是指家产在4万钱以上的非商人市籍家庭，得选子弟为郎中。这两种选官办法，虽然不能说一无是处，其中赀选也有防贪方面的考虑。但问题是高官家庭多骄奢不法的纨绔子弟，为官之后贪赃枉法者比比皆是。至于富者为官，原本考虑这些人家资丰盈，不会再有贪念，但人的欲望无止境，家资丰不能作为此人为官不贪的理由。文、景及武帝朝官吏贪污横行，就与官吏主要来自上述两种途径有一定的关系。汉武帝加强反贪从选官入手，确实是对症下药的治本良方，因为凭借通习儒学经典而入仕的儒生，从整体上看，其道德自律水平及对贪污腐败的抵制力，相对高于那些文化素质低的官吏。尤其在儒生作为一个社会阶层开始步入仕途的西汉中、后期更是如此，较多的儒士都是出身贫寒，为官后能不苟于官场奢侈恶习，自持廉洁奉公本色的颇不乏人。如武帝时期的丞相公孙弘、御史大夫倪宽等人都是这方面的代表。这些人的洁身自好，虽然无法从根本上扭转官场的贪污腐败风气，但随着儒生占官吏总数的比例逐渐提高，对贪污行为的抑制还是起到了一定作用。

二是加强监察防贪。为了整饬吏治，汉武帝建立了较完善的监察机制，最主要的措施是设置13州部刺史，并制定《六条问事》，防贪目标一目了然。刺史集中收集当地吏治状况，并把存在的问题定期向中央汇报，这对防范贪污腐败发挥了较好的制约作用。除此之外，汉武帝还采取其他相关措施，如鼓励吏民越级上书言事等。当时很多贪腐大案就是依靠民众上书而被揭露出来的。如主父偃接受诸侯王行贿丑闻，就是赵王暗中指使人告发才暴露的。丞相公孙贺的儿子贪污军费1900万的大案，也是被朱世安在狱中上书告发而败露的，公孙贺因之而被族诛。这就是汉武帝时著名"巫蛊案"的一个插曲。为了掌握吏治的真实情况，汉武帝经常派遣身边的耳目近臣为使者，不定期到各地巡查，及时发现官吏贪腐的问题，收到了较好的成效。

三是重法惩贪。汉武帝治国非常重视法制，尤其是对贪赃枉法者，无论是皇亲国戚还是功臣高官，一律严惩不贷。如公孙弘之后出任丞相的李蔡、庄青翟、赵周、石庆、公孙贺、刘屈氂等人，除石庆之外，余众都是因贪腐而受到惩罚。李蔡以侵吞国有土地，事败而自杀；公孙贺因贪污纳贿而被杀，这都是重法惩贪的结果。

四是以法外手段厉禁贪贿。汉武帝用人不拘一格、信赏必罚，尤其不在道德方面求全责备，只要有一技之长，就有施展的机会。他还有意识地表彰廉吏以引导官场廉洁奉公的风气，如主张"人主病不广大，人臣病不节俭"的公孙弘由布衣而至丞相。并注意从制度上为廉吏的升迁提供机会，如察举制度中就有专门面向郡、县官吏的廉吏科，昭、宣时期的名相黄霸，就是在汉武帝朝以廉吏而屡获升职的。不过，从整体上看，汉武帝对廉吏的表率作用认识略显不足，对酷吏却颇有偏好。原因是酷吏不按常理出牌，以法外铁腕手段惩处贪官污吏，具有强大的震慑作用。如王温舒治河内郡，凡是犯贪污罪的，不但要没收全部家产，还要勒令加倍偿还。又如左内史咸宣，专以严法约束下属官员，不得贪污克扣公家财物及滥兴徭役。

汉武帝的反贪措施，对整饬吏治确实起到了一定的作用，但是其他一些政策却又干扰了反贪的顺利进行，如为了筹措经费而推行的卖官和纳钱赎罪两项政策，就与反贪的精神背道而驰。特别是纳钱赎罪，直接导致富者生，贫者死，罪同法不一的局面，破坏了法律的权威性与客观公正性。为贪官污吏的逍遥法外大开方便之门，严重败坏了官场风气，导致贪污腐败愈演愈烈。政策上的弊端，严重制约了反腐的深入进行，即使是雄才大略的汉武帝，对此也只能无可奈何。何况他自己也不能自律呢！

四、王莽篡汉

汉武帝在晚年终于认识到自己的失误，于征和四年（前89年）公开承认：自己给百姓造成了痛苦，从此不再穷兵黩武、劳民伤财，甚至表明了内心的悔意。这就是著名的《轮台罪己诏》。这是中国历史上第一份帝王罪己诏。敢于承认过失，置自己过失于天下舆论中心，汉武帝无疑是第一人！从此，后代皇帝犯了大错，也会下"罪己诏"，公开认错，展示明君姿态。

"罪己诏"的颁布，标志着文、景时期与民休息政策的恢复。此后汉武帝又适时停止了大规模的对外战争和许多扰民举措，恢复轻徭薄赋的政策。终于迎来了昭、宣中兴和社会经济的持续发展，直至西汉政权结束。但是，经济的发展并不意味着解决了所有问题，因为吏治腐败问题仍然存在，且还呈星火燎原之势，最终导致王莽如同儿戏般窃取了刘氏政权。

（一）汉宣帝整饬吏治

汉武帝死后，幼子汉昭帝即位，霍光、金日䃅、上官桀、桑弘羊等人受遗诏辅政，但大权实际掌握在霍光手中。

霍光是一个识时务者，在需要全社会共渡难关的时候，他采纳杜延年和盐铁会议中贤良们的建议，采取休养生息的措施，鼓励农业生产，使汉朝的国力得到了一定的恢复，赢得了社会各界的支持，保证了他在诛灭上官桀、桑弘羊集团，废昌邑王立汉宣帝等政治斗争中立于不败之地。

霍光的政治素质其实并不高，有人讽刺他"不学亡术，暗于大理"，和当时方兴未艾的儒生阶层有相当距离；加上他长期把主要精力放在如何驾驭百官、巩固私人权位上，将家族亲信安插于朝廷，并以官位、财富来讨好官吏，换取他们对其专权的效忠，所以，对整饬吏治的力度始终不够，官场贪污、腐败等历史遗留问题不但没有得到解决，反而有恶化的趋势。霍光自己虽然没有明显的贪污腐败行为，但他的亲信如冯子都、王子方等贴身家奴，都是文武百官为讨好霍光必须行贿的对象，连平阳原籍的霍氏家奴也狗仗人势，任意妄为。霍光的夫人、子侄等更是肆无忌惮地贪赃枉法，醉心享受。加之汉宣帝对霍氏专权心怀不满，终于在霍光死后导致了霍氏灭族的悲剧。

汉宣帝是一个有意于整饬吏治的皇帝。因巫蛊之祸，他流落民间，是中国历史上为数不多在即位前受过牢狱之苦的皇帝，对吏治腐败给民众造成的伤害有深刻的认识。清除霍光而亲政后，他就任用魏相、丙吉等名相，励精图治，整顿官场，先后下达数道厉禁贪污的诏书。在强调吏治清廉的同时，也认为有必要提高官吏的俸禄，他说："今小吏皆勤事，而俸禄薄，欲其毋侵渔百姓，难矣。"一系列举措，为加强反腐、政治清明定下了基调。汉宣帝整饬吏治主要有两条途径。

一是谨慎选官，突出廉吏的表率作用。汉宣帝对刺史、守相二千石等亲民之官的选任尤其重视，举凡这一类官员的选用，他都要亲自过问。正因为如此，宣帝时期地方官中出现了许多颇有政绩的清官廉吏，著名的有黄霸治颍川，邵信臣治南阳，赵广汉治京兆，尹翁归治右扶风等。中央公卿也不乏清廉奉公之士，如司隶校尉盖宽饶。宣帝不仅重用廉吏，而且还在物质、精神上对廉吏进行表彰，如对廉吏黄霸，曾先后两次下诏给予嘉奖，对廉吏朱邑也下诏赞其廉洁奉公。

二是严惩贪吏，以儆效尤。汉宣帝对纳赃受贿的贪官严惩不贷，即使是政绩卓著者，犯贪贿罪也不宽恕。《汉书·赵广汉传》记载，赵广汉为京兆尹期间政绩突出，吏民称其为"自汉兴以来中京兆者莫能及"。由于贪赃枉法，他仍然被处以极刑。另一位能吏韩延寿，也是因贪赃枉法而被判处死刑。汉宣帝不仅对能吏的贪赃枉法行为严惩不贷，即使是亲手提拔的顾命大臣萧望之，也因有私用官府车马、收受贿赂等贪污行为，被免去御史大夫之职。

汉宣帝驭吏极严，强调严刑整饬吏治，引起儒生们的不满，甚至有人攻击他不懂儒学理论。其实汉宣帝是崇尚儒学的，对《诗经》、《穀梁春秋》等儒学经典颇为精通，只是在是否视儒学经典为唯一包治百病的灵丹妙药，并以儒生垄断官位，以及整饬吏治是否应恩威并举，以威为主等问题的认识上，与儒生的观点有分歧。

历史实践证明，汉宣帝作为成熟的政治家，坚持"霸王道杂之"的灵活策略是成功的，而后来的元帝、成帝纯用儒术却加剧了吏治腐败，也降低了西汉政权的活力。

汉宣帝对吏治的严格整饬，一定程度扼制了贪污、腐败的蔓延，为中兴盛世的出现提供了必要的保障。但在他去世不久，贪腐之风重新泛滥，而且愈演愈烈，最终导致不可收拾。这固然应由元帝、成帝、哀帝等朝君臣承担主要责任，但汉宣帝反贪的不彻底性，也为吏治的再度腐败留下了隐患。

首先，汉宣帝反腐过度依赖人治，对制度改革重视不够。如为了防止官吏在执法过程中的贪赃枉法就设置廷平四人，正如涿郡太守郑平批评的那样："英明的君王设置直言规劝的大臣，不是发扬圣德，而是为防备安乐的生活；建立法制彰明刑令，不是为了太平，而是为了拯救衰败动乱以重新兴起。现在英明的主上亲自听取案情，即使不设置廷平，官司也将自然判案公正；如果为开创后世，不如删改确定法令。法律一旦确定，百姓就知道所要躲避的，邪恶的官吏就无法玩弄法律了。现在不端正法律的根本，而去设置廷平治理法律的末端，政治衰败治理松懈，那么廷平将会揽权而成为动乱的祸首。"而最关键的制度建设却恰恰被忽视了。

其次，汉宣帝本人在政局稳定、经济繁荣后，有意效仿汉武帝的奢侈享乐。"修武帝故事"成了汉宣帝的必修课。汉武帝时期重视文化、强化反腐等好政策当然值得继承，但如汉武帝在轮台罪己诏中已深刻反省过的诸如求神仙、修宫馆等贪图享乐的错误做法，他也很感兴趣。最高统治者贪图享乐，对吏治显然是非常危险的。

另外，汉宣帝对曾与自己长期相依为命的许、史外家感情颇深。即位之后，对外戚的约束较为宽松，从而出现外戚竞相攀比奢侈、干预朝政的问题。如平恩侯许广汉迁入新居，丞相、御史等高官都前往祝贺，长信少府擅长扮猴斗狗，很多人都跟着凑热闹。这些外戚与高官相互勾结，败坏吏治。萧望之就曾揭露，说外戚在位多奢淫。

强有力的君主汉宣帝在位时，宦官们尚有所忌惮，没有造成大的危害，然而危机却始终潜在，一旦柔弱的汉元帝即位，问题立即暴露出来并难以遏抑，这不能不说是汉宣帝的一大失误。

(二) 变本加厉的奢侈之风

汉元帝建昭三年（前36年），西汉王朝彻底击败匈奴，长期威胁西汉安全的外患的消除和战争的停止，对于国家和百姓，无疑是一件大好事。但这样一件大好事居然出现了让人不想看到的后果，即外患消除之后，统治者失去了追求的目标和警戒的动力，很快滑向奢侈腐化的泥潭而不能自拔；同时长期的经济繁荣也为统治者提供了奢侈享受的必要条件，奢侈之风如开闸之水一发而不可收拾。

汉元帝个人比较节俭，即位之初接受贡禹的建议，令太仆减少了食谷的马匹，令水衡减少了供观赏的食肉的禽兽，并把宜春下苑的土地划出来分配给贫民耕种，又废罢了角抵等游戏和齐地的三服官。

御史大夫薛广德却上奏说："我看到关东百姓困厄已极，人民流离失所。陛下却每天撞着亡秦之钟，听着郑、卫的音乐，臣真诚地为陛下哀悼。"看来元帝的恭俭也只是相对的，而且根本无助于扭转整个奢侈风气。

汉成帝虽然比较宽仁，但奢侈享乐远过于宣帝，谏臣大多提出皇帝私自出宫的危害，并说到专宠美女，耽于酒色，有损德行，伤身短寿等，言辞非常激烈。谷永更是批评他："弃万乘之至贵，乐家人之贱事，厌高美之尊号，好匹夫之卑字。"

汉哀帝是一个悲剧性的人物，即位之初，不但屡诛大臣，欲借此树立威信，且还厉行节约，压缩朝廷费用开支："易帷帐，去锦绣，乘舆席缘绨缯。""躬行俭约，省减诸用，政事由己出，朝廷翕然望至治焉。"颇有振作的气象。然而西汉政治腐败的积弊实在太深，哀帝又受到傅太后和丁、傅外戚的牵制，很难有所作为，加之健康状况欠佳，对前途逐渐失去了信心，于是自暴自弃地与董贤等贪官污吏同流合污，甚至有意禅位于董贤，荒诞至极。这既是哀帝个人的悲哀，更是西汉政权腐败而亡的时代悲剧。

皇帝破罐子破摔，凭借裙带关系而暴富起来的外戚显贵，更是肆无忌惮地任意挥霍，奢侈程度令人咋舌。如元帝朝的外戚史高、史丹父子，都是贪财好色之徒，史丹"尽得父财，身又食大国邑，重以旧恩，数见褒赏，赏赐累千金，僮奴以百数，后房妻妾数十人，内奢淫，好饮酒，极滋味声色之乐"。

成帝朝初期的许、班两家后妃，更是不同凡响，按谷永的说法已经是："许、班之贵，倾动前朝，熏灼四方，赏赐无量，空虚内藏，女宠至极，不可上矣。"后来得宠的赵飞燕姐妹的奢侈，更是十倍于许、班："居昭阳舍，其中庭彤朱，而殿上髹漆，切皆铜沓黄金涂，白玉阶，壁带往往为黄金釭，函蓝田璧，明珠、翠羽饰之，自后宫未尝有焉。"

哀帝朝得势的丁、傅外戚也是以骄奢著称，但骄奢程度真正登峰造极的还是自成帝以来长期执掌大权的元城王氏外戚集团。王氏起自小吏，以女王政君为元帝皇后而登显位。

王莽继之而代汉，堪称平步青云。王氏众人在政治上没有什么大的劣迹，像王政君、王莽等还颇有政绩。但也许是富贵如此轻易地降临，王氏家族中涌现出众多暴发户心态的挥霍狂。"五侯群弟，争为奢侈，赂遗珍宝，四面而至；后廷姬妾，各数十人，僮奴以千百数，罗钟磬，舞郑女，作倡优，狗马驰逐。"

正所谓"上有好者，下必甚焉"，发端于皇室、外戚的奢侈风气很快就席卷了整个官僚队伍。像石显，仅席床家具就值百万，其豪奢程度不难想象。就连号称当世儒宗的张禹也不例外，积聚钱财，广置田产，富贵已极。

龚胜、鲍宣等清醒的政治家，将奢侈腐败和刑罚太深、赋敛太重并列为严重的社会问题。西汉朝廷对此也曾试图加以抑制。如汉成帝于永始四年（前13年）的诏书就曾指出奢侈无度的危害性，要求司隶校尉等监察官严加监察。

绥和二年（前7年），汉哀帝也曾下诏对官吏及豪民的奴婢、占田数量等加以限制，试图矫正奢侈之弊；但这些措施因种种原因而流于一纸空文，根本没有收到什么实际效果。

（三）王莽篡汉如儿戏

奢侈享受和贪赃枉法就像一对孪生兄弟，始终伴随在一起。西汉后期日益盛行的奢侈之风，毫不例外地也引发了官吏的贪污狂潮和吏治的彻底腐败。至于原因，只要分析一下当时官员的收入，就可以看出一些端倪。贡禹曾对当时官员的工资收入进行研究，得出的结论是：官员工资、福利等合法收入虽然能够保障他们过着比普通民众较为优裕的生活，但要维持像奴婢成群、声色犬马的奢侈享受，显然就不够。如盖宽饶身为司隶校尉，由于他清廉奉公，家境就十分贫寒。朱邑和尹翁等廉吏的状况也大致如此。至于俸禄微薄的基层小吏，维持生计大概不成问题，依靠合法的收入享受上等生活，那就是天方夜谭了。既然合法收入相对固定和有限，而满足奢侈享乐又需要大量金钱，于是贪污受贿便成为不可避免的必然选择了。事实上，从宣帝、元帝朝开始，贪赃纳贿的大案就已经不断出现，牵涉面之广、数额之大，都是空前的。

如元帝朝安定郡五官掾张辅大行贪污，赃款高达百万。成帝朝，南阳太守李尚与外戚红阳侯王立互相勾结，把百姓业已开垦的良田当做荒田上缴国家，借机侵吞公款一亿以上，由于丞相司直孙宝揭发，罪行得以暴露。丞相匡衡"专地盗土"的贪污案件，是成帝时轰动一时的贪污大案。匡衡封国所在的僮县安乐乡，本来以闽佰为南界，实有田3100顷。但在标地图时画错了线，凭空多画入了400余顷。匡衡和地方官相勾结，将错就错，侵吞了这400顷田地，并派家奴前往收地租。贪污丑闻被监察官揭露而公之于众。应该说这个案子贪得的地租并不是很多，充其量只有千余石而已，只是匡衡以儒宗的身份而位居丞相，影响就特别恶劣。

这些贪污大案尽管十分惊人，但很多并不是御史们查出来的，而是由于政治斗争的失势被政敌所揭露，那些没有被揭发出来的贪污大案不知还有多少！特别是那些真正的大贪官，不仅自己肆无忌惮地贪贿敛财，而且众多贪官在他们的卵翼下安然无恙，很多志在反贪的清官廉吏如盖宽饶等，反而被扣上莫须有的罪名而惨遭杀身之祸。这说明西汉政权此时自身清除贪官污吏的能力几乎为零，这个政权在民众中的信誉也随之降至冰点。因此，当时的社会经济虽然没有出现大的波动，民众的基本生活也大可维持，但政府的威信因腐败已荡然无存。民众对刘汉皇朝已完全丧失希望。"易姓受命"改朝换代的思潮应运而生。如昭帝初眭孟便要求皇帝禅位于贤人，退而自封百里，只是由于没有提出明确的人选而作罢。

王莽以正人君子的身份，把自己装扮成一副出淤泥于不染的廉洁形象，出现在民众的视野里，民众的目光很快聚焦到他的身上。在全社会的共同支持下，王莽沿着大司马、安汉公、假皇帝等台阶，兵不血刃、易如反掌地窃取了帝位。曾经辉煌一时的西汉帝国如同儿戏般改朝换代了。

（四）新皇朝与腐败为伍

王莽以外戚的身份登上帝位，应该说是一件应天命顺人心之事。可惜王莽是一位失败的政治家，改革不从整饬吏治入手，反而人为地急于破坏被实践证明行之有效的土地、货币等经济制度，结果以失败告终，不仅成就了汉光武帝刘秀"一姓再兴"的中兴大业，也授给后人以攻击的把柄。

王莽新政改革的失败，与官僚队伍的贪污腐败有着直接的关系，当然也与政策自身的漏洞互为因果。

王莽推行的五均、六管、赊贷等经济政策，由于缺乏经济管理人才，只能效法汉武帝旧法，起用大批工商界人士主持其政。殊不知，连皇权强大到臻于顶峰的汉武帝都因此而带来了腐败狂潮，更何况监察乏力、法制松弛的新朝？王莽所重用的张长叔、薛子仲等大商人，本来都是囤积居奇、哄抬物价、贱买贵卖、投机取巧的老手，获得帝国官员的外衣后，更是有恃无恐、肆无忌惮地贪赃枉法，巧取豪夺，并乘机中饱私囊，大发横财。

  王莽的官制改革也加剧了贪污腐败的恶化。为感谢儒生和旧官僚对自己的支持，王莽不得不采取增加官位的冗官政策。官吏大规模膨胀，必然会带来行政效率低下和政府财政负担加重，同时也激化了统治集团的内部矛盾，促使腐败歪风如水银泻地般无孔不入。可无论官位怎样增加，相对于原有的官僚和新跻身王莽朝廷的新贵来说，永远只能是僧多粥少。王莽竟然采用不断轮换官员的办法，企图做到利益均沾。由此造成每一位新官上任后要做的事，就是千方百计地搜刮民财，待到调令来时，这些人已是腰缠万贯，准备换一个地方再捞一把。如此一来，吏治腐败就成为不可遏止的狂潮。

  更为严重的是，王莽在官制改革中始终没有制定出一个合适的俸禄制度。众所周知，官员收入必须与当时的生活水平相适应，同时又使国家财政能够承受。各级官吏为政府服务，手中掌握着大大小小的权力，必须使他们的俸禄能够维持高于普通民众的平均生活水平，这样才能限制他们的贪赃枉法。有道是皇帝不差饿兵，就是这个道理。但是，官吏的俸禄又不能高到政府财政难以承受的水平，因为这样就势必会增加赋税，加大对百姓的剥削力度。

  王莽是一个慷慨授官而又十分吝惜俸禄的统治者，新朝开始时规定的俸禄非常低，公卿以下，月俸仅2匹布，或帛1匹。如此低的俸禄，官吏连基本生活都难以维持。官吏不可能自掏腰包，更不会饿着肚子为政府服务，他们手中有政治权力，一定会想出办法弄钱，最常用也是最有效的办法无非是贪赃枉法，向民众敲诈勒索。因为俸禄太低，使得一些贪污受贿在事实上取得了合法地位。不少官员因此而发了横财。如此一来，更加加速了吏治的彻底腐败。

愤怒的长安民众攻进皇宫，将王莽杀死在乱军之中。一代改革家，因为自己的错误，最终付出了生命的代价。

五、"光武中兴"

汉高祖刘邦开国之后，采用屠杀功臣的手段，收回开国功臣所掌握的兵权，铲除了对皇权的潜在威胁，留下千古骂名。光武帝刘秀建立东汉王朝后，采取"退功臣而进文吏"的政策，即厚封功臣，让功臣交出兵权而出任文职，同样也收回了功臣手中的权力。刘秀较之刘邦棋高一着。

刘秀封功臣位列三公、大将军，一方面稳定了功臣之心，另一方面在客观上削弱功臣的政治权力。因为东汉建立之后，刘秀刻意削弱三公之权，提高了尚书台的地位，形成三公之权尽归台阁的局面。让功臣居三公之位，表面上是尊崇，其实是削夺其实权。在削夺功臣职权的同时，刘秀还劝诫功臣要禁私欲，忌放纵，小心谨慎，满足现实，不要有非分之想。并警告他们不要骄傲自满，要恪守法制。暗示他们放弃权柄，安于富足，这样才能自身平安，并荫泽子孙。

功臣虽然失去了权力，在经济上并不亏待，因为每人都能得到一笔丰厚的赏赐，对于有小过失的功臣，刘秀睁一只眼，闭一只眼，不予追究。让功臣失落权柄过着富裕的生活而没有怨言。

刘秀在退功臣的同时，非常注意对文吏的选拔。通过察举、征召等形式，把大批贤才征召到官僚队伍中来。建武二年（26年），"辟大司徒邓禹府，举能案剧"；此后还多次下达选贤举能的诏令。

由于皇帝对贤能的重视，各级官员也兴起了一股举贤让能的风尚。朝臣中仅司空宋弘一人就推举贤士30多人。除朝臣之外，各级地方官员也都争相举贤,形成了一股"举逸民天下归心"的局面。

王莽代汉时,一大批仁人志士受封建正统观念的影响而辞官归隐,表现出士人的气节。建武初年,刘秀多次下诏,访求在王莽时期退隐归林的卓茂、孔休、蔡熏、刘宣等廉正官吏。

卓茂不过是一个职位卑微的县令,但能施惠政于民,仁恕廉明,气节高超,名重当时。刘秀下诏表扬他:束身自好,执节淳固,为人所不能为,称他为比干。刘秀通过征召卓茂,委以太傅的高职,封褒德侯,达到了收揽人心,激励风尚的目的。

东汉初期的名臣如宣秉、申屠刚、郭贺等,都是不事王莽之士,刘秀征用他们,给予高官厚禄。如宣秉官至御史中丞,后又升为司隶校尉。申屠刚拜侍御史,后升为尚书令。通过访求名士,使得大批忠于刘氏王朝的知识分子诚心归服。这是刘秀进文吏的一个重要表现。

刘秀出身于南阳地主阶层,受西汉崇儒的影响,对儒学非常重视。王莽篡汉时,大批儒者携书遁迹山林;光武重新建汉后,彰明儒术,将这些归隐山林的儒士征召入朝,为新政服务。

通过选举和征召,东汉前期出现了人才济济、俊杰林立的可喜局面。特别是光武一朝,"简天下贤俊",将大批知识分子、地主阶级精英收罗进官僚队伍中。官吏来源清正,是东汉前期得以兴盛的基础。

除重视中央官吏的任用外,对地方官吏的选拔也非常重视。东汉初期,国家刚经历了战火的洗礼,满目疮痍,土地荒芜,人民流离失所。恢复发展生产,安抚流民,稳定社会秩序成为当务之急。统治者意识到地方官吏对国家政治、经济发展的重要性,特别注意选拔"循吏"出任地方官。

光武帝时期,南阳太守杜诗政绩最为突出。他"性节俭而政治清平,以诛暴立威,善于计略,省爱民役"。任南阳太守时,"造作水排,铸为农器"。水排是东汉时一项重要发明,成为东汉以后重要的鼓风冶铁工具。在杜诗的治理下，南阳出现了比室殷足的良好景象，杜诗也被南阳人尊称为"杜母"。

张堪任渔阳太守时，"捕击奸猾，赏罚必信，吏民皆乐为用"，政治上树立了很高的威望。经济上他注重发展农业生产，劝导农耕，在百姓中有很好的口碑，当时有一首歌颂他的歌谣：

> 桑无附枝，麦穗两歧。
> 张君为政，乐不可支。

还有桂阳太守卫飒、汝南太守邓晨等，都是恪尽职守，致力于恢复发展生产，造福一方的地方能吏。

明帝时也十分注意地方官的选拔，多次下达选举令，将大批廉吏补充到地方官吏队伍中。宋均在光武帝时任地方官有突出的成绩，明帝时提升为东海相。

章帝一朝也出现了一些政绩突出的地方官，如山阳太守秦彭，农忙季节亲自参加农业生产。庐江太守王景，率领吏民开荒种地，教用犁耕，使境内的可耕之田倍增，百姓的生活得到很大改善。

和帝时也有大批有作为的地方官吏，如鲁丕、秦彭等。

东汉前期统治者注重对地方官吏的选拔，不仅使生产得以迅速恢复和发展，人民生活得到了改善，而且因为他们廉洁奉公，打击奸邪，对地方豪强势力和政府内部的腐败倾向，具有很大程度的抑制作用，从而为东汉政权的稳定打下了良好基础。所以注重地方官吏的选拔，是东汉前期吏治清平的重要原因。

刘秀反对穷兵黩武，主张以"柔道"治理天下。退功臣而进文吏，就是以文饰政为导向，而不是以法为教，以吏为师。刘秀有显明的民本主义思想，他认为"张官置吏，所以为人也"，既然置官为人，就要为百姓办事，但现实中却出现了百姓遭难，户口减少的问题，究其原因，就是县官吏职设置太多，人浮于事，不但办事效率低下，而且还增加了财政负担，因此他下诏精简机构，裁减冗员，为国家节约了一大笔财政开支。除省减官吏外，刘秀还下诏裁军，既为国家节省了开支，又为农业生产注入了大批劳动力。

"明主治吏不治民"，历代凡是有头脑的君主，都把"治吏"作为治国的重要手段。中国古代治吏主要有两种手段，一是考核，二是监督。

东汉以前推至战国就有关于上计和考课制度。上计制度是地方官员向朝廷汇报一年政绩的制度。西汉时，皇帝常常亲自主持考课，有时巡行郡国，就地进行考课，如汉武帝、汉宣帝就曾亲临郡国考课。汉以前，考课制度基本有序，但到西汉末却有所松弛。

东汉前期的统治者非常重视对官吏进行考核。刘秀在建武十五年（39年），下诏"州郡检核垦田顷亩及户口年纪，又考实二千石长吏阿枉不平者"，通过对地方官吏的考核，去除贪官庸吏，以澄清吏治。

汉明帝也要求各级"详刑慎罚，明察单辞，夙夜匪懈"。通过司隶校尉、部刺史等监察官员监察地方官吏。

汉章帝时对官吏"明度以功"，诏令"今自三公，并宣明纠非法，宜振威风"。

东汉前期的统治者，通过对各级官吏的考核，对政绩突出者给予表彰，对不称职、投机者予以淘汰，对吏治的澄清具有重要意义。

东汉前期的统治者还通过法律来加强对官吏的监督。《后汉书·申屠刚传》记载："时内外群官，多帝自选举，加以法理严察，职事过苦，尚书近臣，至乃捶扑牵曳于前，群臣莫敢正言。"这是光武朝对官吏严法监督的写照。从这里可以看出，虽然刘秀以"柔道"治天下，对儒术非常推崇，但在其统治方术中还是掺入了法家成分，即王、霸杂之。

刘秀对三公等高官监督尤为严格,所以三公之职如履薄冰,屡见废逐。刘秀在位32年,三公官员如走马灯似的换来换去。其中大司徒换得最频,有10次之多,其中有4人死于司徒之位,其他6人都是被罢免或下狱处死的。大司空一职更替也很频繁,有9次之多,其中只有2人在位死亡,其余7人都是被罢免。三公之职如此难居,这是东汉前期统治者削弱三公职权,对官吏进行监督的结果。这也反映出东汉前期监察机构的完善和有力,对检举非法,督察百官,加强对官僚机构的监控等方面起到积极作用。

东汉前期统治者多能勤政,以身作则,注重节俭。刘秀身为帝王,主张勤俭,远奢侈之风,为各级官吏做出了表率,上行下效,从而出现了清廉节俭的社会风尚。这是"光武中兴"局面形成的重要因素,也是东汉前期吏治清明的重要原因。

东汉前期统治者非常注意对官吏的劝勉,屡下诏令,勉励官吏要勤修于政,并警告他们要恪守法令。如建武七年(31年),刘秀下令要求各级官吏要各司其职,遵纪守法。

明帝和章帝也都多次下达劝勉官吏的诏令。和帝即位时尚处幼年,母后临朝主政。皇太后也能彰明政事,告诫各级官吏要"各修厥职"。

东汉前期统治者注重对官吏的劝勉,这是当时吏治清明的又一个重要原因。

东汉前期统治者采取"退功臣、进文吏"的政策,使国家避免了功臣擅权、尾大不掉的危险,更利于新王朝的稳定和发展。素质高、操守好的文吏被选拔到官僚队伍中来,是廉洁清明政治形成的基础。也是东汉前期吏治清明的重要原因。

光武帝、明帝时,已经出现民众安居乐业的盛世景象。章帝时也是一繁荣时代。和帝时虽然外戚窦宪乱政,但基本上能存前三代之遗风，吏治还算清明。总之，东汉前期社会安定，经济发展，文化繁荣。整个官僚队伍素质较高，清正廉洁的官吏占大多数。监察机构完善，能有效及时地对各级官吏进行监察，防止乱政。所以这一时期被后世称之为中兴盛世，即"光武中兴"。

六、走向灭亡

（一）外戚、宦官轮换坐庄

东汉自和帝以后，接连有6位太后临朝垂帘听政，因而外戚势力猛涨，势倾朝野。且在这一时期，宦官势力也逐渐膨胀，因而形成外戚、宦官轮流坐庄的局面，东汉政治随之也进入黑暗时期。

和帝即位时年仅10岁，窦太后临朝听政，太后之兄窦宪被委以重任，做了车骑将军，窦氏势力迅速膨胀，形成东汉历史上第一次外戚专权的局面。

窦宪擅权后权倾一时，从中央到地方，见缝插针地安排自己的亲信，控制了政府官僚机构的各个部门。对于不肯趋附的正直官员如郅寿、乐恢等，采取赶尽杀绝的手段，直接置他们于死地。在窦氏的淫威下，朝臣们曲意奉承。窦宪不但把自己的父子兄弟封侯拜爵，而且还大封本家，只要与窦氏有点沾亲带故的人，都能谋到一官半职。

和帝有大权旁落之感，对窦氏集团心存怨愤，于是与宦官郑众等人密谋铲除窦氏集团。永元四年（92年），他命令执金吾、五校尉屯兵南北宫，关闭城门，一举歼灭了窦氏集团。东汉历史上第一次外戚专权势力被镇压在血泊之中。郑众等宦官在诛灭窦氏集团的斗争中立下汗马功劳，因功分封而得到了土地。宦官势力自郑众时开始增长。郑众经常参与政事，开创了汉代宦官参政之先河，只是当时的宦官羽翼未丰，尚不能掀风鼓浪，还没有达到专权的地步。

和帝死后，出生仅百日的殇帝即位，邓太后临朝听政后，立即把邓氏本家兄弟引入朝中参与政事。殇帝在位仅1年便归天了，邓太后迎立13岁的安帝即位。

安帝即位，邓太后乘机发展自己的势力，任命其兄邓骘为车骑将军，仪同三司，邓骘的4个兄弟同时封为万户侯，控制了朝政大权，形成了东汉历史上第二个外戚专政集团。为了避免重蹈窦氏外戚集团覆辙，邓太后对子弟管束较严，并大力表彰儒学，擢升名士如杨震等人，以求博取官僚士大夫的支持，重用宦官，以换取他们对外戚的支持。

政治斗争是无情的，邓太后重用宦官，无异于养虎为患。邓太后死后，宦官李闰勾结安帝的乳母王圣诬陷邓氏兄弟，引起安帝的愤恨和惊惧，下令严惩。邓氏外戚败于宦官手下，遭了灭门之祸。

安帝亲政后，阎皇后得宠，阎氏家族的人又飞黄腾达起来，开始形成阎氏外戚集团。

宦官李闰、樊丰及安帝的乳母王圣等因灭邓氏有功，逐步控制了禁中机要，形成以宦官为首的权势集团。外戚、宦官相互勾结，狼狈为奸，国家政权由两大集团瓜分。宦官们贪赃纳贿，甚至疯狂到伪造诏书，随意调拨钱粮的地步。

安帝死后，顺帝即位，立大将军梁商之女为皇后。梁商也以大将军身份主持朝政，实际上操纵了政权。梁商死后，其子梁冀继为大将军，再次形成梁氏外戚集团，势力达到登峰造极的地步。

梁冀其实是一个花花公子，不仅声色犬马，放荡不羁，而且还凶残贪婪。顺帝死后，尚在襁褓中的冲帝即位，梁太后临朝听政，梁冀更加奢侈暴虐，骄纵弄权。

冲帝也是一个短命皇帝，当了1年的挂名皇帝便夭折了。

8岁的质帝即位。质帝虽是一个小孩子，也知道梁冀的骄横，曾当着群臣之面说梁冀是跋扈将军。梁冀怀恨在心，竟用毒饼药死了小皇帝。转而立15岁的刘志为帝,是为桓帝。

桓帝年纪小,梁太后临朝听政,政权完全落入梁氏外戚之手。

建和元年(147年),梁冀封户增加到13000户,两个弟弟和儿子分别被封为颍阳侯、西平侯、襄邑侯,各为万户,甚至连老婆孙寿也被封为襄城君。

梁冀和孙寿都是淫荡残暴之人。梁冀与官人友通期私通,生了一个儿子。孙寿知道后,残忍地杀了友通期;但她自己却与梁冀的家奴秦宫通奸。其宗亲在梁冀的庇护下,也都是飞黄腾达。

梁冀不但贪赃纳贿,甚至公开对人敲诈勒索。扶风人孙奋家财万贯,梁冀派人向他借贷5000万钱。孙奋只同意借给3000万。梁冀恼羞成怒,竟然指使人诬陷孙奋,将其抓捕入狱,折磨而死,然后霸占了孙奋的全部家产。

梁冀在位二十余年,梁氏外戚势力如日冲天,气焰嚣张;但他的独断专权也与王权产生了摩擦。

桓帝对梁冀的专权越来越不满,在梁太后和梁皇后相继去世之后,一举铲除了梁冀外戚集团。梁冀的家财被官府折价拍卖,达30余万万钱,相当于东汉王朝半年的租税收入。

梁冀外戚集团被铲除后,宦官因功而加封,单超、徐璜、左悺、唐衡、具瑗为列侯,时人称之为"五侯",自此朝政落入宦官之手。桓帝其实是弄死了一只虎,迎进了一群狼。"五侯"上台后,专横暴虐,无恶不作,贪婪地攫取社会财富,尽奢侈浮华之能事。

宦官专横虐民,激起官僚士大夫的不满。世家豪族与太学生联合反对宦官。

昏庸的桓帝不辨清白,遂布告天下,大捕党人,李膺、范滂等200余人被捕入狱。次年,又将这些人全部赦归原籍,终身禁锢,不得为官。历史上称这次事件为第一次党锢之祸。

永康元年（167年），桓帝死，12岁的灵帝刘宏即位。

灵帝登基，窦太后临朝听政，其父大将军窦武辅政。宦官与外戚官僚、士大夫间的矛盾激化，中常侍曹节矫诏诛大将军窦武、太傅陈蕃及尚书令尹等，并诛其族，迫使窦太后归政。

建宁二年(169年)，中常侍侯览兴大狱，将前司空虞放、太仆杜密、长乐少府李膺等120余人下狱处死。这是第二次党锢之祸，受牵连者多达600多人。

党锢之祸以后，宦官赵忠、张让把持朝政，政治腐败更是达到极点。

灵帝自己也生活荒淫，聚敛无度，公开卖官，二千石官卖二千万，四百石官卖四百万，县令、县长按县土地丰瘠各有定价；还大修宫殿苑囿，搜刮民财，激起人民的反抗。中平元年（184年），终于引爆了张角领导的黄巾起义。东汉政权从此陷入苟延残喘的局面。

东汉是中国历史上外戚、宦官势力交替擅权最严重的一个朝代。汉和帝时期窦氏外戚集团专权，是东汉历史由盛转衰的转折点。而历经顺帝、冲帝、质帝、桓帝4朝的梁氏外戚集团专权，则写下了东汉历史最黑暗的一页。外戚、宦官交替擅权，大大削弱了东汉王朝的国势，也使王权逐渐式微，并最终导致灭亡。

（二）吏治崩溃导致东汉灭亡

东汉王朝从战火硝烟中建立，开国皇帝刘秀知得天下之不易，所以能汲取前代灭亡的教训，革除弊政，励精图治。继之而起的明帝、章帝也能谨遵祖训，守成有术，勤于政事。所以，东汉前期的政治比较清明，社会也比较安定。但到了中后期，各种社会矛盾开始暴露，皇帝昏庸无能，外戚、宦官轮流坐庄，外戚本身就是最大的贪污犯，宦官比外戚更贪婪、残酷和无耻。整个官场从上到下，贪赃纳贿蔚然成风。结果社会越来越黑暗，吏治越来越腐败，百姓越来越穷，王朝最终也必然走向灭亡。

东汉的贪贿之风，其实在光武帝时期便已存在，只是那时不怎么严重。和帝以后，随着外戚、宦官交替擅权，贪腐之风愈演愈烈，难以遏制。

外戚专权贪贿到梁冀时达到顶峰。梁冀从顺帝朝便开始擅权，历经顺、冲、质、桓4帝。随着权势的增长，他贪得的财富也不断增加。

诛灭梁氏外戚集团，并没有消除东汉的贪腐现象，相反，随着宦官擅权，贪腐之风更为严重。出身贫寒的宦官对社会财富具有强烈的占有欲，一旦上台，便拼命攫取财富。他们贪婪地兼并土地，大肆收受贿赂，积聚钱财，过着纸醉金迷的生活。

灵帝时，暴富后的宦官大肆兴建私宅，并僭越王权，私宅仿宫室式样，雄伟壮丽，豪华气派。灵帝常常登永安侯台远眺，宦官们怕皇上看到他们的私宅而怪罪，竟然指使人劝谏灵帝说："天子不当登高，登高则百姓虚散"。昏庸的灵帝信以为真，此后不再登台榭。

东汉后期外戚、宦官疯狂占用社会财富，使社会陷入一片黑暗之中。其实这种贪贿之风的总根源在于东汉后期的皇帝。东汉后期几位皇帝都是昏庸无能之辈，被外戚、宦官玩弄于股掌之中，形同傀儡。他们不但没有能力抑制贪污之风，反而与外戚、宦官沆瀣一气，共同压榨百姓，聚敛财富。灵帝执政时，在政治上昏庸无能，在聚敛上却颇为能干，搜刮钱财，广求珍宝，大兴土木，追求奢侈浮华。皇帝带头腐败，直接的后果是世风日下，贪贿之风愈演愈烈。桓帝、灵帝时期，选官权都操纵在宦官手里，居官者想升迁，无官者欲进仕途，都要向宦官重金行贿。灵帝时的宦官张让擅权，日进斗金，专门设立监奴管理收受的金钱珍宝。这一时期的宦官，很多人通过受贿而迅速成为暴发户。如侯览、张让等人都富可敌国。

东汉后期，世风日下，各级官吏在皇帝、外戚、宦官的带动下，疯狂掠夺财物,残酷地压榨百姓。宦官吕强在一次上书中揭露说:"天下之财,莫不生之阴阳,归之陛下。归之陛下,岂有公私?而今中尚方敛诸郡之宝,中御府积天下之缯,西园引司农之臧,中厩聚太仆之马,而所输之府,辄有导行之财。调广民困,费多献少,奸吏因其利,百姓受其敝。又阿媚之臣,好献其私,容谄姑息,自此而进。"吕强的分析切中要害,入木三分。他指出,百姓贫困是因朝廷调度太多,而又有奸吏从中贪赃枉法,公行贿赂并得到擅权者的庇护姑息,才使他们明目张胆地搜刮百姓。灵帝根本不予理会,依旧我行我素。

东汉后期,由于贪贿之风盛行,争强斗富更是成为上层社会的一种"时尚"。几乎每一个擅权者都大肆修建亭台楼阁,过着醉生梦死的寄生生活。奢侈浮华的社会风气,必然会诱发贪贿盛行,而贪贿的盛行,又必然助长奢侈浮华之风的蔓延,二者形成一种恶性循环。

吏治败坏,贿赂公行,不仅败坏了整个社会风气,更将一个王朝引向覆灭。东汉王朝的大厦,在腐败之风劲刮之下,轰然垮塌。

七、汉朝兴亡的启示

汉代作为中国传统政治体制初期,无论是辉煌的事功与灿烂的文化,还是繁荣发达的社会经济,都达到了前所未有的高度。尤其是所谓的"文景之治"、"昭宣中兴"、"光武中兴"等,都堪称一代盛世。然而,吏治腐败始终伴随着大汉帝国的全过程,尽管统治者对整饬吏治进行了诸般努力,却无法遏止贪腐之风愈演愈烈之势,最终难逃吏治崩溃与政权灭亡的命运。纵观汉代的吏治,不管是成功的经验,还是失败的教训,都给后世留下了宝贵的启示。

第一,必须对贪污腐败保持清醒的认识。西汉末与东汉后期,由于官吏贪污腐败,直接导致民众对政权不满而出现社会大危机,进而演变为王莽代汉和东汉农民大起义,在此冲击下王朝走向瓦解。吏治腐败的直接受害对象肯定是无辜的普通民众,无论是官府横征暴敛,还是官吏贪赃枉法,最终的后果和负担都会落在民众头上。所以民众对官场腐败最为敏感、仇视和痛恨。如果出现贪污腐败现象,民众最初会选择忍让,并以各种方法表达自己的不满。当矛盾积累到一定程度,忍无可忍的时候,来自社会下层的反抗风暴必然会以雷霆万钧之势荡涤一切官场丑恶,王莽新朝和东汉的倒台莫不如此。为了避免发生伴随王朝覆灭而来的巨大社会震动和破坏,统治者必须始终对吏治腐败的危害保持高度警戒,坚持不懈地严惩贪官污吏。

第二,构建严密的监察机制。汉代的成功经验是在秦代基础上,以很大的投入构建了从中央到地方的监察网络,并配有相当数量的监察官员。实践证明,当整个政治大环境比较健康时,监察机制就能收到澄清吏治的良好效果。但汉代的监察机制也存在较明显的问题,最突出的是监察权与行政权分离不彻底。如郡守、县令既是地方行政长官,又是地方最高监察官,集行政权与监察权于一身,不但容易造成监察权与行政权相互干扰,更重要的是监察权不能独立,就会受到行政权的制约,从而大大弱化监察的效能。历史经验证明,监察权不独立,特别是行政权对监察权的支配,本质上是对监察权的束缚。依赖这种体制,根本不可能防范、制止吏治腐败化的倾向。

第三,加强法制建设,做到有法可依,有法必依。《汉律》在《秦律》的基础上,有意识地加大了对贪官污吏的惩处力度。此外,两汉在通行法律之外,还制定有《刺史六条》、《三互法》等专门的监察法规,希望做到有法可依;但有法必依的情况却是时好时坏。如汉武帝、汉宣帝、汉明帝时期,基本做到了有法必依,保证了法律在吏治中的权威性。但更多的时候,法律都受到皇帝、贵戚、宠臣的破坏,尤其是西汉中期以后,强调人治的儒家理论导入汉代法律之中,有罪不罚或同罪异罚的情况比比皆是,严重削弱了法律的公正性与权威性,给贪官污吏以各种名义逃脱惩罚大开方便之门,从而加速了西汉中后期腐败之风的蔓延,这一历史教训,后人必须汲取。

第四,奢侈享受的不正之风,不仅浪费了大量的社会财富,也诱发了官场腐败。不论哪朝哪代,官吏的合法收入总是比较固定和有限的,而奢侈享受是一个无底洞,欲壑难填。如果奢侈享乐形成风气,许多官吏便会走上贪污受贿、以权谋财的邪路。西汉中后期、王莽时期、东汉中后期的数次吏治腐败高潮,就是与皇帝、外戚带头掀起的奢侈之风有关。如果奢侈之风得不到有效控制,无论怎样加大反贪力度,也很难收到好的效果。因为在享受贪欲的刺激下,贪官污吏总会层出不穷地涌现,直至陷入吏治彻底崩溃的绝境。

最后也是最关键的,汉代最终难逃灭亡的命运,证明了在专制主义政体的条件下,想要彻底地解决吏治腐败问题是不可能的,而只能取得一些局部的、阶段性的成果。中国古代社会之所以不断上演"其兴也勃,其亡也忽"的悲喜剧,原因之一也在这里。

第五章
隋王朝——兴于俭亡于奢

隋朝是在结束了中国历史上几百年的分裂割据局面之后建立起来的统一王朝。隋文帝杨坚建立隋朝之后，为了国家的长治久安，进行了一系列政治改革，建立起一套较为严密的制度。如中央政府的三省六部制，地方政区的州、县二级制，选拔人才的科举制，以及地方官由中央任免制等等，无不与吏治建设有着直接或间接的关系。因此，杨坚统治时期，政治清明，经济文化发展也很快。

隋炀帝杨广是中国历史上有名的暴君，他一反乃父节俭的作风，大兴土木，不但破坏了文帝时期建立起来的政治秩序、耗尽了隋文帝积累下来的财富，还玩丢了隋文帝辛辛苦苦开创的大隋江山。

一、短祚王朝

隋朝与秦朝有太多的相似之处。秦朝国运15年，隋朝国运37年，都是短命王朝。秦朝历二世而亡，隋朝历二世而亡，都是老子辛辛苦苦打天下，儿子吃喝玩乐丢江山。生于忧患，死于安乐，此话似乎为此两王朝量身打造。

北周大定元年（581年），杨坚废黜北周静帝宇文阐，自立为帝，改国号为隋，改元开皇，由此建立隋朝。杨坚于开皇七年（587年）出兵占领位于今湖北省荆州地区的傀儡国家梁；开皇九年（589年）发兵50余万，消灭以建康为都城的陈朝。至此，南北分裂长达近300余年的中国，重新归于统一。

隋朝统一之前的南北朝，各个统治集团生活奢侈、政治腐败已经达到令人发指的程度，杨坚称帝之前就生活在这种环境里。杨坚虽然"素无学术"，但他毕竟是一位政治家，漫长的从政生涯，丰富的社会阅历，使他能从国家兴亡的角度观察问题。因而在开国之后，他在国事上勤勤恳恳，小心谨慎，不敢有半点懈怠。杨坚汲取南北朝时期政治风气败坏和人民生活痛苦的教训，注意减轻赋税，严惩贪官污吏，实行廉政。到其晚年时，全国人口大增，物资十分丰富。史家评价杨坚：倡导节俭之风，轻徭薄赋，国库充足，政策法令畅行，百姓安居乐业，没有以强凌弱，以众欺寡的事情。二十年间，社会稳定，经济繁荣，出现一片海晏河清的局面。

隋炀帝杨广是隋文帝的次子，开皇元年（581年）封为晋王。隋文帝平定陈朝后，杨广被任命为扬州总管，驻防江州（今江苏扬州）。后来由于太子杨勇生活不检点，杨广又乘机落井下石，让杨勇丢了太子之位。杨广渔人得利，在杨素的支持下取代了杨勇，成为皇太子。

隋文帝死后，杨广即位，改元大业。杨广就是隋朝的末代皇帝炀帝，很有才华，是一位有成就的诗人、独具风格的散文家，同时，杨广是一个善于伪装的伪君子，隋文帝灭陈时（589年），他在建康的行为甚至堪称模范。因此，他博得文帝夫妻的欢心，窃得皇位继承权。称帝之后他却一改往日清心寡欲的面孔，大肆追求奢侈与豪华，还大兴土木，修建东都洛阳，开凿运河；不但将文帝时期积攒起来的家底挥霍一空，而且还使数十万民夫因饥饿、劳累，惨死在工地上。

杨广的残暴统治，激起天怒人怨，很快在全国爆发了农民大起义。隋王朝在农民大起义中被推翻，隋炀帝本人也于大业十四年（618年）被部下杀死在扬州。

有历史学家认为，隋朝在结束旧秩序、清除几个世纪积累的渣滓和建立一个新型的帝国等方面与秦朝一样，此论不甚全面。就事论事而言这无疑是对的，仔细考量，两个朝代的政治体制、统治者的处事作风都还是有很大区别。

二、隋文帝节俭治国

隋文帝杨坚是中国历史上有名的勤政、节俭之君。即位之后，他汲取南北朝时期某些朝代政治风气腐败和人民生活痛苦的教训，注意减轻赋税，严惩贪污，实行廉政措施，因而在他统治的时期，政治清明，经济繁荣，文化发达。隋文帝时期的廉政措施主要表现在如下几个方面。

（一）提倡节俭，树立朴素作风

唐太宗李世民在一次朝会上曾询问大臣萧瑀，隋文帝作为一代君王，是一个怎样的皇帝。

萧瑀是隋朝旧臣，亲眼见过隋文帝治事，回答道：文帝勤于治理朝政，每次临朝听政，从早到晚，一直到太阳偏西方罢。五品以上官员，围坐论事，忙得吃饭都是由人传送。

李世民转身又问房玄龄：这样的皇帝怎么样？

房玄龄回答说，隋文帝虽然品性算不上仁厚，但可称得上是一个励精图治的君主。

李世民摇摇头说："你们只知其一，不知其二。文帝不贤明而喜苛察，不贤明则视事不明，喜苛察则疑心太重。凡事都由自己做主才觉放心，不敢放手让大臣们去做。天下如此之大，日理万机，事必躬亲，人的精力毕竟有限，岂能将每件事都处理得当？而臣下既已知主上之意，只有无条件接受，即使主上出现过失，也无人敢争辩劝谏。所以，隋朝到第二世就灭亡了。"

从这段君臣对话中可以看出，隋文帝是一个非常勤政、事必躬亲的人。唐太宗李世民不赞成这种工作方法。这大概就是唐太宗李世民与隋文帝杨坚的区别所在，也是贞观之治能出现的原因。

隋文帝不仅是一位勤政的皇帝，而且还是中国历史上少有的注意节俭的皇帝。南北朝以来，因奢侈腐败而致王朝频频更替的活生生的历史事实，让隋文帝深刻地认识到"自古帝王未有奢侈而能长久"的道理。

建国之初，大臣苏威见宫中用银子做帐幔的钩子，觉得太浪费，劝隋文帝注意节俭。隋文帝随即下令将宫中从北周时期沿用下来的雕饰旧物全部撤走。

隋文帝把戒奢尚俭作为一项准则，终身躬行不渝。如果不是宴会，平日的食材非常简单，"所食不过一肉"。关中发生饥荒，他派人去察看百姓都吃些什么。派去的人把百姓吃的"豆屑杂糠"等食物带回来。文帝将这些食物拿给群臣看，流着泪对大家说："这就是老百姓吃的粮食，我作为国君，愧对天下百姓啊！"为此，文帝有一年时间没有喝酒、吃肉。为了不忘本，他把称帝以前穿过的四季衣服各留一件，经常拿出来翻看，以示警诫。出行乘坐的车子破损残旧了，他舍不得丢弃，让人修补一下继续使用。

隋文帝的皇后和后宫嫔妃，也都很注意节俭。她们不涂脂抹粉，衣服只要还能穿，就不换新的。文帝自己的衣服和用品，也是坏了就修补，从不轻易丢弃。

原太子杨勇曾精心装饰了一副铠甲，隋文帝看到后很不高兴，告诫说：自古帝王没有好奢侈能长久的。你是太子，应把俭约放在首位，将来才能继承皇位。为了让你学习我的榜样，我过去穿过的衣服，你应该各留一件在身边，经常看一看，以便时刻提醒自己不要奢侈。为了使太子不忘过去，他特地把一盒咸菜和自己从前用过的一把旧刀赐给太子。

如果不是急用之物，宫中一般不收藏。一次要配止痢药，要用1两胡粉，但在宫中却找不到；要赏赐柱国刘嵩的夫人一件织成的衣领，宫中也没有。还有一次，有人进献干姜，办事人员用布袋贮藏，文帝认为太浪费，把办事的人臭骂一顿。后来又有人献香，办事人员用毡袋贮藏，也被痛打了一顿。

北周时期，朝廷把分散在全国的乐工集中到首都长安，供统治者寻欢作乐。隋朝建立后，文帝下令把这些乐工全都遣散回乡；还明令规定，禁止地方官向朝廷献犬马珍玩和食品。诏令下发不久，相州刺史豆卢通进贡绫文布，文帝命令将这些贡品当众焚毁。

隋文帝率先垂范，躬行节俭，贪官污吏不得不有所收敛，即使是荒淫无度的杨广，在称帝之前也因之有所顾虑，不敢胡作非为。由于最高统治者隋文帝的提倡，加之文帝以身作则，全国上下都形成一种节俭的风气。史书记载，在隋文帝统治的20多年间，国内的男子，无论做官还是不做官，穿的都是布衣，不用绫绮；装饰品也只用铜、铁、骨、角的制品，不用金玉，为国家节约了大量的金钱和物资。

（二）建立有利于廉政的职官制度

隋朝以前地方机构分为州、郡、县三级。隋朝初建时，天下郡县非常多，百里之地，数县并存，不满千户的集镇，分属两个郡管辖。有郡有县就有官，以至出现民少官多的情况。因此说，隋朝继承的是一个花费巨大、冗员过多的地方政府体制。

开皇三年（583年），杨尚希在奏疏中令人信服地分析了隋文帝接管的行政是一个乱摊子：地方行政单位成倍发展，官员激增，税收少得可怜，农民受压迫等等。他指出朝廷任命的官员与黎民之比，犹如"十羊九牧"，即10只羊有9个牧羊人。

隋文帝采纳杨尚希的建议，本着"存要去闲"的原则，对行政机构进行改革：废除郡一级建置，只设州、县两级地方行政单位。精简机构后，裁减了一大批行政官员，改变了官多民少，机构重叠的弊端，既节省了财政开支，又提高了行政效率。

改革中央机构。隋朝建国之初，在中央确定朝廷官制为三省六部制，改变了北周时期仿照《周礼》所实行的六官制。中央机构的三省指尚书省、门下省和内史省（后改为内书省）。内史省负责起草政令，门下省负责政令的审查，尚书省负责政令在全国的贯彻实施。三省长官都是宰相，都对皇帝负责。

尚书省下设吏部、礼部、兵部、都官（后改为刑部）、度支（后改为民部）和工部六部，分别负责一个方面的工作，各司其职。

三省分权，互相制约，这就使得朝廷发布的政令能够在一定程度内做到比较稳妥，有利于廉政措施的贯彻执行。

建立官员回避制度。隋文帝时规定，县令以下的官员必须实行回避，不能用本地人担任。

建立官员考核制度。隋朝各级官员的政绩好坏，每年都由朝廷考核一次。开皇五年（585年），隋文帝下令，行参军以上州一级官员，必须学习法律，规定每年年底到京城汇报工作时，对法律进行考核。政绩特别突出的官员，往往受到隋文帝的嘉奖：汴州刺史令狐熙，政绩为天下之最，隋文帝赐帛300匹，并颁告天下；岐州刺史梁彦光有惠政，隋文帝巡视岐州，非常满意，下令赐小米500石，布匹300段，御伞一把；相州刺史樊叔略，政绩为当时第一，隋文帝下令奖励绢300匹，小米500石，并向全国发文嘉奖。

改革能取得实效，关键在于要有与之相适应的用人制度。隋文帝对用人制度的改革是废除九品中正制，建立科举制度。

九品中正制是魏晋以来的选官制度，这个制度在实行之初，具有"唯才是举"的积极意义。但是到了后来，九品中正制逐渐被世家大族所操纵，选官时只看出身，不管个人品行和能力，因而很难选出好的官员。

隋文帝在废除九品中正制的同时，还将任命官员的权力集中到中央政府，这对传统的贵族门阀利益是一个沉重的打击，因为他们习惯于控制自己地盘内的官员。九品中正制的取消和选用官员时家族世系标准的失效，进一步加强了中央集权统治，这种改革具有革命性，对此后中国的历史产生了持久的影响。

在废除九品中正制度的同时，隋朝开始试行一种新的、任人唯贤的人才选拔制度，这就是对后世影响深远的科举制。开皇十八年（598年），隋文帝命令"京官五品以上，总管、刺史，以志行修谨、清平干济二科举人"，开创了科举选官之先河。

科举制度的出现，扩大了选用人才的社会基础，有利于建立一个比较廉洁的官僚队伍，这是封建社会选拔官员制度的重大变革。

（三）坚决打击贪官污吏

改革用人制度，既可以加强中央集权，又可以将精英人物吸纳到官僚队伍中来。问题在于何为精英人才，这就涉及用人标准问题。隋文帝的思想倾向于法家，对儒家道德标准不以为然，他在诏令中很明显地表现出了这种倾向："儒学之道，训教生人，识父子君臣之义，知尊卑长幼之序，升之于朝，任之以职，故能赞理时务，弘益风范。我抚临天下，思弘德教，延集学徒，崇建庠序，开进仕之路，伫贤隽之人。而国学胄子，垂将千数，州县诸生，咸亦不少。徒有名录，空度岁时，未有德为代范，才任国用。"

隋文帝认为，儒家培养的人才不堪用，所以他很少依据儒家任人唯贤的标准去选拔人才，所任用的高级官员大多数是追随他的武将、文吏、同乡与亲属。

隋文帝是一个疑心很重的人，加之他"素无学术"，所以选用官吏基本上只有两条标准：一是政治上忠诚，二是有实际工作能力。儒学提倡的政治道德和政治才能并不重要。隋初的官员特别是中高级官员，要么是剽悍的武将，要么是熟悉行政事务的文官。可这些人普遍缺乏儒学倡导的政治道德与廉洁自律的意识，一旦大权在手，往往就会追求私利而贪赃枉法。

隋文帝在北周"入宫辅政"时，得到郑译、刘昉两人的大力相助，两人因之在隋朝得授高官。这两个北周佞臣一朝权在手，便显露出贪婪的本性。

郑译轻浮阴险，不关心职责，贪污的东西不计其数；买卖官爵，百姓怨声载道。隋文帝说，如果把他留在世上，就是不道德的大臣；把他处决了，到了阴间就是不孝顺的鬼。杀他、留他都不行，应该赐他一本《孝经》。

刘昉自恃有功，贪恋钱财，家里门庭若市，从早到晚来往的都是富商大贾。

郑译、刘昉之后的高颎、杨素、苏威、李德林，都是隋初最有权势的大臣。可这4位权臣却是良莠不齐。

高颎是行政长官和经济政策的主要制定者，这是一个公平正直的人。

杨素是隋文帝最信任的军事长官，但他却是一个恃权骄横、贪财好利之徒，在长安和洛阳有多处豪宅，地产不计其数。时人对他甚为不满。

苏威是隋文帝的主要谋臣，不仅有野心，而且还贪得无厌，表面上装得很清廉，实则家财万贯。

李德林担任过内史令，曾有人揭露他强夺民地建商铺，收租金牟利，在晋阳有大量店铺出租。后因隋文帝到晋阳视察，店人上表申诉，事情才暴露出来。

朝中有权势的大臣疯狂地敛财，其他地位较低的官员，也就很难做到廉洁奉公。尤其是一些军人，贪污受贿，滥用职权谋取私利更为突出：营州总管韦艺大治产业，私自与北夷贸易，积聚了巨万的家资，颇为清论所讥；行军总管于仲文，在征讨江南高智慧等人的叛乱时，盗卖军粮。

隋文帝时期，不仅军职由武将担任，多数州刺史也由武将担任。这些武将缺乏行政经验，普遍不称职。

县一级行政官员任命权归吏部，但吏部在选人方面存在很多问题。如《隋书》卷42记载李德林的话说："且今时吏部，总选人物，天下不过数百县，于六七百万户内，诠简数百县令，犹不能称其才，乃欲于一乡之内，选一人能治五百家者，必恐难得。"

正是由于任用的州刺史、县令大部分都不称职，贪赃纳贿也就在所难免，乡正的设置更是为贪污受贿大开方便之门。开皇十年（590

年），虞庆则等奉使关东巡省，回京后向隋文帝报告说，乡正在受理辞讼时，"党与爱憎，公行货贿"，民众备受其害。

贪腐作为一种社会现象由来已久，贪腐对社会稳定造成的破坏作用也是人所共知。隋文帝时期虽然也存在贪腐问题，但没有泛滥成灾。原因在于，隋文帝立国之后，为了巩固新王朝的统治，采取了一系列措施，打击贪污犯罪。

隋文帝制定出《开皇律》，希望能够对官吏的贪污受贿起到抑制作用。正如他在颁布《开皇律》的诏书中所告诫的那样："先施法令，欲人无犯之心，国有常刑，诛而不怒之义。措而不用，庶或非远，万方百辟，知吾此怀。"

为了使新法律得到贯彻实施，并防止官吏玩弄法律，隋文帝又下诏，要求各级官吏要秉公执法。同时规定，有冤情而县官不予受理，可以越级上诉，直至告御状；认为判案不公，可以击登闻鼓，陈述理由。有关机构必须将案情记录在案，并上奏皇帝。

隋文帝对百姓比较宽厚，对官吏的要求却很严格，经常派亲信明察暗访，发现官员有贪赃纳贿的行为，哪怕事情很小，也要给予重罚。他痛恨贪官污吏，曾秘密派人给官吏行贿，以考验该官员是否有收贿行为。后来的唐太宗李世民也学会了这一招，派人给官员行贿，以试探其廉洁与否。这个做法，虽然有点诱人犯罪的味道，但从另一方面说，那些收受贿赂的官员受到处罚，仍然是咎由自取。

开皇十六年（596年），合川一位管理仓库的官员盗窃官粮，官员本人被处死刑，家人没为奴婢。而且自此以后，凡是盗窃边粮1升以上，都要处以死刑，家人则籍没为官奴婢。同时，隋文帝还由此认为，典吏在一个职位上久了，必然"肆情为奸"，于是规定，州县佐史，3年一换，已经在某州县担任过佐史的人，不得在该州县再次出任佐史。

隋文帝虽然用法严峻，但基本上能做到法律面前人人平等。杨俊是他的第3个儿子，在担任并州总管期间，违反制度，强行发放高利贷牟取暴利；同时还挪用公款，建造豪华宫室。隋文帝以其奢纵，免去他的官职。很多大臣出面劝阻，说处罚太重。文帝则认为，王子与百姓遵守同样的法律，任何人犯法，都得依法办事，不能因为姑息王子而使国家的法律遭到破坏。

刘昶是隋文帝的好友，其子刘居士不守法度，"殴击路人，多所侵夺"，被处以斩刑。即使是那些曾对朝廷作出重大贡献的人，如果贪赃枉法，也不姑息迁就。李德林曾帮助隋文帝夺得皇位，由于贪占一个叛逆者的庄园和店铺，便由内史令降职为湖州刺史。刘贲也曾帮助隋文帝夺得皇位，任齐州刺史时，因在灾年囤积居奇而被撤职。

虽然隋文帝时期，中央和地方均不同程度地存在着官吏贪污受贿的问题，但由于隋文帝本人极为节俭，对贪污腐化深恶痛绝，惩治贪官也非常严厉，因此多数官员，特别是中下级官员还有所顾忌，不敢肆无忌惮地贪污受贿，因而吏治比较清明，社会经济得到很大发展。然而，隋文帝去世之后，到了继位的隋炀帝时期，情况就发生了很大变化。

三、隋炀帝的功与过

（一）隋炀帝绝不是最坏的皇帝

儒家修史者对隋炀帝道义上的评价很苛刻，在他们的笔下，隋炀帝是一个令人生畏的典型的"末代昏君"，给他封了一个众所周知的头衔——暴君，并被载入史册，在后人脑子里打上了深深的烙印。在民间传说、戏剧和故事中，隋炀帝的形象也被作者和观众随心所欲的狂想大大地歪曲了。公正地说，杨广在中国历史上绝对不是最坏的，从当时的背景看,他并不比其他皇帝更加暴虐。他主持兴建的东都洛阳和开凿的大运河,是中国历史上两项伟大的工程,特别是大运河。唐代的繁荣,在很大程度上应归因于炀帝领导开凿的大运河,大运河的水路运输,不但促成了杭州成为江南繁荣的商业城市,而且还提高了运送军队和给养至任何有潜在反抗危险的地区的能力。

炀帝的功绩,历史不会忘记,但他的奢侈无度,却也不能让人原谅。正是他的奢侈无度,才玩丢了大隋江山。

(二)浩大的工程,坑了百姓,成就了历史

隋炀帝想做一位千古留名的帝王,但留名必须创造政绩,且这种政绩必须达到丰功伟绩的档次。正因为有了这种想法,隋炀帝即位不久,就下令修建东都洛阳,每月征召民夫200余万人。由于劳动量大,工期紧迫,民夫死亡者十之四五,运送尸体的车子,东到城皋,北至河阳,"相望于道"。

大业三年(607年),又征调100多万民夫修筑长城,西起榆林,东到紫河,一千多里同时动工,累死在工地上的民夫达十之五六。

大业元年(605年)开始开凿大运河,先征发河南、淮北民夫100余万人,开凿通济渠,将黄河与淮河连接起来。又征发淮南民夫10余万人修凿邗沟,沟通淮河和长江。大业四年(608年),征发河北民夫100余万人修凿永济渠,引沁水南通黄河,北通涿郡。大业六年(610年),开凿江南河,自京口到余杭。

这条贯穿南北的大运河,后来对中国社会经济的发展起了重要作用,但当时的劳动人民付出了沉重的代价。修通济渠时,死亡人数很多,许多地方村落残破,田园荒废;修永济渠时,男子不够,连妇女都被征发上了修河工地。

除征发大批民夫修凿运河之外,隋炀帝在征伐高丽的战争中也征调了大批民夫和船只，从黎阳仓和洛口仓运粮至涿州，行驶在永济河中的船只，前后衔接，连续1000余里。往返于道的民夫常有数十万人，"昼夜不绝，死者相枕，臭秽盈路，天下骚动"。

繁重的徭役，给人民带来了沉重负担，农业生产受到极大破坏。许多劳动者都采取自伤肢体，造成手足残废的方式以逃避兵役和徭役，当时称为"福手"、"福足"，其状惨不忍睹。

隋炀帝的政绩确实是有了，但为了政绩，他得罪了当时天下所有的人，大隋王朝也被政绩工程拖垮了。

（三）奢侈腐化

隋炀帝的生活非常奢侈腐化。大业元年（605年）五月，他下令在洛阳西郊修建西苑，西苑方圆200里，苑内造海，周围10余里。海内建筑方丈、蓬莱、瀛洲3座假山，象征海中仙山。3座假山高出水面百余尺，"台观宫殿，罗络山上，向背如神"。苑内还挖龙鳞渠，沿渠修建了16座宫院，殿堂楼观，穷极华丽。隋炀帝常在月夜带数千名宫女骑马到西苑游玩，宫女们骑在马上为他演奏《清夜游曲》。

同年开工的还有显仁宫："南接皂涧，北跨洛滨。发大江之南、五岭以北奇材异石，输之洛阳；又求海内嘉木异草，珍禽奇兽，以实园苑。"

为了满足其骄奢淫逸的愿望，杨广翻阅地图，寻觅风景秀丽、气候宜人的地方，修建离宫别馆，从长安至江都修建离宫40余所。他还密令江、淮各郡每年广选姿质端丽的童女送进京城，供其玩乐。

大业元年（605年）八月，隋炀帝乘龙舟，从洛阳出发，前往江都。隋炀帝所乘龙舟，上下4层，上层有正殿、内殿、东西朝堂；中间二层有120个房间，都以金玉为装饰品；下层为太监住的地方。皇后乘的船称翔螭舟，制度略小一些，装饰与龙舟一样。另有漾彩、朱鸟、苍螭、白虎等数千艘，供嫔妃、诸王、公主、百官、僧、尼等乘坐。上述这些船只，共用纤夫8万多人。这支庞大的船队，行走在大运河中，前后相连，长达200余里，耗费资财无数。

为了夸耀隋朝的繁荣安乐，从大业二年（606年）起，每年正月初一到十五，都要在洛阳建国门内的大街两旁搭台演戏。戏棚连续，长达8里，人山人海，观者如云，仅参加演出的人员就有3万人，每次耗资"巨亿万"。

（四）沉重的苛捐杂税

隋炀帝任性放纵，喜好巡游，追求享乐。这些都是很耗钱的，其来源当然是对百姓的搜刮。"苛税繁猥，不知纪极"。一年税收不够一年用，曾经一次预收10年田租。

除了正税之外，其他苛捐杂税多如牛毛。如大业元年（605年）营造洛阳显仁宫时，就曾下令天下各州县进贡草木花果、奇禽异兽，以充实苑囿。大业元年（605年），隋炀帝乘龙舟游玩江都，"所过州县，五百里内皆献食"，每州所献的珍奇菜肴多达上百车，随从人员吃不完，临走时全部抛弃。凡献食丰盛的地方官，都加官晋爵，献食差的地方官，轻则受处罚，重则被处死。

如大业二年（606年），隋炀帝由陆路从江都回洛阳，为了装饰旌旗仪仗，向全国各地征收骨角、齿牙、皮革、羽毛。老百姓到处张网捕捉禽兽，仍然不够上缴的数量，只好向有储存的人家购买，致使价格猛涨，一根雉鸡尾上的羽毛值10匹细绢。如此等等，举不胜举。

苛捐杂税和各种经济负担，使许多百姓不堪负重，生存维艰，出现人吃人的惨况，以致"万户则城郭空虚，千里则烟火断灭"。

（五）贪污腐朽

隋炀帝是一个荒淫无度，贪婪无厌的人，郡县官员进京汇报工作，他最关心的不是地方政事如何，而是带来的贡品多少。官员得到赏赐不是因为政绩，而是贡品。贡品多者可升官，贡品少者原地踏步走，甚至丢官。

赵元楷因献异味，升为江都郡丞。王世充因献铜镜屏风，升为通守；王世充得到了甜头，秘密为杨广选送民间美女，因而更加得宠。

上有所好，下必甚焉。隋炀帝最宠信的大臣许国公宇文述就是一个贪得无厌的人，他的儿子宇文化及更是生性凶险，处事不循法度。早在文帝时期，宇文化及就因贪赃纳贿而被免官。炀帝即位之后，宇文化及官居太仆少卿之职，父子二人共掌朝政，和另一位佞臣内史侍虞世基狼狈为奸，在选拔官员时受纳贿赂，多贿者可以谋得肥缺，不贿者莫想进入仕途。

虞世基是一位大贪官，他让妻子孙氏和孙氏与前夫生的儿子夏侯俨充当经纪人，公然卖官鬻爵，其家门庭若市，收受的赃物堆积如山。

苏威、裴蕴等大臣也多是收受贿赂，中饱私囊的贪官。事实上，当时的中央官员绝大多数都有贪污受贿行为，《隋书·杨恭仁传》说："于时朝政渐乱浊，货赂公行，凡当枢要之职，无问贵贱，并家累金宝。天下士大夫莫不变节。"

政府横征暴敛，官吏肆无忌惮地贪污受贿，给整个社会造成灾难性的后果。由于隋炀帝奢侈腐化，滥用民力而激起民变，很快在全国爆发了农民大起义。隋王朝很快被农民大起义推翻，隋炀帝本人也被部下杀死。

四、隋朝兴亡的启示

隋文帝以节俭治天下，收到了明显效果，在他统治的 20 多年间，户口繁盛，民风俭朴，社会安定，呈现出一派富强兴旺的景象。隋文帝逝去之后，大隋江山在隋炀帝手上仅维持了 14 年便退出了历史舞台。对于隋朝二世而亡的原因，唐初的君臣进行了认真探讨。

唐太宗李世民说："炀帝恃此富饶，所以奢华无道，遂至灭亡。"

魏征则说："隋惟责不献食，或供奉不精，为此无限，而至于亡。"

可见，隋炀帝仰仗国家富强，大兴土木营造政绩工程，且在生活上还穷奢极欲，激起天怒人怨，把隋文帝惨淡经营的基业全部葬送。

兴于俭，亡于奢，这是隋王朝留下的历史教训，也是对后世的警示。

第六章
大唐帝国——从神话中的坠落

第六章　大唐帝国——从神话中的坠落

唐朝是中国封建社会的鼎盛时期，共289年。唐朝以安史之乱为界，分为前后两个时期。前期是向上发展时期，后期则为日渐衰落时期。唐代前期包括从唐高祖李渊建唐起，到唐玄宗李隆基末年止，经历了7个皇帝，共130年。这段时期，唐太宗李世民统治时取得了较高成就，唐高祖李渊、武则天和唐玄宗李隆基统治的前期，也都有许多称道的地方。但此后的唐王朝则陷入吏治败坏，军阀混战的泥潭难以自拔，致使大唐帝国的神话迅速走向破灭，大唐帝国也就退出了历史舞台。

一、唐初的吏治

李渊是隋王朝的亲戚。隋炀帝末年,他利用隋末农民大起义的机会,在太原起兵,攻占了长安。大业十四年(618年),隋炀帝在江都被部下杀死,李渊便宣布称帝,建立了唐朝。

李渊统治的初唐,在政治、军事、经济制度方面,为大唐王朝的强盛奠定了基础,但在吏治建设方面却乏善可陈,甚少建树。究其原因,一是用非得人,领导班子不给力,二是政策不到位,留下贪腐隐患。

李渊建立唐朝后,最信任的几位大臣,无论是个人德行,还是工作能力,都无法胜任驾驭军国大事。

最宠信的大臣裴寂,原为隋炀帝的晋阳宫副监,此人生性贪财。当年李世民策划起兵反隋时,为了获得父亲的支持而曾重贿裴寂。裴寂受贿后,劝李渊起兵反隋,他也因此成为唐朝开国元勋。唐朝开国之后,裴寂受到李渊的重用,先后担任尚书右仆射、左仆射。但裴寂是一个既胆怯又无能的人,带兵打仗从无胜绩,行政管理也是庸才。李世民曾指责他徒然得到恩信,特居第一。武德时的政令不行,与他有很大的关系。

李渊的另一位重臣封德彝无德且虚伪,虽然很有行政才能,但却是一个官场老油条,隋朝时依附于虞世基,没少出坏主意;投降李渊之后,因献"密策"而被委以重任。

宇文士及是李渊宠信的又一位重臣,此人是隋炀帝的女婿,也是杀死隋炀帝的宇文化及的弟弟,与封德彝一起降唐,因妹妹是李渊的昭仪而获重用。宇文士及为人谨密,但对人主却惯于阿谀奉承,且热衷于追求奢侈豪华的生活。

有这样几个人围在李渊身边,要想扭转与抑制隋末以来猖獗的贪污腐化之风,显然是不可能的事。

此外，李渊在统一全国的过程中，还对归顺唐朝的隋朝旧臣、武装集团首领进行大肆封赏，封官赐爵，并让他们中的很多人在其实际控制的地区担任军事和行政长官。由于封赏太滥，到李渊晚年，全国州县数目，已是隋朝的两倍多。这种怀柔政策，对于分化瓦解敌对势力，加快全国统一进程，起到了积极的推动作用。然而让大批隋朝官吏继续担任各地军政长官，却也不利于消除隋末地方官吏中盛行的贪赃纳贿。

李渊其实也知道整饬吏治的重要性。初进长安时，也曾"与民约法十二条，悉除隋苛禁"。武德二年（619年）颁布的新法令中，明确规定要严惩官吏贪污受贿的行为，即使朝廷大赦，也不赦免贪官，并将此规定载入《武德律》，以法律形式确定下来。他希望新律令能够成为新王朝治理国家的准则，正如他在颁行新律令的诏书中所说："永垂宪则，贻范后昆。"

李渊刚即位的时候，就有人进贡打猎用的鹞鹰。万年县法曹孙伏伽上书，说这是助长奢侈腐化的行为，不能提倡。李渊随即提拔孙伏伽为治书侍御史，予以表扬，并批转了孙伏伽的上书，让各级官员都知道这件事，禁止各地向朝廷进献侏儒、小马、异鱼、奇禽等。

为了倡导廉洁的政治氛围，李渊下令拆毁隋朝修建在洛阳等地的离宫、游幸之所，带头为表率，拒绝接受西突厥曷娑那可汗馈赠的珍宝，处决在并州贪赃纳贿的真乡公李钟文，选派皇甫无逸、韦仁寿等廉洁奉公官员取代贪官污吏。由于身边大臣多为阿谀奉承之徒，难以助其匡正时弊。李渊自己也知个中原因，加之太子李建成与秦王李世民争权夺利，形成政出多门的格局，使得李渊很难有效地打击贪官污吏。

李世民认为，他的父亲在位期间，"政刑纰缪，官方弛紊"，应当是符合当时的实际情况。

二、"贞观之治"

唐太宗李世民是一位具有雄才大略的政治家,强大的隋朝瞬息之间土崩瓦解的严酷历史,使他时刻不忘以亡隋为鉴,励精图治,以实现天下的长治久安。正是由于李世民的勤政努力,加之有房玄龄、魏征等一班贤臣辅佐,他统治时期的政治,是中国封建社会历史上最清明廉洁的政治。因为年号为"贞观",所以史学家都把这一时期称为"贞观之治"。

"贞观之治"既不是神话,也绝非偶然,"贞观之治"的出现,是对明君贤臣的一种回馈,也是历史的必然。

(一)任人唯贤

李世民即位不久,就召见景州录事参军张玄素,询问他为政之道。

张玄素回答说,作为皇帝,必须"广任贤才",而不必"自专庶务",如果皇帝事必躬亲,失误必多。隋朝之所以二世而亡,原因就在这里。

李世民也有同感,他深知不能"遍知"天下政务,必须择天下贤才,设置百官,让他们管理好天下事。皇帝专掌刑赏大权,对百官"有功则赏,有罪则刑"。君臣各司其职,天下才有可能长治久安。

李世民思贤若渴,责成宰辅大臣举荐贤才、并以此为赏。同时,他自己也非常注意发现人才。一次,他命令群臣上书,讨论朝政得失,发现中郎将常何呈上的奏疏写得非常好,论述极为精辟。凭他对常何的了解,常何写不出这样的文章,因为常何是一介武夫,耍笔杆子不是他的专长,因此怀疑有人代笔。朝会的时候,他冲着常何问:"常将军,前天所上奏疏,是你写的吗?"

常何道:"皇上以为臣是个粗人,写不出这样的文章,是吧?"

李世民笑着说:"常将军能文能武,这个大家都知道。只是这篇文章写得太好了,恐怕你还真写不出来,说说吧,出自哪位高人之手。"

常何笑着说:"皇上也没有说不能请人代笔呀!"

李世民身子前倾:"快说,谁写的。"

常何:"马周,我聘请的幕僚。"

"快,速召马周。"李世民似乎等不及了,连派了4批人前往催促。

李世民召见马周时的情景,史书记载"与语甚悦",事后亲自在门下省给马周安排了一个职位,不久又任命马周为监察御史。常何也因举荐得人,得了300匹帛的赏赐。

李世民任人唯贤,不分亲疏,不计恩怨。继位之后,逐步罢免了高祖时期的庸臣,斥退一批担任高官的皇亲国戚,将一些有真才实学的人提拔到领导岗位上来。秦王府的臣僚有拥戴之功,而官位却在隐太子府、齐王府臣僚之下,有些人心存不满,发了牢骚。

李世民得知后说:"王者至公无私,故能服天下之心。我与卿辈日所衣食,皆取诸民者也。故设官分职,以为民也,当择贤才而用之,岂以新旧为先后哉!"并对有怨气的老部下给予了严厉批评。

房玄龄、杜如晦任宰辅大臣,不仅是他们参与了"玄武门之变",有拥戴之功,更是因为房玄龄"善建嘉谋",杜如晦"能断大事",二人都足堪重任,房谋杜断的美谈,就足以证明这一点。

王珪、魏征都是李建成的幕僚,曾劝说李建成除掉李世民。

有一次,李世民问及此事,魏征直言不讳地说:"太子早从征言,不至今日之祸。"

李世民不仅"无恨意",而且还称赞他能"尽心所事",委以重任,言听计从。

李靖是隋朝旧臣,李勣是李密的谋士,先前都是李渊父子的仇敌。他们都是将才,李世民便委以军国重任。晚年还托孤于李勣,对他说:

"我将属以幼孤，思之无越卿者。公往不遗于李密，今岂负我哉！"足见深受依重。

任贤固然重要，但首先要知贤。一次朝会的时候，李世民突然问封德彝："我命你推荐贤能，说了好长时间了，怎么一点动静都没有？"

封德彝出班答道："皇上，不是臣不尽心竭力，实在是没有奇才，不敢妄荐。"

李世民说："君子用人如用器物，各取所长，古时候治理好国家的君主，难道是从别的时代借得奇异人才吗？是你不能识人，怎可诬我大唐无人才呢？"

封德彝满脸羞惭，退至一旁，无言以对。

李世民经常与宰辅大臣研究群臣的优劣长短，做到心中有数。在一次宴会上，他对王珪说："你学识渊博，善于谈论，自玄龄以下，你的品级最高。听说你看人有独到的眼光，说说看，你自比其他几位大臣如何？"

王珪笑着说："这可是要得罪人呀！"

李世民说："没关系，是我让你说的嘛！"

王珪不再推辞，说："要说孜孜不倦，一心为国，知无不为，善于出谋献计，我不如房玄龄；要说文武兼通，出将入相，我不如李靖；要说办事细致，奏报明白、公允，上传下达，有条不紊，我不如温彦博；要说驭繁为简，举重若轻，办事全面，断事能干，我不如戴胄；唯恐陛下赶不上尧、舜，以谏争为己任，我不如魏征。至于说到能够激浊扬清，疾恶如仇，从善如流，我比起诸位来，可能稍稍算是个长处吧！"

李世民听了，哈哈一笑，算是认可了王珪的话。

几位大臣听了王珪的一番高论，也都佩服王珪的论述精辟。

李世民对大家说："所以说，因官职而去选择人才，不可仓促行事。任用一位君子，则众位君子都会来到；任用一位小人，则其他小人竞相引进。"

"是这样。"魏征赞同地说，"天下没有平定之时，选用人专取其才，德行在其次；天下安定之后，不是德才兼备的人才，是不可任用的。"

"在座的各位，都是我选拔出来的时之俊杰，有你们辅佐，我一定能开创一代盛世。"李世民满怀信心地说。

正是由于李世民知人善用，他身边集聚一批德才兼备的人才，如房玄龄、杜如晦、魏征、王珪、李靖、虞世南、李勣、马周等，都是出类拔萃的人才，他们恪尽职守，因而纲领整肃，政局稳定。

（二）从谏如流，有错就改

李世民鉴于"隋炀帝不纳谏诤，身戮国灭"的历史教训，非常重视纳谏。在"从谏如流"这一点上，李世民在中国历史上所有皇帝中独树一帜。贞观年间，政治之所以清明，是与李世民的纳谏分不开的。

李世民承认自己经常犯错，把纳谏看成是生活中不可或缺之事。他经常对大臣们说："自知者为难。如文人巧工，自谓己长，若使达者、大匠诋诃商略，则芜辞拙迹见矣。天下万机，一人听断，虽甚忧劳，不能尽善。"

他以弓箭为例，对萧瑀说：自己少年时喜好弓矢，得良弓十余张，自己认为是最好的，拿去给制弓工匠看，工匠说都不是良材。工匠解释说，木心直，则木的脉理都直，弓张才有劲，发矢则直。我的十数张弓，木心都不直，脉理斜，弓虽有劲，但发矢不直，箭出则力差。过去辨弓，自以为很精通，其实粗浅得很。我自小在金戈铁马中度过，以弓矢定天下，对弓的认识尚且不精，何况天下的事情，岂能够什么都知道吗？

他还对魏征说：你难道没有看见，玉藏在石头之中不为宝，金子藏在沙石之中不为贵，要想使玉变成宝，就要有琢玉之师对玉石进行雕琢；要想使金子得到珍贵，就要有工匠将金子从沙金中淘出来。金属经过精密的冶炼加工后成为器具，人皆视为宝。我是藏在沙石中的金，裹在石头中的玉，而你则是一位良匠。我离不开你啊！

　　李世民将自己比喻为劣玉，将魏征喻之为琢玉的良匠。正因为如此，李世民规定，凡中书、门下及三品以上官员入阁议事，必须有谏官参加，如果发现决策有失误，谏官有权劝谏。

　　李世民担心群臣不敢进谏，于是开导他们说，虞世基等谄媚隋炀帝，保得荣华富贵，隋炀帝被杀之后，虞世基等人也跟着遭诛，你们要引以为戒，只要发现朝廷决策有失误的地方，就要说出来，即使理解有误，说错了也没有关系。

　　贞观初年，李世民把兰陵公主的花园赏赐给敢于进谏的孙伏伽。花园价值百万，有人认为赏赐太厚。李世民却说，自己继位以来，还没有直言相谏的人，所以要重赏孙伏伽。

　　魏征以"犯颜直谏"著称，即使李世民发火，他也神色不变，所以李世民有些怕魏征。魏征进谏很直率，从不隐瞒自己的观点，但有时也会来一点冷幽默。

　　一次，李世民不顾房玄龄的劝阻，坚持要到南山狩猎，并命房玄龄、杜如晦、魏征等人陪同。

　　次日一大早，魏征守候在承天门，见李世民骑马过来了，迎上前悄声问："皇上，知道现在是什么时节吗？"

　　李世民有些莫名其妙："什么时节？"

　　魏征轻声念道：

秋分天气白云多，到处欢歌好晚禾。

最怕天公不作美，冬来米价道如何！

"抢种抢收？"李世民问。

"正是双抢季节！"

李世民若无其事地说："双抢与狩猎，两不相干！"

魏征装作很关心地问："百姓锄禾汗如雨，皇上狩猎幸南山，陛下不觉得有些扰民吗？"

"这……！"李世民一时语塞。

"说与做不能南辕北辙哟！"魏征又添了一句，"不过，除了微臣，没有人管陛下这些事，更不会说三道四，陛下，您说是不是？"

李世民猛然勒转马头道："回去，都回去，今天不玩了！"

随行的人莫名其妙，不知魏征向皇上说了什么，让他突然改变了主意。房玄龄凑到魏征身边，悄悄地问道："你对皇上说了些什么？"

"你去问皇上吧！"魏征故作神秘地笑了笑。

李世民扫兴地回到后宫，长孙皇后迎上来问道："陛下不是幸南山狩猎吗？怎么这么快就回来了？"

"不去了！"

"不去了？为什么？"

"魏征捣乱，我想出去散散心也要受他的掣肘。"

长孙皇后笑了笑："怎么，魏征封了城门呀？"

"那倒不是。"

"那又是为何？"

"魏征说，现在正是农忙季节，此时幸南山，一定会搅民扰民，话说到这种地步，我还敢去吗？"李世民有些无奈。

"如此说来，圣心也有所惧呀？"

"当然，人言天子至尊，无所畏惮。我则不然，我上畏皇天之监临，下惮群臣之瞻仰，兢兢业业，励精图治，犹恐不合天意，未负人望。尤其是那个魏征，说出来的话，让我没有反驳的余地，我真的是心有所惧。"

"皇上能如此严于律己，何愁大唐不兴？"长孙皇后却夸赞起李世民来了。

"话虽如此，处处受到魏征的掣肘，真有些闭气之感。"

"能接受这样的掣肘，才是皇上的圣明之处，若毫无掣肘而随心所欲，朝廷也无须设谏官了呀！"

"还是皇后理解我！"李世民笑了，脸上的不快顷刻云消雾散。

然而更多的时候，魏征进谏言辞激烈，不顾情面，常使李世民在群臣面前下不了台。一次，李世民退朝之后，气愤地说："会须杀此田舍翁！"

皇后问："谁呀，惹皇上生这么大的气？"

李世民说："魏征屡次在群臣面前羞辱我。"

皇后回头换了一身朝服，向李世民祝贺道："妾闻主明臣直，今魏征直言敢谏，正说明皇上是明君啊！"

皇后的话不是恭维，而是实情。连魏征自己也说，皇上号召群臣直谏，所以我才敢说，如果皇上不听，我怎么敢数逆龙鳞呢？

魏征敢于直谏，正好说明李世民虚心纳谏。魏征进谏数百条，李世民无不采纳。魏征发现李世民渐有疏怠，不如贞观初那样忧勤国事，就条陈十事，即《十渐疏》。

李世民看后，感动地说：我今闻过矣。愿改之，以修善道。他还让人把《十渐疏》书写在屏障上，早晚阅鉴，并赏赐魏征10斤黄金，2匹马。

李世民要派遣诸道黜陟使，没有合适的人选，李靖推荐魏征。李世民却说，魏征规谏我之得失，不可一日离左右。

魏征死时，李世民登上苑中西楼，"望哭尽哀"，并亲自撰写碑文。后来，他在朝堂上感慨地说："以铜为鉴，可正衣冠；以古为鉴，可知兴替；以人为鉴，可明得失。我常宝此三鉴，内防己过。今魏征逝，一鉴亡矣。"

史称李世民"听断不惑，从善如流"，他的高度政治素养，在很大程度上得益于虚心纳谏，虚心纳谏不仅能纠正自己的过失，而且能集中大臣们的智慧，君臣和谐，上下一心，是兴利除弊，治国安邦的重要保障。

（三）加强职官队伍的管理

鉴于"武德之际，货赂公行，纪纲紊乱"的弊端，李世民决心整肃吏治，改变这种局面。

李世民认为，要想不使人民沦为盗贼，就必须选用廉吏，使人民有衣穿，有饭吃。因为皇帝深居宫中，地方大政都委派都督、刺史管理，因此李世民对地方官员的任用非常重视，贞观二年（628年），李世民对侍臣说："此辈实治乱所系，尤须得人。"

李世民认为，地方官吏的选用，除了才能之外，品德是一个重要标准。贞观三年（629年），他对吏部尚书杜如晦说："比见吏部择人，惟取其言词刀笔，不悉其景行。数年之后，恶迹始彰，虽加刑戮，而百姓已受其弊。"

李世民作出决定，刺史由他本人亲自选定，县令则由中央官员推荐。他还大力提倡儒学，扩大科举，重点培养和选拔具有儒家思想的人才。

李世民特别注意对地方官的管理。他把都督、刺史的名字一一书写在卧室的屏风上，"坐卧观之"。每当了解到这些人做官政绩的好坏，就写在他们的名字下面，以便决定提拔或降级。

为了加强对地方官的管理，李世民把全国分为关内、河南、河东等10道。贞观八年（634年），他命李靖、萧瑀等人为黜陟使，分巡天下，"观风俗得失，察政之苛弊"。以后又多次派遣黜陟使、按察使、巡抚使等去各地考察地方官的善恶。

李世民还命房玄龄等人负责对官吏进行考核。唐代考核官吏的办法，是百司之长，每年对下属的功过进行考核。

考评规定的统一标准，简称为"4善27最"。所谓"4善"，简单说就是德、慎、公、勤4个字。这4条是对各类官吏共同的品德要求。4善之外，还有"27最"，这是针对各个部门的具体工作而规定的具体要求，是唐朝对官吏政治素养和一般品质的要求，如"推鞫得情，处断平允，为法官之最"，"访察精审，弹举必当，为纠正之最"等等。根据每个官员具有几最几善，无最几善，或无最无善，依官吏政绩的优劣定为9个等级。

各部门将考核结果集中呈报尚书省，唱名公布后，直接奏报给最高统治者皇帝。如此严格的考核制度，官吏们不能不有所顾忌。

对于大臣子弟为官，李世民也有清醒的认识。他说："功臣子弟，多无才行，借祖、父资荫，遂处大官，德义不修，奢纵是好。"所以他一再告诫，要管好自己的子弟，"使无愆过"。

（四）严惩贪官污吏

李世民对贪官污吏深恶痛绝，上台之后，立即采取措施，对官吏的贪污受贿行为进行打击。为了试探官吏是否有贪赃行为，他曾暗中派人行贿，有一个门卫官接了一匹绢，"欲杀之"。

李世民的做法，遭到民部尚书裴矩反对，认为用这种钓鱼的办法引诱官员犯罪，有违礼仪，特别是作为皇帝的李世民，用这种手段抓贪官，恐怕会招来非议。

李世民接受了裴矩的意见，并公开表扬裴矩能够据理力争。这种钓鱼的手段虽不可取，但可以看出李世民对贪官污吏厌恶的程度。

濮州刺史庞相寿是秦王府旧僚，犯贪污罪，李世民念旧，不忍心处罚。魏征力谏说：秦王府的旧臣很多，如果赦免了庞相寿，那分散在全国各地的秦王府旧臣将会有恃无恐，吏治也就乱套了。

李世民从大局出发，接受了魏征的建议，罢了庞相寿的官，将他贬回老家，临行时，君臣二人洒泪而别。

李世民崇尚儒家学说，惩罚贪官污吏也采取符合儒家精神的方式。如大臣长孙顺德贪赃枉法，李世民不但没有惩罚他，反而当众赐给他数十匹绢。大理少卿胡演不理解，认为长孙顺德枉法受财，罪不可恕，为何还要赏赐呢？

李世民说，人与动物的最大区别是有人性，长孙顺德犯了贪污罪，我不但没有治他的罪，反而还对他给予赏赐，这比杀他还难受。如果他还不知羞愧，那么他连禽兽都不如，杀他等于弄死一只蚂蚁，又有什么用呢？

右卫大将军陈万福违法索取驿站数石麦麸，李世民也采取类似的方法惩罚，即将麦麸赐给他，并让他背回去，以此羞辱他。

李世民反复告诫大臣们，为官不要贪污受贿，要洁身自好。

一次朝会的时候，李世民形象地对群臣说：人有明珠，莫不看得很贵重，也知道珍惜，若拿去弹射鸟雀，岂不是可惜？何况人之性命，远甚于明珠。见金银帛而不惧刑网，巧取豪夺、贪赃受纳，这就是以身试法、不爱惜性命。明珠乃身外之物，都知道不可以用于弹射鸟雀，何况性命更加贵重，竟然拿去换取财物么？群臣如果能够全力尽忠诚、正直，有益于国家，有利于百姓，那么，官职、爵位立即就可以得到。千万不可用贪污受贿的手段求取荣华富贵，随便收受财物，贪赃受贿的事情一旦败露，顷刻之间便身败名裂，岂不可笑？

李世民见两班大臣交头接耳，停了下来，待大家议论半天后，继续说：我曾说过，贪财的人并不真正懂得吝惜财物。内、外官五品以上官员，禄职优厚，一年所得本来就不低；而受人财贿，不过得到数万而已，一旦败露，官职就会被撤除，俸禄就会被剥夺，此岂是懂得吝惜财物吗？这是因小而失大。昔公仪休特别嗜好吃鱼，但他从来不接受别人送来之鱼，因此他就能长久地吃鱼。

　　李世民见大家聚精会神地听，心里有些得意，见魏征站列在班若有所思，突然问道："魏征，你说我说的对也不对？"

　　魏征正在回味皇上所说的一些话，冷不防突然被点名，有点答非所问地说："古人云：鸟栖身于树木之上，犹恐不高，还要将巢筑在树木顶点；鱼藏于深水之中，犹恐其不深，还要将穴设在洞穴之内。然而，它们仍然为人所获者，皆由其贪食诱饵之故。"

　　"魏征果然博古通今，见解精妙绝伦。"李世民哈哈大笑，"为主贪，必丧其国；为臣贪，必亡其身。《诗经》说：大风生成是因为有隧道，贪财之人败坏同类。这句话可是真理哟！"

　　李世民对贪官污吏的惩罚，并不只是进行羞辱而已，事实上，大多数贪官污吏都受到法律的制裁。正如吴兢在《贞观政要》中所说：太宗深恶官吏贪浊，有枉法受财者，必无赦免。在京流外有犯赃者，皆遣执奏，随其所犯，真以重法。由是官吏多自清谨。

　　由于李世民锐意治理，整个贞观时期，吏治还是比较清明的。

　　魏征为官多年，深受李世民的信任，但在临死前，家里连正厅都没有，李世民得知此情后，大为感动，命令停建宫中小殿，用建小殿的材料给魏征家做一个正厅。魏征死了以后，丧葬也很简单，用"素车，白布幨帷"，连茅草扎成的人马等殉葬品也没有。

　　朝廷重臣戴胄"宅宇敝陋，祭享无所"。戴胄死了以后，李世民命有关部门为戴胄修了一座庙。

刺史贾敦为政清廉，每次进京，一辆破车，几匹瘦马，缰绳笼头不够长，就用麻绳连接，"见者不知其为刺史"。

李素立任瀚海都护，当时有边患，李素立派人去招降。夷人感李素立的恩惠，赶来一群马牛感谢他。李素立唯受其酒一杯，余悉还之。

李桐客于贞观初年任通州、巴州刺史，"所以清平流誉，百姓呼为慈父"。

李世民身边集聚了一大批优秀大臣，如房玄龄、杜如晦、魏征、王珪、李靖等。贞观时期的各级官吏，绝大多数都能遵守法纪，廉洁自律。虽然其间也出现有官吏贪污受贿行为，但都是个案，并未泛滥。这与李世民的用人制度有直接关系。吴兢在《贞观政要》中评价唐太宗李世民说：志在忧人，锐精为政，崇尚节俭，大布恩德。……加以从谏如流，雅好儒术，孜孜求士，务在择官，改革旧弊，兴复制度，每因一事，触类为善。……深恶官吏贪浊，有枉法受财者，必无赦免。在京流外有犯赃者，皆遣执奏，随其所犯，寘以重法。由是官吏多自清谨。制驭王公、妃主之家，大姓豪猾之伍，皆畏威屏迹，无敢侵欺细人。

李世民在位期间，可以说是整个隋唐时期政治最清明、贪污腐化最为收敛的时代。贞观时期少贪官，是对这一时期吏治的最好评价。历史上也称这一时期为"贞观盛世"。

李世民晚年，太子李承乾和魏王李泰爆发了一场争夺继承权的斗争，结果太子李承乾被废为庶人，魏王李泰也遭废黜，他的第9子，年幼的李治在长孙无忌、房玄龄、褚遂良和李勣等大臣的支持下成为皇太子。

晚年的李世民，在长孙皇后，魏征、房玄龄等先后去世之后，心力交瘁，逐渐放弃了曾经大力提倡的节俭作风，生活趋于奢侈，同时对臣下的意见也开始听不进去，以至很少有人敢犯颜直谏。在这种情况下，一些王公贵戚开始违法聚敛资财。

三、唐高宗并非一无是处

唐高宗李治是大唐帝国的第三任皇帝。尽管李世民为李治登基做了种种准备，如精心挑选顾命大臣，撰写针对帝王的禁令以指导他的行动，但事实证明，李治是一个无所作为和优柔寡断的皇帝。

李治在位初期，曾认真地试图效仿乃父行之有效的施政作风，厉行节约，禁止京城及外州贡献鹰隼和犬马，宣布不再狩猎，免去奢侈的宫廷宴会，削减宫殿建设项目，寻求坦率的规谏并恢复与朝臣共同议事的制度。但有一点他是无法学到的，即李世民那种事必躬亲的领导作风所要求的品质与魄力。

李治无能，至少在其后期可归因于身体不好：经常发作的晕眩与视力下降使他丧失了工作能力。但无论如何，他终究还是寡才，即使是一个健壮而果敢坚强的人，他的环境也与乃父不同。由于年青和缺乏经验，他被朝中一大群年长且在贞观时期已经树立起自己势力的政治家所包围，其中有几位是他当太子时的老师。就重大国策与宰相们展开拉家常式的私人讨论，这是太宗时代制定政策的固定形式，而李治只是这个曾经多年亲密共事的集体中的年轻成员，要想对他的朝臣进行真正的统治，恐怕非常困难。事实上，他不能像他的父亲那样领导和激励官员，更多的时候只能是"端拱无言"。

李治在位的时间比他的父亲和祖父加在一起的时间还要长，他常被史家们贬为在重要的政策制度上少有建树的统治者。客观地说，李治统治的时期，对管理上的革新要求并不多：基本的政府机构在唐高祖时期已设立，唐太宗时期又加以改进而使之合理化。李治继承的是一个稳定的国家政权，它具有一套正常发挥作用的运行机制，一个受集体的法制约束的行政体系。事实证明，这套行政制度具有非凡的持久性，在缺乏坚强的上层直接领导时还具有明显的弹性，即保持国家机器的正常运转。但因此便说李治一无是处似乎有些不公平，公正地说，唐高宗李治虽然有些平庸，但并非一无是处，至少在立法与科举制度两个方面，在中国历史上还是留下了闪光的一页。

唐太宗李世民临终时给继任者的遗训，其中有一条就是修订唐律和行政法规，使之适应形势的需要。这个工作是以长孙无忌为首的一个由高级官员组成的专门班子完成的。他们把修订好的律、令、格、式的新版本奏报继任皇上，也就是唐高宗李治。

永徽二年（651年），李治向全国颁布新法，新法经过全面修订，成为唐代一系列法律当中最重要和影响最大的法律之一，称为《永徽律令》。

第二年，李治又组织另外几位法律专家，编写一部能用于法制教育的详细的刑法官方注释。这便是流传至今的《唐律疏议》。《唐律疏议》于永徽四年（653年）完成，在此后几个世纪中，一直是刑法的权威性注疏。由此可以断定，李治统治时期对法制建设非常重视，至少不会忽视。

李治另一个远比他的前辈伟大的政绩是重新建立科举制度，并在他统治时期更多地通过科举制选用官员。中举和应试的人数在这一时期开始迅速增多，科举制的影响，开始在最高一级官僚机构中表现出来。但也不能夸大这个趋势，因为当时官员中中举的人数依然还是少数。

除上述两个方面外，李治似乎真的难有为人道的成就。毕竟他是一个懦弱的皇帝，或许是由于这个原因，在他即位之初，官场贪污行为便有所抬头。

永徽元年（650年），中书令褚遂良强行低价购买下属一位官员的田地，这件事在当时被认为具有以权谋私的性质。

一些皇族成员也开始明目张胆地聚敛财产，其中以滕王元婴和蒋王恽最为突出。而当时的官吏在处理公务时，往往也相互关照，不能秉公办事。李治为此向宰相们征求处理意见。作为顾命大臣的长孙无忌回答说："此岂敢言无；然肆情曲法，实亦不敢。至于小小收取人情，恐陛下尚不能免。"

曾经是李世民最亲信的大臣长孙无忌，此时可能忘记了太宗皇帝要防微杜渐的谆谆教导。以后，随着大权逐渐落入武则天的手中，政治相对清明的时代便告结束，官吏贪腐之风又开始猖獗起来。

武则天是唐朝开国功臣武士彟的女儿，李世民将她召进宫立为才人。据说李世民健在的时候，李治与武则天的关系就比较暧昧。李世民死后，武则天依例出宫到一座佛寺削发为尼，且按照惯例她本应与世隔绝以度余生。李治继位之后，旧情复燃，重新将武则天带回宫，立为昭仪，为李治生儿育女。由于皇后没有生育能力，武则天起了取而代之之心，她用尽阴谋，甚至不惜扼杀自己的女儿以诬陷王皇后。

在武则天的蛊惑下，李治决定立武则天为皇后。为了能得到大臣的支持，李治首先去争取舅舅长孙无忌，为此还封长孙无忌的3个儿子为朝散大夫，并和武则天带着10车金银珠宝去见他，希望以此能得到他的支持。

长孙无忌很有意思，礼收了，但却不支持立武则天为皇后。褚遂良也是顾命大臣，他也坚决反对废黜王皇后。

武则天这时的权力有一定限制，没有绝对的话语权，见在朝中大臣那里拉不到赞成票，转而寻求中级官员的支持。

李义府、许敬宗、崔义玄、袁公瑜和侯善业等人，就是在这种情况下先后投靠武则天的，朝臣也因此而分为两派。

在武则天的精心策划下，王皇后最终被废黜，她也如愿以偿地登上了皇后的宝座。那些反对立武则天为后的大臣，如褚遂良等人先后遭到清洗和贬斥，拥立武则天的官员乘机得势，把持朝政后更是有恃无恐地胡作非为，贪贿之风逐渐盛行起来。最为典型的是许敬宗与李义府两位宰相。

许敬宗是隋朝的秀才，以擅长文学著称，贞观时期曾参加国史与实录的编修工作。唐高宗即位后，因拥戴武则天为后，又参与了陷害长孙无忌等大臣的行动，于是被越级提拔为宰相，负责编修国史。

许敬宗是一个腐败的宰相，他不仅贪财，而且还好色，甚至为子女择婚也唯财是求，不惜将自己的女儿嫁给南方一个少数民族首领的儿子，并为此而遭到弹劾，被贬为郑州刺史。许敬宗并未以此为戒，仍然贪得无厌地聚敛钱财。在编修国史过程中也不忘收受贿赂，歪曲事实为他人树碑立传：左监门大将军钱九陇是许敬宗儿女亲家，此人原是皇家隶人，身份低贱，许敬宗贪财与他联婚，在记叙时说他出身门阀，立下功绩，将他与开国功臣刘文静、长孙顺德同卷；许敬宗为儿子娶尉迟宝琳孙女为妻，多得赂遗，在为宝琳的父亲尉迟敬德作传时，故意对他的过失隐而不写；太宗作《威凤赋》以赐长孙无忌，许敬宗却改为赐敬德；等等不一而论。

李义府较之许敬宗，更是有过之而无不及。

李义府在贞观初期科举中式，并已稳稳当当地升为中书舍人。李义府善于写文章，曾与许敬宗合作撰写国史和编修晋史。因依附武则天而被提升为宰相。《旧唐书·李义府传》说李义府："貌状温恭，与人语必嬉怡微笑，而褊忌阴贼。既处权要，欲人附己，微忤意者，辄加倾陷。故时人言义府笑中有刀，又以其柔而害物，亦谓之'李猫'。""笑里藏刀"的成语，就是由此而来。

事实证明，李义府非常腐败，他相信武后会无限度地保护他，凭借这一点便有恃无恐，滥用职权。据说在举荐和选拔官员方面大肆贪污，他和家人公开卖官鬻爵，在两性关系上也时有丑闻。尽管如此，他照样得到李治的支持，并升任中书令，当然，这中间武后起到决定性作用。

《旧唐书·李义府传》记载了李治与李义府的一段对话，很有意思。

据说李治风闻李义府一家卖官鬻爵，婉转地告诫李义府：听说你儿子、女婿很不谨慎，犯下了很多罪过，我都为你掩盖了，没有对外公布，你一定要告诫他们，以后不要再犯了。

李义府勃然变色，腮帮子气得鼓了起来，怒容问道：谁向陛下告刁状？

李治说：这是我说的，何须问我从哪里得到的消息呢？

义府冷笑一声，没有丝毫认错之意，转身缓步而去。

李治看着李义府离去的背影，一脸茫然。

如此昏庸的皇帝，如此跋扈的宰相，由此产生唐高宗后期的政治腐败，以及伴随着政治腐败而出现大量的贪官污吏，也就不足为奇了。

李义府的行为在显庆三年（658年）末成了丑闻，那一年年底，他与同为宰相的杜正伦在朝堂上发生了激烈争吵，李治借机把他二人都贬到地方去任职。

长孙无忌及其党羽以为这件事巩固了他们在朝中的地位，事实很快证明他们错了。显庆四年（659年），武后搞了一次偷袭行动。先由两个小人物指控长孙无忌阴谋策划反对皇上。然后由许宗敬主持司法审讯。许宗敬向李治提出长孙无忌谋反的"确凿"证据，并且添油加醋地列举大量历史先例，以求达到贬黜长孙无忌的目的。李治最初虽然不怎么相信这些指控，但仍违心地在未经传讯长孙无忌的情况下，把他发配到贵州省的边远地区去了。长孙无忌在流放地被迫自尽。

有一段时间，李治的健康状况不好，被迫离宫休息，只能隔日上朝一次。后来又得了一次严重中风，曾一度局部瘫痪，视力也严重下降。在此期间，武后治理帝国十分顺手。

总之，李治的意志过于软弱，即使在健康时也不能阻止他那位难以对付的皇后把自己的意志强加给他本人和朝廷。显庆五年（660年）末，武后事实上已是帝国统治者。

麟德元年（664年），武则天粉碎了上官仪等人企图废黜她的阴谋，清洗了朝中一大批反对者，控制朝政，李治上朝，她都要在帘后听政，朝中大小事情，她都要知道。天下大权也都归中宫，国家大事由她说了算，李治只是"拱手而已，中外谓之二圣"。

四、武则天铁腕治吏

武则天于载初元年（690年）称帝，改国号为周。她是中国历史上唯一的女皇帝。她继承了唐太宗的业绩，把统一强大的唐朝推进到一个新的阶段，为此后唐玄宗开元时期社会经济的更高发展打下了坚实的基础。

武则天从垂帘听政到称帝长达40年的实际统治期间，官吏贪赃纳贿始终是一个相当突出的问题。

早在高宗李治后期，地方官吏贪赃纳贿就已蔚然成风，高宗去世的第二年（684年），武则天在大赦令中说，由于州县未能澄清，因此要成立右肃正御史台，专门负责各州的监察工作。同时宣布："其犯十恶、官人枉法受财，监临主守自盗所监临及常赦所不免者，并不在赦例。"也就是说，即使是朝廷大赦，贪污犯罪也不在赦免之列。

作为女皇帝，武则天也遭到唐朝皇室和一些大臣的反对。为了巩固自己的权力和统治地位，武则天重用索元礼、周兴、来俊臣等酷吏，对官僚队伍进行大清洗。可事与愿违，这些操有生杀大权的酷吏，不仅凶暴残杀，而且还贪赃纳贿，无恶不作，成为披着官衣的土匪。

最先被重用的酷吏是索元礼。索元礼在负责推案制狱工作中，贪赃枉法，收受贿赂。继索元礼之后的来俊臣更是依仗权势，肆无忌惮地收受贿赂，甚至敲诈勒索，有钱什么事都好商量，索贿不成甚至要害人命。如他向左卫大将军泉献诚索贿不得，便诬他谋反，下狱，缢杀之。

来俊臣曾因收受贿赂而遭贬官，复出之后变本加厉，贪暴纵横，贪赃纳贿："诬构良善，赃贿如山，冤魂塞路，国之贼也。"

在酷吏横行的时候，武则天的面首张易之、张昌宗兄弟俩更是权倾一时，贪污腐化，收受贿赂，强买人田。张氏的亲属也狗仗人势，作威作福。司礼少卿张同休、汴州刺史张昌期、尚方少监张昌仪得势之后，比赛似的贪污受贿，赃款多达4000余缗。

武则天的亲属武三思、武攸宁在执掌朝政期间，更是大肆贪赃受贿："置句使，苛取民赀产，毁族者凡十七八，呼天自冤。筑大库百余舍聚所得财。"

皇亲、宠臣贪赃枉法，朝臣也跟着照本宣科。宰相张锡，赃满数万；夏官侍郎、同凤阁鸾台三品李迥秀，据说风流倜傥，满腹经纶，而且还是个孝子，但他却取媚于张易之兄弟，大肆贪赃纳贿；宰相宋楚客等人都是贪赃枉法之徒。

中央的达官贵人贪赃枉法，地方官员争相效仿。陈子昂在圣历元年（698年）向武则天呈奏的《上蜀川安危事》中就指出，在四川地区，有三万户百姓逃往山林，不属州县管辖，原因在于不堪忍受"官人贪暴，不奉国法"。

蜀中官吏在武则天时代以贪暴著称，但地方官吏贪赃枉法并不仅仅限于四川，就在陈子昂上疏的同时，河北道安抚大使狄仁杰也上奏说："重以官典侵渔，因事而起，取其髓脑，曾无心愧。"

这些酷吏"先诛唐宗室贵戚数百人，次及大臣数百家，其刺史、郎将以下不可胜数"。

酷吏弄权是巩固自己的地位，目的虽然达到，但也伤害了不少无辜的人。武则天当然不想长期维系这样的政治局面，政权稳固之后，立即采取措施，对酷吏进行清洗，这就是兔死狗烹，曾经风光一时的酷吏全都去了阴司地府，向那些屈死的冤魂谢罪去了。

为了给官员提供行为准则，武则天亲自撰写了《臣轨》一书。全书共分10章。其中《公正》与《廉洁》两章，是专门讲廉政问题的。在《公正》一章中，武则天指出，当官的都必须克己奉公。在《廉洁》一章中则列举了历史上许多廉吏的典型事例，说明为官清廉的重要性。这些观点都是中国古代廉政思想的重要组成部分。

对于地方官吏违法乱纪，贪污受贿的行为，武则天其实也很清楚，并与宰臣商量，想扭转这种局面，纳言李峤、夏官尚书唐休璟等说："臣等谬膺大任，不能使兵革止息，仓府殷盈，户口尚有逋逃，官人未免贪浊，使陛下临朝轸叹，屡以为言，夙夜惭惶，不知启处。伏思当今要务，莫过富国安人。富国安人之方，在择刺史。窃见朝廷物议，莫不重内官，轻外职，每除授牧伯，皆再三披诉。比来所遣外任，多是贬累之人，风俗不澄，实由于此。"

武则天为了解决这种状况，虽然选用一些朝廷重臣以本官兼任各州刺史，但在当时滥以禄位收取天下之心的基本政策指导下，要想从根本上改变地方官吏的贪污腐败问题几乎是不可能。

事实上，由于赋役繁重，官吏贪腐残暴而造成全国性的人口逃亡，已经成为严重的社会问题。武则天无力改变现状。

长安四年（704年），张柬之、崔玄暐、桓彦范、敬晖和袁恕等5人为首的朝臣，趁武则天生病之机，成功地发动一场政变，拥立唐中宗复辟，结束了武则天长达40余年的统治。

五、唐玄宗前后判若两人

（一）权力之争

武则天被迫退位之后，中宗李显即位，恢复了唐朝国号。李显是一个昏庸无能的人，登基之后，面对皇室成员、外戚与朝廷大臣争夺权力的斗争局面束手无策，无法掌控大局，导致政治局面比武则天时期更为混乱，官吏贪污腐化现象也更为突出。

皇后韦氏是一个既淫荡又有野心的女人。她和武则天的侄子武三思勾搭成奸，公开支持武三思排斥异己，控制朝政。同时又私结朋党，卖官鬻爵，贪污受贿，无所不为。李显与韦后所生的女儿安乐公主也借势胡作非为，恃宠骄恣，卖官鬻爵，势倾朝廷。

皇后、公主和她们所信任的人组成一个小集团，专门出售官员委任状，从中谋取私利，时人称以这种方式得到的官职为斜封官。

所谓斜封官，就是不经吏部正常渠道考察任命，而是由皇帝身边亲幸之人自行草拟封官"墨敕"，让皇帝签署，然后由侧门传出去，交给中书省下达任命书任命的官员。当时不论什么人，只要能出30万钱，就可以买到一官。

李峤在吏部任侍郎时，为求再度入相，广树私恩，奏置员外官数千人。当时政治腐败，袁楚客在给宰相魏元忠的信中说："主上新服厥命，惟新厥德，当进君子，退小人，以兴大化，岂可安其荣宠，循默而已！今不早建太子，择师傅而辅之，一失也。公主开府置僚属，二失也。崇长缁衣，使游走权门，借势纳赂，三失也。俳优小人，盗窃品秩，四失也。有司选进贤才，皆以货取势求，五失也。宠进宦者，殆满千人，为长乱之阶，六失也。王公贵戚，赏赐无度，竞为侈靡，七失也。……左道之人，荧惑主听，盗窃禄位，十失也。"

袁楚客所说的"十失"，道出了唐中宗时期的主要政治弊端。

第六章 大唐帝国——从神话中的坠落

景龙四年（710年），韦皇后伙同安乐公主毒死唐中宗，然后临朝摄政，企图步武则天后尘执掌朝政，谁知当政仅16天，便被武则天的女儿太平公主与她的侄子李隆基发动政变赶下台，韦皇后和安乐公主因此而走上黄泉路。

太平公主与李隆基共同拥立李隆基的父亲李旦为皇帝，是为唐睿宗。李隆基被立为太子。

李旦是唐高宗的第8个儿子，唐中宗的弟弟。在位仅两年，由于有女强人太平公主从中作怪，在政治上并没有多大作为。

太平公主是唐高宗和武则天的女儿，因善于谋略而深得武则天的喜爱。武则天当政的时候，她常参与其各种策划，由于对武则天心存畏惧，不敢过分招揽权势，只是过着奢侈的生活。干政的韦皇后、上官婉儿、安乐公主等人自知谋略不及太平公主，故而心存忌惮，这更加助长了太平公主的气焰，使之愈来愈专横。韦皇后等人毒杀唐中宗之后，太平公主与李隆基策划了反对韦皇后掌权的政变。拥立李旦重新登基。

李旦登基之后，对有拥立之功的太平公主，除赏赐太平公主大量金银珠宝之外，还允许她设置公主府。事实证明，李旦是一个无能的君主，主持朝政时优柔寡断，遇事作出决断之前，总要问大臣是否征求了太平公主的意见。

太平公主的权势由此达到顶峰。军国大事基本上由她说了算。宰相以下官员的任免，也是她一句话。伴随着权力的膨胀，政治腐败和贪污腐化也就接踵而来："公主由是滋骄，田园遍于近甸膏腴，而市易造作器物，吴、蜀、岭南供送，相属于路。绮疏宝帐，音乐舆乘，同于宫掖。侍儿披罗绮，常数百人，苍头监妪，必盈千数。外州供狗马玩好滋味，不可纪极。有胡僧惠范，家富于财宝，善事权贵，公主与之私，奏为圣善寺主，加三品，封公，殖货流于江剑。公主惧玄宗

143

英武，乃连结将相，专谋异计。其时宰相七人，五出公主门，常元楷、李慈掌禁兵，常私谒公主。"

依附于太平公主的人群中，宰相崔湜是一个劣迹斑斑的腐败分子，早在中宗时期为吏部尚书时，"皆以赃货闻"。

萧至忠是一个伪君子，平时把自己装扮成一个廉洁奉公的人，后来抄家时却发现他家中藏有大量来路不明的财帛。

窦怀贞是一个只知道交结权贵、谋取高官厚禄的佞臣，因对韦皇后阿谀奉承并依附于太平公主而臭名昭著。只有岑羲以廉洁正直闻名于当时。

这样一群人集聚在太平公主身边，想要他们不耍阴谋很难。

延和元年（712年），睿宗李旦因身体多病，将皇位传给太子李隆基，这就是唐朝在位时间最长的唐玄宗李隆基。李隆基即位之后，政治上面对一个强大的对手，就是姑母太平公主。

太平公主搞政变似乎上瘾，又欲推翻李隆基。最初的方案是毒杀，由于李隆基防范严密，找不到下手的机会，继而决定再来一次政变。又因处事不密，被宰相魏知古告发，阴谋败露。李隆基抢先一步采取行动，粉碎了太平公主的政变阴谋。太平公主与数十名党羽付出了生命的代价。查抄公主府："财货山积，珍奇宝物，俟于御府，马牧羊牧田园质库，数年征敛不尽。惠范家产亦数十万贯。"

上文中的惠范，是一个与太平公主通奸的僧人，也有数10万贯家产。

李隆基粉碎了以太平公主为首的政治集团之后，唐睿宗李旦也正式宣布放弃所有保留的权力。至此，李隆基才成为真正拥有实权的皇帝，大唐帝国的盛世从此开启。

（二）"开元之治"与廉政

李隆基在位44年，可以分为前后两个阶段。前一阶段政治清明廉洁，是唐朝的全盛时期，也是中国封建社会发展的顶峰。后一个阶段社会矛盾尖锐，政治腐败，是孕育和爆发安史之乱的时期，大唐帝国从此走向衰落。

由于李隆基统治时，除前两年用"先天"年号外，其余都用"开元"和"天宝"作为年号，所以历史上称李隆基统治的前期为"开元之治"。

开元年间，社会经济的发展较之贞观年间有过之而无不及。《新唐书·食货志》说："是时，海内富实，米斗之价钱十三，青、齐间斗才三钱，绢一匹钱二百。道路列肆，具酒食以待行人，店有驿驴，行千里不持尺兵。"虽然有些溢美之词，但当时经济繁荣，当属事实。

李隆基在其统治的前期，是一个英明果断的皇帝，由于他亲身经历过复杂的斗争，深知改变腐败的局面，必须从任用贤相，整顿纲纪开始。

李隆基除掉权倾朝野的太平公主，解除威胁皇权的政敌之后，相继任命姚崇、宋璟为宰相。

姚崇于唐高宗仪凤二年（677年）通过殿试而入仕，担任过一系列军职，在武则天时期曾担任宰相，中宗李显时期，担任过几种不同的地方官。开元元年（713年），姚崇任同州刺史，奉命举行军事操演，方圆300里的刺史前往参观学习。李隆基召唤姚崇一起骑马打猎，一起讨论政治。他问姚崇是否愿意出任宰相。

姚崇回答说，除非接受10条改革纲领，否则就难以从命。

姚崇提出的10条纲领内容是：皇帝以仁爱治天下；不进行军事冒险；法律面前人人平等；禁止宦官参政；禁止开征苛捐杂税来取宠于皇帝；禁止皇亲国戚在中央政府任职；树立皇帝以前因与大臣们关

系过分亲密而受损的个人权威；容许大臣直谏而不用担心专横的惩处；禁止建造佛寺道观；清除外戚过分的政治权力。

李隆基同意姚崇的改革建议，姚崇也接受李隆基任命，出任宰相。

姚崇上任之后，请求皇帝"抑权幸，爱爵赏，纳谏诤，却贡献，不与群臣亵狎"。李隆基都一一采纳，并付诸实施。

宋璟是河北一位低级官员之子，高宗永隆元年（680年）或前一年，年仅16岁的宋璟通过进士考试，赢得才子的名声。宋璟刚正不阿，武则天对他的评价很高。武后末年担任御史中丞。中宗执政之初，对宋璟也是恩宠有加，担任过黄门侍郎之职，后来与武三思不和，被调到地方任职。

姚崇善于应变，精于吏治，宋璟守法持正，刑赏无私，直言敢谏。两人是互为取长补短的人物，史称"唐世贤相，前称房、杜，后称姚、宋"，其他的人莫得比。此外，张说"善用人之长"，苏颋"吏事精敏"，各有所长。李隆基重用这几位贤相，使上层统治集团安稳巩固，创造了整顿朝纲的良好政治环境。

唐中宗时，韦皇后和安乐公主干预朝政，公开出卖官职，大搞"斜封官"，使官吏人数急剧增多。开元二年（714年），李隆基下令整顿官吏队伍，把中宗以来所封的员外官、试官、检校官等，全部罢免，大大精简了官员人数。这一举措在当时引起了一阵骚乱，因为数千名官员——其中许多人是付现钱才得到晋升的——发现自己的官一夜之间被剥夺了。革除"斜封官"，不仅纠正了官员的沉滥，而且也节约了大笔经费开支。

同一年，李隆基还建立了京官与地方官交流任用制度。他常将京官中有才能的人任命为都督、刺史，又将有政绩的地方官调到京城任用，从而使他们实施廉政的经验得到交流、传播，而办事能力也不断得到锻炼、增强。

李隆基对地方吏治也很重视，有人反映，说过去选官太滥，很多地方官不称职。开元四年（716年），李隆基在宣政殿对新任命的200多名县令亲自出题进行考试，将其中考试成绩差的45人取消任职资格，并将主持这次选官的吏部侍郎卢从愿、李朝隐分别升任豫州刺史、滑州刺史。

开元九年（721年），李隆基规定，京官五品以上，外官刺史、四府上佐，每人要举荐一名县令，并根据被举荐人的政绩好坏给予奖赏。事关赏罚荣辱，举荐者当然都很慎重，如此一来，贪婪之徒很难通过贿赂而谋得官职。

申王李成义不以为然，仍然请求以阎楚圭为王府参军，李隆基也答应了。姚崇、卢怀慎却据理力争，说量才授官是吏部的职能，如果因攀亲带故而授官，实质上是扰乱纲纪。李隆基接受了建议，收回了成命。

李隆基对贪官污吏深恶痛绝，一旦查出，便加严惩。

武强令裴景先贪赃5000匹绢，案发后逃跑。捉拿归案后，李隆基下令"集众杀之"。大理卿李朝隐认为处罚过重，极力劝谏，仍然"杖一百，流岭南恶处"。

张孝崇威振西域，立有边功，后犯贪污罪，李隆基并没有宽宥他，而是依法行事，"贬灵州兵曹参军"。

李隆基的同父异母兄弟薛王李业的舅父王仙童"侵暴百姓"，官府要依法惩处。李业向李隆基求情，李隆基没有答应。这件事对贵戚们的震撼很大，此后都不敢胡作非为了。

李隆基以"隋纵欲而亡，太宗抑欲而昌"为鉴，爱惜民财，躬身节俭。针对社会风俗奢侈之弊，下令把宫内一批珠宝玉器和锦缎刺绣烧毁，表示不再用奢华物品，禁止后宫人员穿珠玉锦绣衣服。

李隆基虽然抑制自己的欲望，但也不时萌发奢侈之心，可贵的是他能听从大臣的劝谏，减少自己的过失。在宫中或在后苑游猎，小有过失，就问左右："韩休在吗？"

有人对李隆基说：韩休当宰相，皇上比以前瘦多了，为何不免他的职啊！

李隆基说：我虽然瘦了，天下人却一定胖了。萧嵩奏事，常顺从我的旨意，他走后，我总是睡不着觉；韩休常与我争论，他走后我睡得很安稳。我用韩休是为了国家，不是为我一个人。

可见，李隆基前期过失较少，与虚心纳谏不无关系。

由于李隆基任用贤相，励精图治，经过君臣的一番治理，改变了中宗以来的混乱局面，促进了社会经济的发展和繁荣："是时，海内富实，米斗之价钱十三，青、齐间斗才三钱，绢一匹钱二百。道路列肆，具酒食以待行人，店有驿驴，行千里不持尺兵。"

杜甫在《忆惜》诗中描写当时的情景：

忆昔开元全盛日，小邑犹藏万家室。
稻米流脂粟米白，公私仓廪俱丰实。
九州道路无豺虎，远行不劳吉日出。
齐纨鲁缟车班班，男耕女桑不相失。

李隆基统治前期，大唐帝国进入中国封建社会的鼎盛时期，成为当时世界上最强盛的国家，这就是历史上著名的"开元盛世"。"开元之治"将大唐帝国的繁荣推到了极盛。

（三）后期的唐玄宗判若两人

从开元末年起，李隆基陶醉于升平盛世，自以为功成业就，不会再有后患，便骄傲懈怠，不愿意处理政务，一心只图享乐。起初，李隆基励精图治，虚心纳谏，到了开元末年，逐渐听不进不同意见了。他想任命李林甫为相，中书令张九龄深知李林甫的为人，谏阻说，宰相一职事关国家安危，皇上如果任用此人为相，恐怕会带来无穷后患。李隆基不以为然。

开元二十二年（734年），李隆基正式任命李林甫为宰相，这一任命，给大唐帝国由盛而衰埋下最大的伏笔。

李林甫是一个城府极深、口蜜腹剑的人，表面上甜言蜜语，暗地里专门伤害别人。凡是才能威望比他高的或为皇帝所信任的人，他都千方百计地进行排挤打击。与他同时的张九龄、李适之等人，都是由于他的陷害而遭到放逐。

李林甫专断朝政，蒙蔽玄宗，他曾把谏官召集到一起，对他们说：今明主在上，群臣将顺之不暇，乌用多言！诸君不见立仗马乎？食三品料，一鸣则斥去，悔之何及！

谏官们迫于李林甫的淫威，再也没有人敢说真话了。至此，谏诤之路被堵得严严实实，唐玄宗根本就听不到逆耳忠言，甚至连事关天下安危的大事都一无所知，真正成为了孤家寡人。

通过精心策划的阴谋和大规模的清洗，李林甫确立了自己对朝政的完全控制，专权19年。在他的操控下，正直的大臣遭到排斥，一批批钻营拍马的小人受到重用，贪污腐化之风逐渐蔓延。他本人也是一个贪腐之人，溺于声妓，姬侍盈房，舆与被服，极盛鲜华："林甫京城邸第，田园水硙，利尽上腴。"

为了能掌握玄宗的有关信息，李林甫大肆贿赂宦官、后宫嫔妃甚至这些人的亲属。李林甫的同党王鉷负责财政工作，以善于搜刮民脂民膏而闻名。他利用职务之便，贪赃枉法。当他因牵连到一桩谋反案而被赐死后："有司籍第舍，数日不能遍，至以宝钿为井干，引泉激溜，号'自雨亭'，其奢侈类如此。"

初期，唐玄宗克勤克俭，后来仰仗天下富庶，国库充实，骄奢淫逸，前后判若两人。开元末年，在西京、东都往来路上，兴建"行宫千余间"，供其享乐。

一次，李隆基在五凤楼宴赏群臣，共同观赏歌舞升平的盛况，命令三百里内刺史、县令都带领乐队汇集在五凤楼下，进行比赛。怀州刺史用车载数百名乐工演奏，乐工们穿着锦绣服装，连拉车的牛也都被装扮成虎豹犀牛的模样。

武惠妃死后，唐玄宗闷闷不乐，后宫佳丽数千，没有一个让他中意，后来纳绝代美人杨玉环为贵妃，让他深陷温柔乡而不能自拔。但凡出巡，这位杨贵妃必带在身边，乘马则让宦官高力士牵马，宫中专门侍候杨贵妃的达千人之多。杨贵妃得宠后，3个姐妹也都被封为夫人，亲眷也都跟着飞黄腾达。

天宝十一年（752年），李林甫病死，杨国忠接替宰相之位，掌朝政大权。

杨国忠不学无术，只是一个市井无赖，依仗是杨贵妃的堂兄而爬上宰相的高位，一身兼任40多个职务。他曾对门客说，我出身寒微，靠外戚关系才有今天，今后也不会有好名声，不如及时行乐。所以他掌权之后，弄权纳贿，无所不为。当宰相不到2年，收受各级官员以馈赠的名义送来的贿赂达3000万匹绢。他还纵容手下的胥吏贪赃枉法，以致贿赂公行，其党羽也来了一场贪贿比赛：翰林学士张渐、窦华，中书舍人宋昱，吏部郎中郑昂等，凭国忠之势，招来赂遗，车马盈门，财货山积。上梁不正下梁歪，朝廷的贪腐之风，也吹到了地方，以致各地政务松散，胥吏多因缘为奸，贿赂大行。

唐王朝政治全面腐败坏死的局面已经无法挽回。天宝十四年（755年），洞悉唐朝内部空虚腐败的节度使安禄山起兵反唐，中原大地顿时成为战场。这就是前后延续七年多的"安史之乱"。

唐玄宗前期出现了"开元盛世",使唐朝进入封建社会的鼎盛时期,后期发生的"安史之乱",又使唐朝从鼎盛之颠转入中衰。正所谓成也玄宗,败也玄宗。

历史学家司马光总结这段历史说:"明皇之始欲为治,能自刻厉节俭如此,晚节犹以奢败。甚哉奢靡之易以溺人也!"

唐玄宗前后判若两人,致使唐朝由盛转衰,其历史教训是极为深刻的。

六、帝国神话的破灭

唐朝后期包括从安史之乱到唐朝灭亡的 150 多年,经历了 14 个皇帝。经过将近 8 年的安史之乱,社会经济遭到严重破坏,唐朝政权元气大伤。从此,在地方上形成了藩镇割据的局面,在中央出现了宦官专权和朋党之争,大唐帝国盛极而衰,滑向灭亡的深渊。

在这期间内,虽然说政治腐败占主导地位,但一些有作为的皇帝和大臣,也在吏治建设方面作了一些努力,所以出现了王叔文主持的"永贞革新"和唐宪宗时期的"元和中兴"。由于政治已经腐败,这些努力所带来的效果也只是昙花一现,大唐帝国的神话已经离现实越来越远。

(一)肃宗时期吏治已败坏

唐玄宗天宝十四年(755 年),平卢节度使安禄山率领 15 万大军,以讨伐宰相杨国忠为借口,发动叛乱。其后安禄山被儿子安庆绪所杀,安禄山的大将史思明又杀死安庆绪,并成为叛军首领。这次叛乱通常被称为"安史之乱"。

"安史之乱"延续了近 8 年,直到唐代宗广德元年(763 年)才最终平定。然而从此以后，唐王朝的权力结构发生了重大变化，中央权力遭到削弱，以节度使为代表的地方势力不断膨胀，加之宦官作为一种政治势力逐渐控制了朝政，由此形成了权力结构的多极化。虽然各种政治势力在争斗中互有消长，但是这种分权的状况却一直延续到大唐帝国的神话破灭。权力结构的多元化，不仅赋予贪污受贿以新的内涵，而且其表现方式也与唐朝前期有很大的不同。

"安史之乱"是在唐王朝完全没防备的情况下爆发的，叛军突然起兵发难，打了唐王朝一个措手不及。叛军初期发起的进攻可以说是势如破竹，仅用了7个月时间，就先后攻破东都洛阳和京师长安。唐玄宗带着千余人逃往成都，皇太子李亨带领一拨人马逃往灵武，自立为皇，改元至德，这就是唐肃宗。

李亨在灵武即位时，朝廷的处境非常困难，财政几乎达到崩溃的边缘。战争中有一项重要内容，就是赏赐军功，可袋子里没钱，赏赐就成为难题，无奈之下，只好以官爵赏赐有功之人。将帅出征，都发给他们没有填人名的"空名告身，自开府、特进、列卿、大将军，下至中郎、郎将，听临事注名"。

"告身"就是委任状，谁有功劳，就临时填上一个名字赏赐给他。结果许多人都得到很高的官爵，以致委任状满天飞，官爵毫不值钱。官爵之滥，达到了无以复加的地步。

为了筹措军费，宰相裴冕建议卖官鬻爵，出售尼僧道士度牒以解燃眉之急。李亨病急乱求医，只要能弄到钱救燃眉之急，不论什么馊主意，他都会同意，并还率先在驻跸的彭原郡实施。至德二年（757年），又命侍御史郑叔清在江淮地区售卖官爵。由于价码高，实惠有限，买者寥寥。郑叔清干脆搞硬性摊派，强行推销，并降低了售价。

李亨收复长安和洛阳之后，继续在关辅各州推销尼僧道士度牒。以后每当政府财政遇到困难，往往就要卖官鬻爵，或者出售尼僧道士度牒。这种在唐朝前期大多属于个别权贵谋取私利的违法行为，在李亨统治时期成为官府敛财的一种合法途径。

在战乱时期，官场上贪污受贿也成为一种普遍现象。几位宰相中，裴冕性本侈靡，好财嗜利。房琯更是纵容门客董庭兰收受贿赂。

东京留守李巨、主管监察的御史中丞李铣，也都是贪赃枉法，收受贿赂的腐败分子；甚至李亨派往各地祭祀名山大川的宦官和女巫，也都大肆贪赃受贿。

由于官吏贪赃枉法成为一种普遍现象，李亨在晚年不得不宣布大赦："官吏听纳赃免罪。"他的无奈由此可见一斑。

经过连年战争，唐朝中央没有实力，因而不敢得罪地方掌握兵权的节度使，由此造成武将跋扈，士卒骄横。如名将郭子仪的部下多为朔方蕃汉劲卒，多为不法，郭子仪每事优容之；有些将领甚至于发展到纵容士兵抢劫的地步。如上元元年（760年），平卢兵马使田神功率兵前往江淮平定刘展之乱，"入扬州，遂大掠居人赀产，发屋剔窖，杀商胡波斯数千人"。剑南西川节度使崔光远，在平定剑南东川兵马使段子璋叛乱后，攻克绵州，"将士肆其剽劫，妇女有金银臂钏，兵士皆断其腕以取之，乱杀数千人，光远不能禁"。这些在唐代前期被认为是严重的犯罪事情，自唐肃宗以后，往往受到宽容。

唐肃宗去世后，太子李豫在宦官李辅国、程元振等人的辅佐下登上皇位，是为代宗皇帝。

宝应二年（763年），史朝义兵败自杀。通常以此作为"安史之乱"结束的标志。安史之乱结束了，大唐帝国的噩梦并没有完。鱼朝恩、骆奉先等宦官把持朝政大权，官僚集团维持着行政机构的运转，地方军政大权则被34个节度使控制。权力的分割，使得依附于权力的贪污受贿也随之发生了变化。

(二)代宗时期政治腐败新动向

唐代前期,宦官基本上只是皇宫中的奴仆,从武则天以后,宦官逐渐成为皇帝与朝臣之间的中间人,传达诏旨或口谕,遵从皇帝的指示搜集情报,担任某些临时性的军政职务,但在政治上的作用还很有限。唯一例外是唐玄宗宠信的宦官高力士。

"安史之乱"给大唐王朝造成的危机,为宦官在政治上的崛起提供了机会,肃宗宠信的宦官李辅国已在干预朝政,在肃宗去世以后,他挫败张皇后的阴谋,拥立李豫为皇帝。此时宦官的权力还得取决于皇帝的宠信程度。

代宗李豫时期,宦官逐渐掌握了京畿兵权,并掌控了皇帝身边的神策军。此后随着宦官掌控神策军的制度化,以及由宦官担任监军使的普遍推行,宦官集团基本脱离了皇帝的有效控制,成为一股令人生畏的政治力量。权力的膨胀,滋生出一种新的腐败现象,即宦官贪贿,且这种贪贿成为一种公开的秘密,连皇帝也不否认,甚至还推波助澜。

代宗时期,政治相当腐败。这一时期的宦官都受到优待。有一次,代宗派宦官给妃子的娘家送礼品,回来后听说妃子的娘家封给宦官的赏钱很少,他有些不高兴,认为是轻视皇帝的表现。妃子很害怕,只得拿出私房钱再赏宦官。皇帝助推,妃子补赏,更加助长了宦官贪贿的气焰。从此,宦官"公求赂遗,无所忌惮"。甚至连宰相也要在办公室里放一些钱,以备宦官来传达圣旨时打发他们。宦官除收受贿赂之外,还依附于其他官吏,肆无忌惮地掠夺他人财产。神策都虞侯刘希暹,甚至在北军之中设置监狱,"阴纵恶少年横捕富人付吏考讯,因中以法,录赀产入之军,皆诬服冤死,故市人号'入地牢'。又万年吏贾明观倚朝恩捕搏恣行,积财巨万,人无敢发其奸"。

不仅宦官贪赃纳贿,敛聚资财,朝廷大臣同样也是肆无忌惮地贪污受贿,其中最为典型的是宰相元载。

元载是玄宗时期的进士,肃宗时依附宦官李辅国,爬上宰相高位。代宗即位后,他又贿赂宦官董秀,窥探代宗的动向,协助代宗铲除了专横跋扈的宦官鱼朝恩,权倾一时,城中有两处豪宅,城南膏腴别墅,连疆接畛,凡数十所。官府后来查抄元载的家产时,仅胡椒就有800石。

代宗时期,官吏的贪赃纳贿,与当时财政管理混乱、对官吏缺乏严格监督有着直接的关系:"大历以前,赋敛出纳俸给皆无法,长吏得专之;重以元、王秉政,货赂公行,天下不按赃吏者殆二十年。"在这种情况下,官吏贪赃枉法,也就在所难免。

至于把持地方军政大权的节度使,代宗基本上采取宽容和羁縻的政策,因而各地节度使,或疯狂地聚敛私财,厚自奉养,或行贿朝中权贵,谋取更多的私利。《新唐书·崔宁传》记载,剑南节度使严武,因"蜀土颇饶珍产,武穷极奢靡,赏赐无度,或由一言赏至百万。蜀方闾里以征敛殆至匮竭"。稍后担任剑南西州节度使的崔宁,在蜀中也是大肆搜刮,然后拿搜刮到的钱财去京师行贿于朝中权贵,以谋私利。类似的贪赃纳贿的例子,举不胜举。

代宗皇帝自己也爱财如命,大历元年(766年)过生日时,各道节度使献金帛、器服、珍玩、骏马为寿,共值缗钱24万。有人进谏,代宗根本听不进去。当时,每到元旦、冬至、端午、皇帝生日时,州府都要在正常的赋税之外,再向皇帝进贡物品,谁进贡得多,皇帝就喜欢谁。

(三)德宗时期吏治败坏

继代宗之后的德宗,在即位之初,采取了一系列措施,欲扭转代宗时期遗留下来的积弊,如下令停止各地向朝廷进贡不急需的物品,遣散一部分宫人,不准再建寺观,不准再度僧尼,停止宦官外出办事受礼等。

德宗所采取的这些措施,给当时的人留下了很好的印象。人们"以为太平之治,庶几可望焉",有人甚至认为当时颇"有贞观之风"。但好景不长,德宗即位后的第三年,即建中二年(781年),他任用奸臣卢杞为相后,政治发生了变化。卢杞阴险狡诈,排斥异己,作为宰相,他不仅不辅佐皇帝治理国政,反而离间德宗与大臣之间的关系,拼命向老百姓搜刮钱财,致使政局进一步混乱。

为了与藩镇作战,朝廷需要大量的军费开支,可国库空虚,财政难以为继,建中三年(782年),朝廷下令向商人借钱。谁的资产超过一万缗,必须将超过部分拿出来,借给政府以供军用。

建中四年(783年),朝廷又下令征收间架税。间架税就是房屋税。每屋两架为1间,每间税钱:上等屋2000,中等屋1000,下等屋500。如有隐瞒者,将受到惩罚。众多的苛捐杂税,大多被贪官污吏中饱私囊,士兵的待遇并没有得到多少改善。建中四年(783年),一支奉命东调的军队经过长安,因伙食太差,赏赐也没有着落,导致发生哗变,拥戴朱泚在长安称帝,大杀宗室亲王。唐德宗慌忙逃往奉天,下罪己诏,宣布废止房屋税,赦免反叛的节度使,叛乱才逐渐平息。

经过朱泚之乱,卢杞虽被罢相,但德宗却变得贪婪起来。他认为自己在奉天过了苦日子,回长安后要好好享受,于是每年从国库给宫中拨钱100万缗,甚至鼓励地方官以各种名目向他进贡。这种进奉,实际上是官吏向皇帝公然行贿,因为德宗收到的贡奉并没有进入国库,而是入了内库。内库是皇帝的小金库,属于皇帝私人财产。自德宗以后,这种进奉方式在不同程度上始终存在。

德宗的贪婪,使得在他即位初期一度受到抑制的贪腐之风,再次猖獗起来。宦官杨志廉、孙荣义分别担任左、右神策军中尉,"怙宠骄恣,贪利冒宠之徒,利其纳贿,多附丽之"。

当时最受朝臣抨击的事情是宫市。所谓宫市,就是皇宫里向民间购买物品。起初，官中购买各种物品由官吏主管，按价付款，后来改为由宦官主管，宦官借官市之名，肆无忌惮地掠夺百姓。购买实物时，他们尽量压低价格，常用 100 钱购买数千钱的物品，甚或白拿，分文不给。当然，宦官趁机敲诈勒索、中饱私囊也不乏其人。不少官员都向德宗反映过官市的危害性，德宗却不以为然。

朝臣之中，管理财政工作的官员，也都挖空心思贪污受贿。领度支盐铁转运使的宰相窦参"任情好恶，恃权贪利，不知纪极"。

判度支事务的裴延龄，以"苛刻剥下附上为功"，同时又大量侵吞官物。由于对财政工作不怎么熟悉，裴延龄便请一些有工作经验的人为他出谋划策，这些胥吏也就乘机进行贪污。当胥吏贪污行为暴露之后，裴延龄却又为他们求情，请御史中丞穆赞网开一面，遭到拒绝后反而说穆赞处理不公，将他贬为饶州别驾。

各地的节度使，在德宗姑息的政策下，更是肆无忌惮地贪赃枉法。山南节度使于顿，"公然聚敛，恣意虐杀，专以凌上威下为务"。李锜行贿数十万，由常州刺史升为浙西观察使兼诸道盐铁转运使。岭南节度使王锷，征收的两税钱除上缴中央的部分外，剩余的全都进入了自己的腰包；西南大海中诸国商船至，"则尽没其利"，王锷家的财富比岭南的公库还多。

基层的州县官吏，一方面利用两税法的不完善，违法聚敛；一方面又以进奉为借口，横征暴敛，从中贪污肥私。

（四）"永贞革新"与"元和中兴"

德宗死后，其子李诵即位，即唐顺宗。早在当太子的时候，李诵就对父亲统治时的弊政不满，即位之后，就于永贞元年（805 年），支持以王叔文、王伾为首的小集团实行改革，史称"永贞革新"。由于宦官的反扑，"永贞革新"虽然只有短短的几个月就失败了，但"永贞革新"期间所采取的廉政措施，充分地反映了人民的愿望，具有重要意义。

"永贞革新"的内容包括：打击大贪官李实；禁止在正税外另外征税，停止进奉；取消宫市；释放宫女和教坊乐等。

王叔文、王伾首先将大贪官、京兆尹李实贬为通州长史，消息传出后，市井欢呼，市民将瓦砾藏在衣袖里，守候在李实出城的必经之地，准备痛击。李实得到消息，只得绕道而走，才躲过了百姓的惩罚。

顺宗颁旨，禁止在正税之外擅自加征，并停止进奉。唐朝于德宗建中元年（780年）开始实行"两税法"，汉时规定，除正税外，"敢有加敛，以枉法论"。由于唐朝政府的财政开支非常大，"两税法"实行不久，其他苛捐杂税又相继出笼，给地方官带来从中贪污的机会。许多地方官还以进奉之名大肆搜刮。所谓进奉，就是在正税之外，再向皇帝进贡财物。王叔文等当权后宣布，"诸道除正敕率税外，诸色榷税并宣禁断；除上供外，不得别有进奉"。对解决当时政风的腐败起了很大作用。

可惜的是作为改革的首领王伾，却是一个胸无大志，贪赃纳贿之人。其私宅常年门庭若市，来的都是行贿之人。王伾的卧室有一个没有门的大柜，仅在侧边开了一个小洞，用来收藏金宝，他的妻子有时睡卧在柜上。二王推行的改革，触动了许多人的既得利益，改革很快以失败告终，顺宗也被迫传位于太子李纯。

李纯就是唐代著名的中兴之主唐宪宗。"永贞革新"失败后，唐朝政治比较清明的时期是在唐宪宗统治的元和年间。

唐宪宗是一个志向高远并以太宗、玄宗为楷模的皇帝，登基之后，采取一系列措施加强中央集权：取消节度使兼任度支营田使，以便限制节度使通过屯田或者组织民户营田来增加收入；两税的征管，由中央委派两税使负责，同时还整顿两税的分配，划定上缴中央财政的"上贡"与留作地方财政的"留使"、"留州"的比例；盐、茶的专卖收入，由中央委派的专使负责，原则上不允许地方官吏插手；废除官员在离任时将节余的公款以进奉的名义上交，禁止各地在两税之外擅自加征；加强御史对地方官的监察，元和七年（812年）诏令，应出使郎官御史，回朝之后，5天之内必须将巡视的情况如实呈报，如果弄虚作假，"必议惩责"。这些措施不仅削弱节度使的权力，同时也减少了地方官吏营私舞弊、中饱私囊的可能性。

一系列措施推行初见成效，朝廷力量相对强大起来，唐宪宗决定以武力削平藩镇，重振中央政府的威望；出兵平定了西川节度使刘阙、镇海节度使李锜的叛乱，又出兵攻克蔡州，消灭了叛将吴元济，收复了淮西等地，使长期处于半独立状态的河北诸镇归顺了朝廷。元和十三年（818年），藩镇割据基本结束，全国暂时实现了统一，史称"元和中兴"。因而唐宪宗也被认为是继太宗、玄宗之后，唐朝最有作为的皇帝。

尽管如此，当时的贪污腐败仍然存在。宪宗时期，因枢密院的设立，宦官的权力得到进一步巩固，贿赂宦官以谋取高级职位，在当时已经成为普遍现象。

淮南节度使王锷进京，重贿宦官，求取宰相职位；右金吾大将军伊慎，贿赂右军中尉第五从直3万缗钱，谋求河中节度使之职；羽林军大将军孙涛，出钱2万缗，贿赂弓箭库使刘希光，求出任方镇之职等等。宦官除收受贿赂之外，还放高利贷谋取暴利，并动用神策军收债。宪宗竟然认为这都是小事，无须追究。

地方官员除继续贪赃纳贿之外，宪宗的财政改革，允许节度使和州刺史征收国家赋税时，有一定份额的留用，称为"留使"、"留州"，使得以前假借政府名义的非法聚敛合法化。

元和十五年（820年），唐宪宗死后，河北三镇又恢复割据，此后连表面的统一也做不到了。

（五）帝国神话在腐败中破灭

唐宪宗以后的皇帝，大都是一些贪婪腐败之人。

继位的唐穆宗是一个沉浸于声色犬马的昏庸之君，对藩镇采取姑息政策，使得在宪宗时期遭到沉重打击的藩镇割据势力重新猖獗起来。长庆二年（822年），穆宗又颁发了优待军人的诏令，结果为贪污腐败大开方便之门，各地商贾和官府中的小吏都争相贿赂藩镇节度使、观察使，以便由藩镇补授一个军将的职务，再推荐到朝廷，授予官衔。不仅如此，由于处置不当，宪宗时期已经归顺朝廷的河北各镇，重新又闹独立割据一方，名义上接受中央领导，实际上成为独立王国。

继唐穆宗之后的唐敬宗，也是一个贪图享乐的君主，一次就从淮南节度使王播手里得到进奉绢100万匹。在位仅2年，为宦官刘克明等人所杀。

唐文宗李昂是敬宗的同父异母兄弟，即位之后，为了扭转日趋严重的政治腐败，试图清除把持朝政的宦官、摧毁官僚集团内部的朋党，可惜均以失败告终。尤其不幸的是，清除宦官的行动败露，遭到宦官的反击，宦官们调动神策军大杀朝臣，死者上千人，这次事变被称为"甘露之变"。此后，宦官完全控制了朝廷，文宗因锁深宫与酒为伴，形同软禁，5年之后抑郁而终。

此后的武宗、宣宗、懿宗、僖宗、昭宗和末代皇帝哀帝，都是贪婪腐败、昏庸无能的皇帝。

除傀儡皇帝唐哀帝之外，各朝政治格局并没有多大变化，政治腐败和贪污受贿一直在宦官、朝臣、节度使和拥有各种权力的官吏之间盛行。

各地节度使向着割据的方向前进，实际上已经拥有并控制了本地区的全部财富,这其实是一种贪污行为,而且是巨贪,但很少有人把这种行为看成是贪污。在藩镇割据、政治腐败的情况下,社会矛盾日益激化,终于在乾符二年(875年)爆发了黄巢领导的农民大起义。

大唐帝国的天朝神话,在腐败中破灭,中国历史又完成了从治世到乱世的又一个循环。

七、唐朝兴亡的启示

大唐帝国时期是中国历史上意气风发的时代,其繁荣昌盛形成的原因,旋即又从神坛上坠落的历史教训,给后世如下一些启示。

第一,加强法制建设。唐代吏治很重视法制建设,唐朝建立的第二年就颁布53条新法令,武德七年(624年),新法典编成,称为《武德律》。唐太宗即位,又对《武德律》进行修订,称为《贞观律》。高宗即位,按照太宗遗训,再次修订,并对律文进行统一解释,前者为《永徽律令》,后者便是《唐律疏议》。在此后中国的几个世纪中,《唐律疏议》一直是刑法的权威注疏。这个法律体系,既确定了国家的刑法原则并规范各级政府的行为,同时也是认定和惩处违法乱纪、贪污受贿的依据。这个法律体系具有相当的严肃性,即使皇帝违反了法律规定,按照个人好恶处置贪官污吏,往往也要遭到臣僚的反对。事实上,几乎没有哪一个皇帝公开否定法律而一意孤行,即使要法外施恩,也要寻找法外施恩的理由,还要申明下不为例。这在一定程度上或至少在形式上体现了法律面前人人平等的原则,同时也限制了帝王滥用权力。

第二,建立健全执法机构。唐代中央和地方都设有执法机构,主要的执法权力则集中在中央的刑部、大理寺和御史台。其中御史台在吏治建设中起到特别重要的作用。

第三，加强官吏管理与完善经济政策。反对腐败，首先要防止腐败，而防止腐败的措施就是加强对官吏的管理。由于腐败是官吏利用职权去从事经济犯罪，因此，防止腐败，必须从监督官吏的行为和完善经济管理政策两个方面着手。唐代监督官吏的常设机构是御史台，此外还有官吏的考核、任免、回避、奖惩等制度的建立，也从不同方面对官吏的行为进行制约，减少他们滥用职权的可能性。在经济管理方面，作为正赋，无论是前期的"租庸调"，还是后期的"两税法"，制度都比较严密，官吏营私舞弊的可能性较小，即使出现问题，也能很快得到解决。如"两税法"实施后，由于税额是以钱计算，而民户通常以实物交纳，因此要将实物折变为钱，但"两税法"没有规定折价的标准，这就给一些贪官污吏有了可乘之机，使百姓深受其害。问题一经发现，政府立即采取措施，规定各种实物的折价标准，问题基本得到解决。经济管理的制度化、规范化，对于防止官吏以权谋私、贪污腐化，起着相当重要的作用。

第四，严惩贪官污吏。唐代犯贪污罪的低级官吏，通常能做到依法查处，但高级官吏或有特殊背景的皇室成员、外戚乃至宦官的贪污犯罪，能否受到惩处，在很大程度上取决于皇帝的态度。有时候，对于这一类人员犯罪的惩处超过法律的规定，但大多数则是低于法律规定的量刑标准，这也是唐代贪污犯罪屡禁不止的重要原因。

第五，权力分配制度。权力分配是影响吏治的重要因素。唐代前期的大部分时间，权力集中在中央，朝廷大臣虽然有个人恩怨，但并没有形成对立的集团，无论贪污如何猖獗，只要中央下决心整饬吏治，严惩贪官，一般都能收到实效，这在唐太宗、唐玄宗前期尤为明显。但是，到了唐朝后期，政治权力逐渐为宦官和地方节度使瓜分，并且形成了利益集团，朋党斗争激烈。在这种权力趋于分散的状况下，不仅各个政治集团把反贪作为相互攻击的武器，而且当反贪斗争触动政治集团的既得利益时，往往就举步维艰，甚至不了了之收场。唐代后期贪污腐败泛滥成灾，权力的分散和朋党斗争的发展，是其中的主要原因。

第七章
大宋王朝——物欲横流的时代

宋朝有320年的历史，从赵匡胤发动"陈桥兵变"篡夺后周政权，建都汴梁，到"靖康之乱"，宋廷统治者从江北逃往江南，栖息临安，直至"崖山海战"，陆秀夫背赵昺跳海自尽。建都汴梁的宋廷史称"北宋"，栖身临安的宋廷史称"南宋"。

宋朝是一个物欲横流的时代，无论是官场还是民间，全被物欲横流的气氛所笼罩。中国古代吏治败坏不仅在政治上与专制政体联系密切，在思想上与物欲横流也息息相关。专制和腐败是一对孪生兄弟，专制体制必然产生腐败，腐败必然依赖于专制体制。专制为腐败滋生提供条件，物欲横流推动官场腐败进一步恶化。

宋朝极贫，不是经济不发达，而是政府将巨额财富进贡给了异族；宋朝极弱，不是没有军队，而是军队没有战斗力，将帅只知敛财，不识战阵。指望一支腐败的军队保家卫国，那是天方夜谭了。

一、物欲横流的时代

宋代是一个物欲横流的时代，主要表现为：官员为了**追求物欲**贪赃枉法，贿赂公行。宋人王柏在《鲁斋集》卷7中曾一针见血地指出："国家数十载以来，士大夫戕贼于利欲之途，良心熏染于贪浊之习，滔滔流荡，无所底止。其间能自拔于颓波之中者，盖不可以多数矣。"

洪适在《盘洲文集》卷12也曾说："贪夫循利，廉耻道丧。亶以广田宅，厚妻子为计，溪壑无厌，漫无忌惮，甚者掩公帑之积，私仓庾之赢，贼民剥下，浚其膏血。"这些都表明当时的逐利之徒，贪无止境，无所不为，无恶不作。

宋代大儒朱熹也曾指出："当是之时，天下之人惟利是求，而不复知仁义。""便是为利，如取解后又要得官，得官后又要改官，自少至老，自顶至踵，无非有利。"

朱熹的言论比较典型地概括出了宋代、甚至是整个中国古代专制社会"官位一体化"的思想与时代特征。

宋代官员，很多都是身披官服，不顾廉耻，见利忘义的贪财黩货之辈。他们一味崇尚"有钱可使鬼，无钱鬼揶揄"的拜金主义。就连宋初颇负盛名的大将曹彬也说，好官不过是多捞一些钱罢了。可见有官便有钱，当官为了捞钱的想法在宋代官员的脑海里已是根深蒂固。

中国古人为何形成了"官位一体化"的思想呢？这是因为中国古代当官即发财的现实已明确地告诉人们这一点。长期以来，人们始终把"做官"与"发财"紧密地联系在一起。无数事实也证明，做官确实能发财，发财的手段就是做官后所拥有的权力，有了这种权力，就有了发财的捷径，贪污、受贿，无本而万利。简而言之，就是权钱交易，以权力谋取个人私利。

中国古代的做官发财思想，是中国特殊的官僚封建社会的产物。

做官被看成是发财的手段，做大官发大财，做小官发小财，不做官难发财。做官之所以能发财，是封建专制官僚体制缺乏实际监督的必然结果。

封建专制官僚统治，必然会出现官、商、高利贷与地主豪绅"四位一体"的局面，进而形成集权或官营的经济形态，形成官吏贪赃枉法的风气，而这三者又不是单独存在，常常相互交织在一起，互相影响，共同发生作用，将社会经济导向孟子所预言到的"上下交征利，而国危矣"的衰亡局面。

物欲横流导致的必然后果，就是吏治败坏，贪贿成风。为何这个问题会在宋代突出地表现出来呢？这与统治者的姑息养奸有着直接的关系。

中国古代各个王朝中，贪污腐败滋生的社会土壤基本相似，但每个朝代、各个时期的政治清浊、贪廉程度却又有差异，究其原因，就是不同时期的人治状况、立法、执法与监察制度不同所致。

态度决定一切，吏治当然也包括其中，宋代这一因果关系表现得尤为明显。宋代吏治败坏，赃官日多，贪风日炽，最直接的原因是统治者的态度，两宋统治者姑息、放纵，有法不依、执法不严，是吏治败坏的主要原因。

宋朝专制统治者从其一姓之私利出发，他们最关心的是皇位是否稳固，至于官吏贪污受贿，乃疥癣之疾，有时可以睁一只眼，闭一只眼，不必大动干戈。宋太祖赵匡胤就曾对宰相赵普很直白地说，五代方镇作乱，民受其祸，我选拔百余名文官出任封疆大吏，即使他们有贪腐行为，也不及一员武将的危害大。

赵匡胤一语道破天机，他害怕的是皇位被人夺走，武将拥有兵权，这才是赵宋政权的最大威胁；文臣没有兵权，纵使贪赃纳贿，也不会危及政权的存亡。正是在这种思想的指导下，宋代皇帝对武将防范极严，稍有异动便严惩不贷，对文臣的贪赃行为却是看人打发，对亲近者姑息迁就，甚至枉法纵容。最典型的莫过于宋初的赵普受贿。

赵普半部《论语》治天下，是赵匡胤打天下的主要谋臣，立国后当了宰相。可这样一个人物，却是一个大贪污犯。《涑水记闻》记载了这样一个故事：

赵匡胤有一个习惯，每当批阅公文觉得累了，便带着随从坐一辆马车，到京城大街小巷去兜风，既可以清醒一下脑子，又可顺便巡视市风民情。

这一天，赵匡胤觉得有些累了，照例出宫兜风，三转两转，转到赵普居住的那条巷子。他突然想找老朋友聊一聊，于是去了赵普的家。

事情很凑巧，当天两浙王钱俶正好派人给赵普送来了10坛子海鲜。

赵普没来得及收捡，10个坛子齐整地放在大厅走廊边，突然听家人报说皇上到了，慌忙出迎。

赵匡胤进来之后，看到墙边放着10个坛子，随口问："这是什么东西呀？"

赵普如实地说："海鲜，两浙王钱俶派人刚送来的。"

赵匡胤道："海鲜，想必味道极佳吧？"

赵普立即命人打开坛子，请皇上尝鲜。开坛之后傻眼了，原来坛子里装的不是海鲜，而是瓜子金。

赵普慌忙跪下说："臣还没有打开，不知道是什么，如果知道是金子，一定会奏报皇上。"

赵匡胤笑着说："但取之，不必顾虑，钱俶认为国家大事都由你这个书生决定呢！"

赵普一脸尴尬，不知如何是好。

赵匡胤打着哈哈说："没事，走得有点口渴，来讨杯茶喝。"

10坛"瓜子金"是一笔巨款,赵匡胤竟然允许赵普"取之"。据相关史书记载,赵匡胤考虑的是政治目的,尤其是赵普乃一介书生,越是贪婪,越表明在政治上没有野心,只顾敛财,不会与朝廷分庭抗礼。但这毕竟是徇情枉法之举,势必为后来的统治者所仿效,以致为后来贪污之风的盛行起到推波助澜的作用。

从逻辑因果关系上讲,无论大官小官,贪赃枉法都是相互依存、互为条件、彼此影响的。皇帝对身边近臣的庇护,使大官无所顾虑,下面的小官必然会效仿,上行下效,最终的结果只能是整个官僚队伍的腐败与贪官污吏大行其道。

公正地说,宋代在太祖、太宗、神宗、孝宗等朝,对贪官污吏的惩处还是比较严厉的,但其他各朝更多的则是姑息赃吏,放纵贪污了。

真宗时,对于贪官污吏的处罚,一改前朝犯贪污罪便撤职、流配的处罚,允许"叙理",分等进用。真宗似乎觉得这样对贪官还不够迁就和宽容,大中祥符七年(1014年)竟然下诏,从今以后,官吏犯罪,如果在罪行败露之前投案自首,可以免除处罚。正是由于朝廷的姑息纵容,使得贪污之风大行其道。

仁宗时期,由于对贪官多有宽宥政策,导致大官小官,各尽其能,竞相贪污肥私。景祐四年(1037年),侍御史庞籍就曾一针见血地指出,吏治腐败,贪官污吏有恃无恐,就是宽法造成的。

神宗、孝宗以及"庆历新政"时期,由于神宗君臣革新变法,孝宗也希望"励精图治"、范仲淹力主整顿吏治,他们曾分别采取过一些惩贪措施,使吏治一度有所好转。但随着改革的失败,贪赃枉法现象不但死灰复燃,而且有些贪官卷土重来之后更是变本加厉。

北宋末年,吏治败坏,"6贼"(指蔡京、王黼、童贯、梁师成、朱勔、李彦6个巨贪)当道,大官小官贪赃枉法,到了登峰造极的地步。

宋室南渡以后,南宋君臣偏安江南,苟且偷生,骄奢淫逸,过着醉生梦死的生活，对贪官污吏的姑息与放纵更甚于北宋。

绍兴七年（1137年），浙东永嘉令李处谦贪污，依律应处以绞刑，宋高宗却下令免其一死，仅"籍其赀"。既然可以以赃物、赃款抵罪而不被处死，贪官便没有了后顾之忧，从此，贪官污吏们更是千方百计地贪赃，明目张胆地受贿。

鉴于这种情况，孝宗针对日趋腐败的吏治，恢复了"赃罪至死罪"的规定，对吏治的整顿收到了一定效果，但无奈贪污之风已积重难返，至南宋后期，贪赃枉法行为愈演愈烈。

总之，宋代统治者整顿吏治虽屡有禁令，但很多时候是雷声大、雨点小，对贪官污吏姑息迁就，放纵宽容，有法不依，执法不严，致使大官小官，多损公肥私，贪赃枉法。

二、太祖、太宗对吏治的贡献

（一）宋太祖对吏治的贡献

后周显德七年（960年），赵匡胤取代后周，建立宋朝，史称宋太祖。赵匡胤称帝后，面临许多难题，一方面是立国伊始，百废待兴，另一方面是干戈不断，战事连绵。北方的契丹虎视眈眈，伺机南下，南汉、南唐、北汉等割据政权都拥兵自重，不肯归顺。处在这样一个特殊环境中，赵匡胤如果不能做到政治清明，吸引四方之民来归，他的江山就有可能得而复失。为了宋朝的长治久安，赵匡胤在吏治建设方面花了不少的精力，效果也比较显著。

太祖赵匡胤出生于一个破落的官宦之家，从小过着平民的生活，当皇帝后仍然保持着俭朴的生活习惯。他的女儿永庆公主出嫁后，经常出入宫掖看望父母。她衣着比较讲究，穿一身昂贵的贴绣铺翠襦。赵匡胤认为太奢侈，叫女儿以后不要穿这件衣服。

永庆公主撒娇地说:"这能用多少翠羽呀!"

赵匡胤解释说:一件衣服当然用不了多少翠羽,但你穿这种昂贵的衣服出入于皇城,宫闱与有钱人必争相仿效,如此一来,京城的翠羽必然紧俏起来。小民为了逐利,都去搞翠羽贸易,将导致许多人弃农经商,这样会影响农业生产。

有一次,永庆公主建议赵匡胤用黄金装饰轿子。赵匡胤说:我以四海之富,将宫殿全部以金银装饰都办得到,但我身为皇帝,要为天下守财,怎能任意挥霍呢?古人说,以一人治天下,不可天下奉一人。如果只顾自己享受,天下人怎么看我?

流风所及,宋初大臣中也有不少生活节俭之人。宰相范质就是一个典型,家里吃饭的器皿坏了舍不得添置,却把俸禄拿去周济鳏寡孤独之人。因为他清廉,没有人托他办私事。五代以来,宰相收受藩镇贿赂的陋习,在范质为宰相时销声匿迹。赵匡胤称赞范质"居第不植资产,真宰相也"。太宗皇帝也说:范质循规矩、重名器、持廉节,无人能出其右。

皇帝、宰相生活如此简单,其他人当然不敢过于奢侈,这对宋初的吏治,无疑会起到积极的推动作用。

严厉打击贪赃枉法的官吏,是赵匡胤澄清吏治的重要手段。鉴于五代以来,贿赂公行,纲纪废弛的弊端,他雷厉风行地奖廉惩贪,决不手软。

宋太祖赵匡胤时期,全国查处较大的贪污案有30余起,其中,有的赃款数额巨大,"动辄巨万",延州通判胡德冲一次就贪污官钱180万。这样的贪官在当时都被处以死刑。宋初,第一个因贪赃枉法而被处死的贪官是商河县令李瑶。

《宋史·太祖本纪》记载,建隆二年(961年),商河县令李瑶犯贪污罪,被杖责而死。在这个贪污案子中,左赞善大夫申文纬也因失察而受到处罚。此后，史籍对官吏因贪赃枉法而被弃市或杖死的案件屡有记载。

据统计，自开宝元年至八年（968—975年），赵匡胤赦免过4108名犯有大辟罪行的人，但对于受贿枉法的人，一个也没有宽恕。当然，他并不是不分情节轻重，一味杀头，对赃官的处理办法有弃市、杖死、流配、除籍为民4种，但大多数贪官被砍了头也是事实。

对于利用权势做投机生意的人，赵匡胤深恶痛绝。当时政府曾有规定，朝廷官员"禁私贩秦、陇大木"，即不得到秦陇地区购买木材，贩卖牟利。

宰相赵普购木材用于自家做房子，已免官在家的赵玭得知这个消息后，上书控告赵普贩运木材，牟取暴利。赵匡胤大怒，要严办赵普，后来经过调查，才知道赵玭是挟嫌报复，诬陷赵普，于是命武士重重责打了赵玭一顿。此外，太子中允李友仁出任兴元知府时"私收渡钱数十万"，兵部郎中、监秦州税曹匪躬派人到江南、两浙贩卖商货，也被判处斩刑。

为了防止唐、五代以来的藩镇割据，赵匡胤采取了一系列措施。

首先是收财权。唐后期以来，地方租税收入，大头都被藩镇截留自用，小头上缴中央国库。五代时期，地方财政各自为政，藩镇自征自用。赵匡胤继位后，各地仍然沿用五代的做法。乾德三年（965年），赵匡胤采纳宰相赵普的建议，将地方财政管理权收归中央。

其次是收归兵权。宋朝建国后，异姓王及带相印者数十人之多。赵匡胤又是采纳赵普的建议，摆了一桌酒宴，将开国大将的兵权全部收回，这就是历史上著名的"杯酒释兵权"。不过，宋太祖赵匡胤比汉高祖刘邦仁慈，他没有像刘邦那样"鸟兽尽，良弓藏"屠杀功臣，而是让这些人退休，或任一个虚职；他们原来的职务，赵匡胤都安排文职官员担任。

第三是禁止官吏扰民。后周显德年间，朝廷常派人到地方丈量土地，目的是准确地征收赋税。这本来是一件勤恤百姓的仁政，但却被一些不法官吏利用，他们乘机滋扰百姓，丈量土地成了一项蠹国害民的弊政。赵匡胤派专人负责丈量土地与征收赋税的工作，老百姓的负担才得以减轻。

另外，五代以来往往是派人检查垦田数以定岁租，但所派之人却随意决定租税，造成租税轻重不均，田多租少或田少租多的事情时有发生，百姓因此而不肯开垦荒田，即使已有耕地，也荒芜了不少。乾德四年（966年）赵匡胤下令鼓励农民开荒，并以现租税为准，州县不得随意增租。

宋初沿五代旧习，诸道、州、府所属各县租税，并给孔目官办理，这些孔目官擅自征收赋税，欺凌百姓。赵匡胤下令改为录参军按文簿收取租税，各地区派判官监督，不得随意增减，从而有效地制止了地方官吏的任意盘剥。

地方官是代表政府直接与百姓打交道的人，地方吏治好坏，直接关系到天下之安危。赵匡胤于建隆三年（962年）下令，让曾担任过幕职、州县官员而上调朝廷翰林学士或文班常参官的人，可以向朝廷举荐一人为官，但同时规定："异时贪浊畏懦，职务旷废者，举主坐之。"并且还规定：如果被举荐的人是贪赃纳贿之人，允许近亲、奴婢、邻里告发，告发之人给予重赏。

同时又规定，朝廷大臣到地方办事，地方官员不得私自请托，违者治罪。为了防止树朋立党，又下令及第举人不得称呼主考官为恩门、恩门及自称门生。地方官员任期满后等待分配时，吏部应将其中成绩卓著且没有过失的人，具名呈报中书门下，以便量才取用，避免只凭论资排辈而使贤良之人屈沉为低级官员。赵匡胤认为，"与其冗员而重费，不若省官而益俸"，于是下令先在四川省官益俸，办法是根据人口比例确定地方官员数量编制，不得超编。并提高官吏的工资。然后命天下各州依四川的办法办理。

赵匡胤对官员的要求也很严格。如知制诰高锡为弟弟求官，被贬出朝；翰林学士承旨陶谷之子参加品官子弟考试，不合格却要求录取，结果主考官奚屿被贬出朝廷，降为乾州司户参军，另一主考官王贻孙不知情，被扣发两个月俸禄。陶谷的另一个儿子考中进士，赵匡胤怀疑成绩有假，又命复试，仍然中第。尽管如此，他仍然规定："自今举人凡食禄之家，委礼部具折以闻，当今复试"。从此确立了"别头试"制度。北宋初年政治之所以比较清明，是与赵匡胤刻意整顿吏治分不开的。

（二）太宗时期的廉政特点

开宝九年（976年），赵匡胤的弟弟赵光义称帝，就是宋太宗。太平兴国四年（979年）宋消灭北汉。其后他又先后两次征伐辽国，都以失败告终，从此便偃武修文，把主要精力放在治理国家上。宋太宗在位20多年，在吏治上取得了较好效果。

广开言路，虚心纳谏。雍熙元年（984年），赵光义下达求直言的诏书说："朕御天下，兢兢业业，行将十年，每念封疆万里，深居九重，人情未能尽达，若全不采听，则官吏能否，生民利病，何从而知。"他命令天下幕职及州县官，对民俗利害、政治是否清明，都可以上奏，所言属实，必当嘉奖，说错了也没有关系，言者无罪，并声明只要自己有错误，只要臣下进谏，他都能容纳。

自行奉敛，以身作则。赵光义颇有乃兄赵匡胤的风范，一生节俭，喜好读书，熟知历史，注意从五代以来因骄奢淫逸而导致亡国的帝王身上吸取教训。他说，观五代以来的帝王，始则勤俭，终则忘其开国之艰难，恣意妄为，不恤民众，从而迅速走上亡国的道路。宋太宗平时吃的饮食非常简单,也很少饮酒,身为帝王,所穿的衣服也非常简朴。

严惩贪官污吏。宋太祖赵匡胤把官吏贪污受贿视同十恶不赦之罪,遇赦不赦。宋太宗赵光义对贪赃枉法、受赇取贿的官吏也是深恶痛绝,一经发现,绳之以法,绝不宽恕。据《续资治通鉴长编》卷19记载,赵光义于太平兴国三年(978年)下诏:"自太平兴国元年十月乙卯以后,京朝、幕职、州县官犯赃除名配诸州者,纵逢恩赦,所在不得放还,已放还者,有司不得叙用。"即凡是因贪赃受到处分的官员,永不起用,这对于那些企盼仕途的人,无疑是一种鞭挞,要想得到升迁,就必须循规蹈矩,廉洁自律。

雍熙二年(985年),有关部门上奏,请求将贬谪在外而屡经赦免的官员调回京城,太宗不同意,他对宰相说:这种人如果小有得志,便再结党营私,故态复萌,犹如害群之马,怎么能轻议这件事呢?

事实上,犯有贪污罪的人多被处死了,能够幸免者极少。如著作郎卢佩收受贿赂190万贯、殿直李谔盗取官府马料250石、阳武县令张希永盗取官钱234贯、宦官王守忠盗官酒300瓶,都被斩首。《廿二史札记》卷24记载:"太宗太平兴国三年(978年),泗州录事参军徐璧坐监仓受贿出虚券弃市。侍御史赵承嗣隐官钱弃市。又诏诸职官以赃论罪,虽遇赦不得叙,永为定制。中书令史李知古坐受赃,改法杖杀之。詹事丞徐选坐赃杖杀之。御史张白以官钱籴卖弃市。汴河主粮吏夺漕军粮,断其腕,徇河干三日,斩之。"

经过这一系列的整顿,吏治得以澄清。

考核官吏,审慎用人。政治是否清明,关键在于用人。赵光义还多次亲自参与选拔人才,但国家幅员辽阔,需要的官吏甚多,作为皇帝,不可能每次都亲临现场辨贤愚。他采取了两个办法,一是仿效唐朝采访使的办法,派人采访。官员如果官声好,大多数人夸奖其政绩,便可以作为升职的依据。二是让各路转运使考察下属官吏,如实上报朝廷，贪赃枉法者，严加惩处，清白自守者，给予嘉奖。

赵光义对地方官员尤为重视，他认为刺史是最接地气的亲民之官，如果用非其人，将会祸国殃民。当时全国的县邑很多，如果按常规选调，要很长时间才能补齐，必然会贻误政事，他于是命令各路转运使会同下属官员，选择现任判、司、簿、尉当中清廉而有才干的上报朝廷，然后通过驿召引对，合格者授以知县。

淳化三年（992年），赵光义下诏各道，从知州到最低级别的判、司、簿、尉等官员，有"治行尤异、吏民畏服、居官廉恪、莅事明敏、斗讼衰息、仓廪盈羡、寇盗剪灭、部内清肃者"，转运使应上报朝廷，核实后，可得到旌赏。为官恶劣者，也要上奏，当受贬斥。为了甄别官吏是否清廉，命户部侍郎谢泌专门对京官进行考核，又派专人对地方官进行考核，统称为磨勘。后来成立专门机构，考核京官的改名为审官院，负责对京官的政绩进行考核；磨勘地方官的改名为考课院，负责对地方官的政绩进行考核。

对于中央官员有严格要求，如京官到地方任职，必须先从州、县官做起，没有经历州、县官的人，不得越级提拔。

对于权势之家的子弟，赵光义也没有假以颜色。雍熙三年（986年）进士考试，参知政事吕蒙正的弟弟、盐铁使王明之子、度支使许仲宣之子都榜上有名。赵光义却说，这些权贵子弟与平民寒士竞争，即使凭真才实学入选，世人也会认为朝廷有私。结果，这些人的子弟都落选。宰相赵普辅佐太祖、太宗两朝，"出入三十余年，未始为其亲属求恩泽者"。由于赵光义制定了一套对官吏的考核办法，那些碌碌无为或品质低劣的人，很难靠钻营求官了。

北宋前期太祖、太宗统治的40余年间，尽管也存在腐败问题，但由于赵匡胤、赵光义兄弟俩吸取五代时期的历史教训，对吏治的整顿极为重视，故政治较为清明，贪官相对较少，官场腐败的程度也远不如宋末，因此得到后代史家的称颂和肯定。

三、"庆历新政"与王安石变法

北宋真宗、仁宗、英宗、神宗统治的时期，是北宋王朝中央集权统治巩固后社会经济得到发展的时期，但同时也是统治机构日趋腐化堕落、濒临严重统治危机的时期。

（一）真宗时期吏治趋向败坏

吏治整顿、惩治贪官的力度并非始终如一，在实际执行中有一个由严而宽、由重而轻的明显转变过程，后来甚至出现违法不纠、有法不依、执法不严的状况。从真宗时开始，北宋吏治逐渐走向败坏，贪风广为蔓延。

真宗即位之初，尚能遵循前朝严惩贪官污吏的制度，到了后来，惩贪力度却愈来愈弱，比如坐赃当死之罪，也能获赦免死罪，仅以"杖脊、黥面、配沙门岛"，或流配到条件不好的军牢城；更有甚者，不仅违法放还，而且还允许"叙理"，重新进入仕途，甚至"赃重及情理蠹害者"还可以重新授官。

此后，真宗似乎觉得这样做还不足以表现对某些赃官的宽宥之情，于是下诏规定，自今诸州官吏有罪，包括贪污犯罪，只要在罪行败露之前投案自首，可以免除处罚，既往不咎。从此，许多贪官有了这道护身符，便更加肆无忌惮、有恃无恐地贪赃纳贿。后来，真宗自己也不得不承认，吏治败坏，官场中贪官污吏越来越多，与朝廷对贪官惩戒的力度太弱有很大的关系。

（二）内忧外患引发"庆历新政"

随着中央集权统治的确立与地主经济的发展，宋朝的官僚统治机构也逐渐变成为庞大而腐败的机构。宋仁宗赵祯与章献太后当政期间，先后任用王曾、王钦若、张知白、张士逊、吕夷简等人为宰相。为了维护既得特权地位，这些人任职有一个共同特点，就是暮气沉沉，尸位素餐，一切皆遵循旧章。他们千方百计地谄媚太后，企求"赏延"，为子孙得到更大的好处。只要博得太后的欢心，这些身居高位的官僚子孙，无论有无功绩，更不看德才，都可以授予官职。在这种"恩荫制"歪风泛滥下，北宋官场出现种种怪现象：皇室贵胄在襁褓中就拥有官职；官僚的子孙、门客、旁系亲属也可借势荫官；任学士以上官的依此在20年内，其兄弟子孙为京官的可达20人。恩荫授官的膨胀，使官吏冗滥的现象日益严重。据有关史料统计，真宗时文武官吏为9785人，仁宗时已达到17300人，此外拿俸禄不办事的还有15000人。

冗官带来了冗费。北宋官吏的工资发放也随着官吏的冗滥而大幅度增加。当时的官吏不但享有俸钱、禄钱、职钱，而且还享有人数不等的侍从、承差、衣粮等人，多者达上百人之多。茶叶、酒、厨料、柴、米、油、盐及马料等日常生活用品，也由政府配给。官吏的工资之外，还要加上大量的军费开支，加重了人民的负担，导致朝廷的财政严重亏空。更有甚者，官吏还凭借政治特权，贪污受贿，投机经商，兼并土地，使得社会矛盾日益激化。北宋王朝的统治陷入难以自拔的危机之中。

在这种严峻的形势下，整顿吏治，清除腐败已成为摆脱危机、实现廉政的当务之急。地主阶级中部分有识之士或则建言议政，向仁宗皇帝发出要求改革的呼声；或则在自己力所能及的职责范围内采取措施，清除弊政，范仲淹、包拯、欧阳修等就是这股浪潮中涌现出来的代表人物。

吏治腐败是仁宗时期的重要标志，也是影响社会安定的痼疾。范仲淹是苏州吴县人，大中祥符年间的进士。他出身于官僚世家，却2岁丧父，家道中衰，遭遇坎坷，处境困难。他的第一任官职是广德军（今安徽广德县）司理参军（负责司法）。他秉公办案，敢于抵制太守贪赃枉法、认钱不认理的行径。后来在泰州西溪镇负责盐库，他倡导修建捍海堰，阻挡海水对苏北平原的侵袭，解除了水患，帮助数千户流亡灾民返回家园恢复生产，又在苏州组织民工，疏通淮、浍、沱、潼等河道，保证了太湖一带的水运和农业灌溉。

范仲淹担任过地方基层官吏，有机会了解到民间疾苦与弊政状况，加之受儒家民本思想的熏陶，使他产生了整顿吏治、实现廉政的宽广胸怀和理想。天圣三年（1025年），范仲淹向仁宗写了一道奏疏，提出"延赏"之弊，即朝廷恩荫授官太滥所造成的弊政。后来，他在为母亲丁忧期间，又冒哀上书朝廷执政大臣，要求刷新政治，实行改革。在这篇著名的《上执政书》中，范仲淹集中揭露了地方州县吏治的腐败情况，指出这些没有经过严格举荐、考核，只是"循例而授"的官员，多为平庸之辈、贪婪之徒；不把这些人从亲民之官的位置上拉下来，廉政就无从谈起，国家难得安定。因而他提出要对县令进行调整，让有阅历、治绩显著和经过考核举荐的人出任县令；同时选派贤明的大臣对各地进行巡行，经过考察，撤掉不称职的地方官，选择贤良者顶替。除了抓好调整与补充州县主要领导外，他还提出了"固邦本，厚民力，重民器，备戎狄，明国听"的具体建议。《上执政书》比较集中地揭露了地方吏治的弊端，击中了仁宗时期社会弊政的要害。由于执政大臣王曾、张知白等不认同范仲淹的观点，因而，《上执政书》没有达到范仲淹想要的结果。

范仲淹的《上执政书》虽然在执政大臣那里遭到冷落，但却引起了新派官员如包拯、欧阳修、富弼、余靖、尹洙、蔡襄等人的重视，并产生巨大反响，这些人非常支持范仲淹的改革主张。而以吕夷简为首的守旧派则竭力抵制，他们攻击范仲淹等人是"怀奸不忠"，"欺罔擅权"的"朋党"。

为了排除改革的阻力，欧阳修专门写了一篇《朋党论》，揭露守旧派谤议新法律与陷害忠良的阴谋。大理寺丞郭谘，著名清官包拯积极响应，在地方率先进行兴利除弊的改革。

洛州肥乡县出现"田赋不均，岁久莫能治"的问题，百姓被逼无奈，只得拖儿带女，离乡背井，流落他乡。针对这个问题，大理寺丞郭谘与秘书丞孙琳在肥乡县推行"千步方田法"，四处丈量土地，结果除无地交租者400家，征有地不交地租百余家，追缴赋税80万。流落他乡的百姓得到这个消息后，陆续返回。方田均税的廉政措施大见成效。

包拯当时任端州知州，以清正廉洁闻名于世。端州特产"端砚"是文房四宝中的珍品。以前的知州以"进贡"的名义，每年向百姓索取数十倍于进贡数的砚台，乘机中饱私囊。包拯上任后，革除积弊，除向朝廷进贡之外，不向百姓多征收一块砚台。甚至任满离任，没有带走一块端砚，让人惊叹。包拯不仅为官清正廉洁，而且还不畏权贵。在任开封府知府期间，京师权贵纷纷在惠民河畔垒地筑台，修建亭台楼阁和私宅，致使河道淤塞，河水泛滥成灾，严重危害到京城居民的生命财产安全。包拯下令拆除惠民河边所有违法建筑，豪门贵族极为不满，有的伪造地契，有的咆哮公堂，拒绝拆除。包拯亲自查验地契，并上奏弹劾，要求对伪造地契者严加惩处，使权贵的阴谋不能得逞。

在吏治败坏的大背景下，郭谘、包拯等人在力所能及的范围内对吏治进行一些改革，难能可贵。由于身居高位的朝廷执政大臣多为守旧派，他们对改革没有兴趣，因而，局部地方的改革并不能阻止大局的恶化。在这种情况下，朝臣中越来越多的人赞同范仲淹的主张，认为只有"改弦更张，因时立法"，国家才能摆脱困境，要求变法的呼声越来越高。

庆历三年（1043年），宋仁宗任命范仲淹为参知政事。范仲淹上任后，向仁宗上疏，提出了一个详细的改革方案，这就是著名的《答手诏条陈十事》，主要内容是：明黜陟、抑侥幸、精贡举、择官长、均公田、厚农桑、修武备、减徭役、覃恩信、重命令等10项改革主张。其中以整顿吏治，推行廉政为中心。

仁宗基本接受了范仲淹的建议，除强兵一项外，其他各项都以诏书的形式，于庆历三年十月颁布推行于全国，推行新的施政措施。由于这件事发生在庆历年间，因此史称"庆历新政"。

明黜陟、抑侥幸是这次改革中的重点，也是整顿吏治、实现廉政的关键。于是，范仲淹把重点放在裁减冗员，黜退贪官，改进"磨勘法"和抑制"恩荫"等方面。范仲淹很清楚，要保证吏治清明，首先必须严把官吏选举关。由于过去不加选择，使大批无才、贪浊、老懦之人进入官僚队伍，导致"良吏百无一二，使天下赋税不均，狱讼不平"的腐败现象。因此，范仲淹主张严格选官标准，把贪赃与否列入选官标准，将贪赃枉法者拒之门外。

庆历三年十月，朝廷派人到地方考察地方官，这些人回京后，揭发了一大批贪污无能的官吏。范仲淹亲自审查，将贪污无能的官员从花名册上一一勾销。

枢密副使富弼见勾掉的人很多，甚是不安，在一旁劝说道："一笔勾之甚易，焉知一家哭矣！"

范仲淹回答说："一家哭，何如一路哭耶！"仍然坚持将不合格人一笔勾掉。由于整顿吏治求实效，不走过场，形成了强大的政治压力，不少贪官望风而惧，主动引退，从而为廉政改革带来了实效。

其次，建立严格的官员考核升转制度。针对吏治冗滥腐败的问题，重新审定了"磨勘式"。旧有对文官的"磨勘法",不论政绩,只要3年任满,就可以升职。这种不论政绩,只论资历的做法,助长了慵懒习气的蔓延。新制定的"磨勘式"严格了官员的升迁条件,明确规定,德才、政绩是官员晋级的依据。善政异绩者给予晋升,具体包括:勤于政事,并政绩优异者;劝农政绩优异者;节约钱粮数多者;秉公执法昭雪冤狱者;管理有方革除大弊者。对有特别大功的"高才异行"者,不论辈分资历,破格提拔。对于无才无德、老懦昏庸者,一律黜退;贪赃枉法者,根据情节轻重,严加惩处或淘汰。这种严格考核的升转制度,对于提高官员素质、保证吏治清明具有积极意义。

在北宋吏治败坏的情况下,范仲淹提出了以整顿吏治为中心的廉政改革纲领实属难得。随着"明黜陟,抑侥幸,精贡举"等措施的推行,确实收到了一定的效果。原先贵族官僚子弟"不限才愚,尽居禄位,未离襁褓,已列簪绅"的现象有了改变。新订的"磨勘法"遏制了大贵族官僚的特权,打击和撤换了一批贪官污吏,在一定程度上改变了机构臃肿、官员冗滥的弊政,曾使当时吏治一度比较清明。但是,由于这次改革基本上没有触及经济领域的问题,加上整顿吏治一开始就触犯了大官僚的既得利益,因而仅坚持一年多,就被迫废止了。

新政半途夭折,腐败还在继续,大宋王朝的统治,已陷入风雨飘摇之中。

(三)王安石变法乃北宋"最后一根火柴"

庆历新政的挫折表明,开展廉政改革固然要整顿吏治,但是对于经济领域的问题也必须面对,如果回避官吏在经济上的腐败问题,任何政治上的改革都只能是纸上谈兵。庆历新政夭折之后,宋朝官场腐败问题更加严重,豪强权贵兼并土地更显猖狂,国家财政更是入不敷出,政府深深地陷入了积贫积弱的困境之中。

治平四年（1067年），宋神宗赵顼继位。新上任的皇帝是一个好学青年，读书或研究学问常常是废寝忘食，但他继位时，北宋政府的土地兼并更甚于前朝，财政出现了巨额赤字，国家已陷入财政危机的泥潭之中不能自拔。这位喜读《韩非子》的皇帝深深感觉到"天下弊事至多，不可不革"，他想有所作为，有所改革，改变这种现状，认为"当今理财最为急务"，改革要以理财为先，从解决财政危机入手。为了解决这个问题，他先后咨询了曾经支持过范仲淹"庆历新政"的老宰相富弼，在任的宰臣曾公亮、韩琦等人。几乎所有人都说同样的话：亲君子、远小人、爱惜民力、不要擅自兴兵、恪守祖宗之法等等。说的似乎都对，但似乎又都是空话，到底怎么做才能摆脱目前的财政危机呢？没有人告诉他！

为了求得统治权的长治久安，神宗不顾臣僚的反对，起用了一个长期在基层工作、屡召不入朝的王安石，并采纳王安石的变法主张；次年又任命他为宰相，开始变法。

比起庆历新政，王安石变法已把对北宋吏治整顿的触角伸进了经济领域。王安石是抚州临川人，仁宗庆历年间的进士，曾经长期在地方州县任职，有丰富的基层工作经验，对造成北宋王朝严重社会危机的原因有一定的认识和了解，对经济领域里的一些问题也有较深切的体会。还在嘉祐三年（1058年）时，他就写了《上仁宗皇帝言事书》，提出了以"治财"为中心的整顿吏治的改革方案。

王安石认为，当时的官吏大多是"不才苟简贪鄙之人"，朝廷官员相互纳贿贪赃，以奢为荣，贪无止境。而一般的低级官吏却俸禄微薄，用度不足，于是削尖脑袋想办法牟钱，"委法受赂，侵牟百姓者，往往而是"，寡廉鲜耻，吏治随之败坏。王安石认为，只有治理经济，抑制豪强兼并，把官僚大地主、大商人垄断经济的特权收归政府掌握；同时制定一些能够适应和对付当前局势的法度，除贪兴廉，振兴经济，在发展生产的基础上促进国家的富强,这是挽救宋廷颓势的唯一出路。

王安石出任参知政事之后,在朝中设立"制置三司条例司",作为领导与推行变法的总机关。王安石变法的重点与庆历新政的改革重点有所不同,以经济领域的治理整顿为侧重点,实际上是仁宗以来廉政改革在经济领域的深入与发展。王安石对经济领域的治理整顿,包括农业生产、赋税、徭役以及商品流通等方面。他在《言事书》中提出的"治财"方针是:"因天下之力以生天下之财,取天下之财以供天下之费",也就是通过减轻负担,发展生产,满足消费。

熙宁二年(1069年)七月,王安石颁行第一个新法——均输法。为什么要急于实行均输法呢?这是因为当时北宋政府的贡输制度问题成堆,亟待解决。

北宋的都城在开封,这里居住着几十万军队,一百多万居民,每年要消费的粮食、丝麻织物以及制造军器需用的竹木、皮革、筋角等物资不计其数。京城出产不了这些东西,需要从外地调运。这些运抵开封的物资,都是百姓向政府缴纳的贡赋。当时百姓的赋税缴纳是实物制,生产粮食的地方缴粮食,生产竹木的地方缴竹木,负责运输的机构,将这些物资经汴水运送到开封。负责运输的机构叫发运司,主持这项工作的官员叫发运使。发运使只管运输,并不知道开封各种物资的需求情况,也不知道仓库里什么物资紧缺,什么物资过剩,长期以来,总是按部就班地一船一船地向京师发送。结果出现一部分物资多得没地方存放,一部分物资奇缺。有一些笨重又价低的物资,从很远的地方运到开封,运费超过价值的几倍,造成很大浪费。推行均输法,就是要改变这种现状。

王安石派办事能干的薛向为江、浙、荆、淮发运使,总管东南六路的财赋和茶、盐、矾、酒等收入,全权负责推行均输法。

均输法与旧的制度不同之处在于,中央财政拿出500万贯钱和

300万石米交给发运司作为本钱,在六路范围内通盘筹划,调配物资;发运使有权了解京师各种物资的库存情况和当年的支用情况,再根据需要向京师发运物资。在做好物资供应的同时,保证京师的粮食供应是发运使的重要任务。

薛向很有理财经验,上任之后,对京师每年物资的供需情况进行了调查,京师需要什么物资,心里有一本账,制订了一个详细的物资供应计划;对京师不需要的物资,他便将这些物资在六路之间转运变卖,通过地区之间的贸易得到差价收益。经过薛向的精心部署,开封国库积压的物资得以消化,不足的物资也能及时得到补充,通过在六路之间物资的转运变卖,从地区贸易差价中获得了可观的收益。均输法的好处很快就显现出来,薛向也因此而得到嘉奖。

熙宁二年(1069年)九月,王安石正式颁布实施青苗法。青苗法实际上是一种农业借贷方法,春耕的时候,农民没有种子钱,政府贷款给农民,取二分息,农作物收割后,随夏税连本带利偿还。由于是在播种青苗时借贷,所以叫青苗法或青苗钱。

王安石推行青苗法的目的有三个,一是使富人不得乘农民之急高利盘剥,体现的是抑兼并、济困乏的思想;二是使农民"趋时趋事",不误农时,发展农业生产;三是使国家财政收入得到增加。

各路提举官在执行的过程中,对第三条的认识似乎要深刻一些,就是增加财政收入。而增加财政收入的最好办法,就是多贷款,贷出的款子越多,收回的利息就越多,收的利息越多,提举官的政绩就越大。由于一味追求财政收入,青苗法在实行过程中就变了味。为了多获取财政收入,他们想方设法多贷青苗钱,不论贫富贵贱,按户头分配。实际的情况是,富户并不特别需要借贷,贫户急需借款,官府又怕他们还不起。有些地方的提举官便想了一个办法,按百姓的财力,自富至贫,将官款按比例分摊,并规定贫困户借款由相邻的富户担保。

所有这些，没有逃过御史们的眼睛，他们纷纷上表攻击新法。神宗皇帝甚至曾一度产生了废除青苗法的念头，后来又坚定了信心，王安石的变法才得以继续下去。

熙宁四年（1071）又颁行免役法。办法是改"派役"为"雇役"，即民众将应服的役折算成钱交给官府，由官府雇人服役。这样做有三个好处：一是农民出钱不出工，不耽误农业生产；二是所有人一律出钱，比较公道；三是忙人可以腾出时间去干自己的事，闲散人等则有了一条生路。

熙宁五年（1072）三月又颁行市易法。办法是政府在开封和各大城市建立市易务。市易务的组织章程为：负责人由政府任命，聘请有经验的商人负责具体业务工作。市易务经营业务有两项，一是商品批发贸易，平价收购小商贩滞销货物，畅销时再发卖给商人；二是向商人贷款，商人以产业作抵押，市易务收取一定利息。

市易法具有抑制富商大贾的兼并、垄断行为和平抑物价的效用，使得政府加强了对商业的控制，把以前归于大商人的权利部分收归政府，"货贿通流而国用饶"，政府财政收入由此有了一定的增加。同年八月，又颁行方田均税法。规定每年九月，由县官丈量土地，并检验土地的优劣，分等纳税。

此外还制定了农田水利法，奖励各地"开垦废田，兴修水利，建立堤防，修贴圩埠"，规定居民要按等出工出料。如果地方确实无力承担的工程，官府按低息贷给青苗钱；私人筹资兴修水利，可按功效给予奖励。农田水利法颁布后，人们"争言水利"，开垦荒地，使各地的农田水利兴修有较大的发展。

除以上在农业经济方面推行新法外，王安石还颁布了"强兵"法。通过精简军队，裁汰老弱，加强训练，以提高军队素质；同时还着手对教育、科举进行改革，使教育与科举为新法服务。

庆历新政与王安石变法，是北宋中叶政治、经济改革史上重要的一环，其上承隋唐，下启元明，继往开来，颇有建树。

范仲淹的庆历新政，其裁汰冗滥，黜退贪赃，严于选拔，曾使当时吏治一度比较清明。

王安石的变法，以财政经济为治理整顿重点，使某些扰民害政、贪赃枉法和赋税不均的弊端受到一定抑制，收到了比庆历新政更好的效果。最突出的是限制和削弱了大地主商人兼并土地和高利贷盘剥等特权，使中小地主和自耕农在政治经济上获得一些利益。特别是农业经济政策的改革，有效地促进了农业生产的发展。非常明显，变法改革会使贪赃腐败之风收敛；整顿吏治，会使国家行政机构廉洁高效，这对国家政权的巩固、社会秩序的稳定具有积极作用。从宋仁宗时的庆历新政到宋神宗时的王安石变法，前后历经 42 年，虽然因保守势力的激烈反对而夭折，但对缓和北宋中叶的社会矛盾，促进社会生产力的发展，仍起到了一定作用。

王安石变法是北宋王朝最后一根火柴，火柴的火灭了，北宋王朝也就没有了生机，离灭亡也就不远了。

四、北宋后期积重难返

北宋后期，吏治败坏，贪污腐败之风已积重难返。尤其是北宋末年，由于宋徽宗及蔡京集团的腐朽统治，贪污之风愈演愈烈，各级贪官贿赂公行，难以为禁，外则监司守令，内则公卿大夫，假公济私，诛求百姓，公然窃取，肆无忌惮。

北宋末期的大贪官，是宋徽宗最宠信的几位大臣：蔡京、王黼、童贯、梁师成、朱勔、李彦六人，时称"六贼"。除此之外，还有杨戬、高俅等人，这群贪官权倾一时，相互勾结，罔上欺下，贪污受贿，无恶不作。在职时大肆贪污，各种损公肥私的手段无所不用其极，所聚敛的赃物不计其数。他们穷极富贵，生活侈靡腐化，挥霍无度。

"六贼"之首的蔡京，在宋徽宗即位不久便当了右相。三黜三进，把持朝政，6个儿子4个孙子同时执政、从官。蔡京不仅拿的是双份工资，而且还可以任意支取公款，从中侵吞中饱私囊。史家评价蔡京：不顾廉耻，见利忘义，"至于兄弟为参、商，父子如秦、越。暮年即家为府，营进之徒，举集其门，输货僮隶得美官，弃纪纲法度为虚器。患失之心无所不至，根株结盘，牢不可脱。卒致宗社之祸，虽谴死道路，天下犹以不正典刑为恨"。

买官卖官是宋朝贪官敛财的一个重要途径。宋朝卖官分为两类，一类为制度性卖官，一类为官员私下卖官。这里说的买官卖官，主要是指权臣私下卖官。

宋朝实行高度的中央集权，政府官员大到宰相，小至县以下负责酒盐专卖的低级官员，全部由中央委任。除少数高级官员由皇帝亲自任命外，其余官员由吏部委任，称为"部注"。宋朝官员的头衔很复杂，有官、职、差遣、勋、爵、邑之分，其中只有差遣属于实职，其余都为虚衔。一定条件下，虚衔可以转换为差遣。

宋代官场中的行贿受贿，一个重要方面就是买官卖官。从宋初到哲宗时期，由于朝廷整肃吏治，权臣私下卖官的行为较为收敛。如仁宗初年，宰相丁谓卖官敛财，受到抄家的处罚。

北宋时期，权臣卖官的行为多有记载，如《续资治通鉴长编》记载："皇祐中，发运使许元颇号任职，而元赂遗权要，倾巧百端，其始也止得同进士出身，既而又为侍御史，在任累年，晚乃得除此职。"

宋哲宗时，也有卖官的记载。虽然都不是大案，但多少也反映了官员私下卖官的事层出不穷。

北宋王朝的腐败到后期宋徽宗时达到顶峰，买官卖官之风更是日渐猖獗。这个时期的"六贼"都是典型的巨贪,像高俅、杨戬这样的贪官奸臣还排不上座次,堪称是一个贪官辈出的时代。蔡京、童贯两人更是买官卖官的罪魁祸首。

蔡京弄权,卖官鬻爵,路人皆知。《三朝北盟会编》记载蔡京:"窃弄威柄,鬻卖官爵,货赂公行,盗用库金,奸赃狼藉。"

童贯卖官,更是到了登峰造极的地步:"植私党,交通问遗,鬻卖官爵,超躐除授,紊乱常制。有自选调不由荐举而辄改官者,有自行伍不用资格而遽升防、团者,有放废田里不用甄收,而擢登侍从者。奸赃小人,争相慕悦,侵渔百姓,盗取官钱,苞苴公行,门户如市,金币宝玉,充牣如山,私家所藏,多于府库。"

王黼继承了蔡京的衣钵,不但大肆卖官,而且还明码标价。当时有"三千索,直秘阁;五百贯,擢通判"的民谚。《三朝北盟会编》卷31记载:"黼以进奉而多半隐盗于家,公然卖官,取赃无厌,京师为之语曰:'三百贯,直通判,五百索,直秘阁。'其无廉耻如此。"

宦官梁师成卖官更疯狂,他的卖官渗透到了科举领域:宣和六年(1124年)春,上皇亲策进士800余人,据说其中有百余人都是走梁师成的关系。梁师成受贿后,"每遇赐名唱第之日,师成必在上侧,临时奏请,妄有升降,以乱公道。在廷之士往往解体,国家选举之法为师成坏乱,几至扫地"。科举制素称为公道取士,梁师成竟然将卖官的魔爪伸进科举领域,可见其胆量和神通已到了常人不能及之地步。

此外,如孟昌龄、朱勔父子、李邦彦等人,也都是卖官好手。特别是朱勔和两个儿子,各立门户,专做买官卖官的业务,门庭若市,生意好得不得了。

《三朝北盟会编》卷159,文士朱梦说针对当时宦官势力的猖獗,卖官的盛行,上书宋徽宗说:"宦官委任华重,名动四方,营起私第,强夺民产,名园甲第,雄冠京师,卖官鬻爵,货赂公行,人莫敢言,道路以目。盖位高而不可仰，势大而不可制，官人以爵，而有司不敢问其贤否，刑人以罪，而有司不敢究其是非。"

这一伙奸贼蠹国乱政，把国家弄得乌烟瘴气，以致百姓喊出了"打破筒（童贯），泼了菜（蔡京），便是人间好世界"的呼声。

政治上的腐败，必然会导致生活上的腐化，以徽宗为首的统治集团，是一伙醉生梦死，挥霍无度的寄生虫。

蔡京为了取悦皇帝，首倡丰、亨、豫、大之说，主张太平盛世，应该及时享乐。宋徽宗先是铸九鼎、建明堂，以显耀富贵，接着便是命朱勔在苏州设立应奉局，搜刮江南的奇花异石运往开封。当时把运送奇花异石的船队称为"花石纲"，淮河汴河之间，舳舻相接。"凡士庶之家，一石一木稍堪玩者，即领健卒直入其家，用黄表封识，指为御前之物，使护视之。"看护不紧，就要问罪。运走之时，拆屋扒墙，逼得百姓倾家荡产，卖妻鬻子。

主持花石纲的朱勔，在采购花石纲过程中巧取豪夺，化公为私，中饱私囊，从国库里支出巨额公款，几乎全都进了个人的腰包，贪污数额之巨，无人能及。

在苛政的压迫之下，百姓除了铤而走险，已别无选择。宣和二年（1120年）十月，终于爆发了方腊领导的农民大起义。方腊起义虽然被镇压下去了，但接着就是金国的入侵，徽、钦二帝当了金人的阶下囚，北宋就此灭亡。

五、南宋吏治败坏失江山

（一）吏治腐败的种种表现

南宋统治集团偏安一隅，上下偷安，骄奢淫逸，大肆搜刮民脂民膏，过着醉生梦死的生活。由于奸臣当道，且这些奸臣又大多是朝中的大贪官,故南宋对贪官赃吏的姑息,吏治腐败程度较之北宋,有过之而无不及。在南宋统治150余年间,除宋孝宗朝曾一度整肃吏治、惩处贪官外,其他时期贪风如炽,腐化成灾。

1. 贪污成风

北宋迅速灭亡的重要原因之一,就是官吏贪污成风,吏治腐败透顶。南宋沿袭了北宋的贪污之风。高宗时期,贪污现象就已经非常严重,记于史册的贪官污吏不计其数。秦桧、冯益、陈永锡、龙大渊、王继先、贾似道,就是其中的典型代表。故有人说当时官场的状况是,"循吏者十无二三,贪残昏谬者常居六七"。到理宗时,更是贪官满天下了。

南宋第一个大贪官是卖国求荣的千古罪人秦桧。秦桧独霸朝政,在政治上玩弄权术,在经济上大肆聚敛财富,贪得无厌,开门受贿。《宋史·秦桧传》记载秦桧"开门受赂,富敌于国,外国珍宝,死犹及门"。

秦桧敛财手段花样百出,每逢生日,让各州贡献财物为他祝寿,这笔钱每年多达几十万。地方官如果给他写信,必须捎上礼品,单纯一纸书信,根本就到不了秦桧之手。

秦桧还公开卖官,吏部选定的官员,必须先给秦桧送礼,礼未到,上任的通知单就发不下去。秦家收礼是当时的一道风景:各地前往京城送礼的车船首尾相连,水陆并进,川流不息;秦桧大院更是门庭若市。钱来得快,花得也如流水,秦桧办一次家宴,花费就得数万钱;一件新衣服,只穿几天,就被当成垃圾扔掉,奢侈铺张到了无以复加的地步。

在秦桧贪得无厌的榜样的影响下,各地官吏除了盘剥百姓、媚奉秦桧以外,自己也纷纷效仿,各显神通,竞相聚敛搜刮。

以高宗时期的大贪污犯、医官王继先为例。据《宋史·王继先传》

记载，王继先贪污的财物多得无法计数，家财富比王室，势可通天，文臣武将，"莫敢少忤"。有人上书指斥说："继先过恶，臣特举其尤者，余虽擢发，亦未可数。今市井之人，则怨其强夺妇女；商贩之民，则怨其侵渔财利；乡村之人，则怨其吞并田产；至于士大夫，则怨其挟持权势，请托无厌。合是数者之怨，皆恨不得食其肉，而寝处其皮。其罪恶贯盈，王法实不容。怨臣愚伏望陛下特赐睿断，将王继先编管岭外，将本身及其子孙冒受官爵，尽行褫夺，其第宅、财物、田产，皆民之脂膏，及赃污货赂所积，乞委临安府及诸州所属，尽行检括，籍没入官，以赡军将。"

王继先事先已闻风声，转移了部分财产，但他在倒台之后，仍然从他家放还良家子弟百余人，抄没财物不可计数："放还良家子为奴婢者凡百余人。籍其赀以千万计，鬻其田园及金银，并隶御前激赏库。其海舟付李宝，天下称快。"

王继先只是一个御医，主管翰林医官局，他所授官权限，最高者仅为承宣使一类的职务，就是这样一个不大的官，却能贪得如此巨额财富，南宋官场贪污之风由此可见一斑。

南宋后期，因为有奸臣、贪官宰相丁大全、贾似道之流带了坏头，以致贪污之风更加猖獗。

史书说丁大全"奸回险狡，狠毒贪残，假陛下之刑威以钳天下之口，挟陛下之爵禄以笼天下之财"。丁大全在淮西任职的时候，想与一位名叫郑羽的富豪交朋友，郑羽对丁大全没有兴趣，拒绝了丁大全的要求。丁大全便暗中指使人诬陷郑羽，然后查抄了郑羽的家产，据为己有。

贾似道当权期间，官吏贪污之风更是大行其道，"一时正人端士，为似道破坏殆尽。吏争纳赂求美职，其求为帅阃、监司、郡守者，贡献不可胜计。赵潽辈争献宝玉，陈奕至以兄事似道之玉工陈振民以求进,一时贪风大肆"。

朝廷高官贪赃枉法,上行下效,一些中低级官员也乘机浑水摸鱼,大胥小吏,争先恐后,多者至数万缗,少者数百。

2. 政以贿成

南宋承袭了北宋之弊政,贿赂公行,蔚然成风,贪吏肆虐,政以贿成。政以贿成既表现在行政、民政腐败方面,也表现在军政与司法腐败等多方面。《象山文集》卷5记载陆九渊亲身见闻:"婺女之行,道经上饶,往往闻说其守令无状,与临川大不相远。既而景明劾罢上饶、南康二守,方喜今时监司乃能有此,差强人意。刘文潜作漕江西,光前绝后,至其帅湖广,乃远不如在江西时,人才之难如此。某人始至,人甚望之,旧闻先兄称其议论,意其必不碌碌,乃大不然。明不足以得事之实,而奸黠得以肆其巧;公不足以遂其所知,而权势得以为之制。自用之果,反害正理。正士见疑,忠言不入,护吏而疾民,阳若不任吏,而实阴为所卖。奸猾之谋,无不得逞;贿赂所在,无不如志。"

各类官场政务,无论合法与不合法,只要有钱,便可要风得风,要雨得雨,陆九渊还进一步指出:"今风俗弊甚,狱讼烦多,吏奸为朋,民无所归命。曲直不分,以贿为胜负……吏人自食而办公事,且乐为之,争为之者,利在焉故也。故吏人之无良心,无公心,亦势使之然也。"

这就是说,当时各级官吏,贪污受贿者便能飞黄腾达,不同流合污者,遭受排挤压抑。贪官污吏"牟贼其民,慢视阙职,弗以经意。而方洁之士,饬躬自将,挺然不徇流俗者,又沈滞下僚,壅于闻达,薰犹不同,反罹訛毁。部使者罔克闻知,奉诏宣化,如此岂不谬哉。方今国家少事,徭役不兴,兵革不作,而民多贫困失职,厥咎安在,是廉吏不兴,而贪吏未去也"。

193

由于贿赂公行，政以贿成，国家法律形同虚设，伦理混乱，纲纪废弛，社会上也就没有公道可言。官吏营私舞弊，损公肥私，百姓则受尽剥削，苦不堪言，甚至连申诉的机会都没有。

南宋时期，很多贪官不仅行贿受贿，而且还大肆索贿。《汉滨集》卷5记载了时人王之望的一段议论，他说：当时在郡县之间，对社会危害最大的不是地痞流氓，而是政府胥吏。这些人出入于乡村之间，作威作福，欺压百姓，小者混一顿饭吃，大者索取钱财。秋天索取稻谷，夏天谋求丝麦，稍不如意，便拳脚相向。百姓畏惧胥吏甚于强盗。郡守、县令对他们的部属，根本不管不问。特别是那些收税的税吏，强打恶要，中饱私囊，人人都是鲜衣美食，肤体充盈。

3. 公款送礼

南宋有一种新的贪污行为大行其道，这就是苞苴，又称"馈送"。这种馈送并不是官吏自己掏腰包，而是动用公款。朱熹把这种馈送视为"将官钱胡使"，"为自家私恩"。官吏不必花自己1文钱，便为自己买来了情面，编织了官场关系网。在实际中这种馈送是官吏之间的互送，小官送大官，下级送上级，送来送去，塞满了官吏们的腰包，流失了各级政府的公款，以致搜刮来的民脂民膏或国库财物，最终成了贪官污吏的私钱。

苞苴行为在北宋中后期便已出现，范仲淹曾指出："今之县令循例而授，多非清识之士。衰老者为子孙之计，则志在苞苴，动皆循己。少壮者耻州县之职，则政多苟且，举必近名。"相比较而言，北宋虽然也有苞苴行为，但史籍记载并不多，因此可以说，利用苞苴进行贪污的行为，在北宋时并不普遍，至少没有泛滥成灾。

南宋中后期，苞苴则成为"成例"，各级政府衙门都要拨出一笔专款，"皆例册外"，"别立名目，以为馈送"。朱熹在《朱子语类》卷106中就曾指出："某见人将官钱胡使，为之痛心！两郡守，皆承弊政之后，其所用官钱，并无分明。凡所送遗，并无定例，但随意所向为厚薄。……有时这般官员过往，或十千，或五千。……若过往官员，当随其高下多少与之，……为自家私恩！于是立为定例，看甚么官员过此，便用甚么例送与之，却得公溥。后来至于凡入广诸小官，如簿、尉之属，个个有五千之助，觉得意思尽好。"尤其是韩侂胄当宰相之后，贿赂盛行，送礼是一件公开的事情，人们视而不见，并不觉得有什么值得惊讶的地方。许多人"私县官之赃以自入"，"公苞苴之赃以自富"。

南宋官场上不仅公款送礼大行其道，而且手段也在不断翻新。官员之间，迎来送往有馈送，生辰忌日有馈送，甚至假设忌日焚香以图馈送。

南宋著名思想家朱熹曾举例说：如不许州郡监司馈送，几番行下，而州郡监司亦复如前；但变换名目，多是做忌日，去寺中焚香，于是皆有折送，其数不薄。间有甚无廉耻者，本无忌日，乃设为忌日焚香以图馈送者。朝廷诏令，事事都如此无纪纲，人人玩弛，可虑！可虑！

南宋官员用于苞苴的款额十分惊人，动辄数以万计。据李心传在《建炎以来朝野杂记》记载，当时扬州的苞苴专款，仅在账面上反映的便高达12万贯之多。他还举例说：当时江浙各县每年都要向中央各部门的官员送酒，一年送五六次，每次数千斤之多；淳熙年间，平江知府王仲行用公款请客，一桌酒席花了千多贯钱，而"成都三司互送，一饭之费达三千四百余缗。"诸如此类，不可胜数。

南宋后期，尽管朝廷申严"互送之禁"，由于吏治废弛，苞苴之风反而愈演愈烈，苞苴的数额更加惊人。正如当时的地方官蒋重珍指出的那样："苞苴有昔所未有之物，故吾民罹昔所未有之害；苞苴有不可胜穷之费，故吾民有不可胜穷之忧。"

4.违法经商

南宋时期，官吏违法经商牟利的现象较北宋更为严重，据《梦粱录》卷13记载：仅临安街上，以官家名字开设的店铺就有"楼太丞药铺"、"徐官人幞头铺"、"傅官人涮牙铺"、"张官人诸史子文籍铺"等上百家之多。

《宋史·陈良祐传》记载当时的情况，宰相不以国事为重，"专以商贩为急务"，皇亲国戚也不甘落寞，纷纷加入到经商行列之中："讬肺腑之亲，为市井之行，以公侯之贯，牟商贾之利，占田畴，擅山泽，甚者发舶舟，招蕃贾，贸易宝货，糜费金钱，或假德寿，或托椒房，犯法冒禁，专利无厌。"至于小官胥吏，违法经商贩卖者，更是无奇不有，有的官员甚至把生意做到了海外。

宋代财政官员为国家理财无能，为自己发财却很有办法。南宋初年户部尚书张悫就是典型代表。作为朝廷管理财政的最高长官，他居然"自设酒肆"在街头卖酒赚钱。

文官在商场大显身手，武将经商之风更盛，许多将领都在商场上呼风唤雨，贩茶沽酒，贩木卖炭，甚至派人经营海外贸易。这些将领中首推南宋四大将之一的张俊，此人曾任枢密使，战场上屡吃败仗，商场上却是一路奏凯，军中有一首歌谣：

张家寨里没来由，
使他花腿抬石头。
二圣犹自救不得，
行在盖起太平楼。

张俊在军队里挑选身体健壮的士兵，从臀部以下刺上花纹，因而张家军有"花腿军"之称。这些花腿军不是在战场上冲锋陷阵，而是在杭州搬运建筑材料，为张俊修建一座名叫太平楼的大酒店。不仅如此，他还派人到海外各国贸易，"获利几十倍"。张俊因经商而发财，成为当时的大富翁，财富不计其数，岁收租米60万斛。时人怨愤，称他在"钱眼内坐"，给他取个绰号叫"铁脸"。"铁脸"就是脸比铁硬，"无廉耻，不畏人"的意思。

宋孝宗时期，有的将领干脆把大批官兵差派出外经商，走时借给每名官兵本钱5000，回来时却要15000，达3倍之多。无奈之下，官兵只得贩运茶叶，因为当时茶叶是违禁品，贩卖这类违禁品，利润丰厚，往返三五次，钱就赚够了。

南宋同北宋一样，不法商人交结权贵以牟暴利，贪官污吏则勾结富商以图横财。孝宗时台州知州唐仲友，不仅"接受财物贿赂，不可胜计"，而且还在家乡婺州开设彩帛铺和手工作坊。

官吏经商并不是正当经营，更多的是凭借权势，违法犯禁，比如茶、酒、盐等商品在当时是专卖品，只能官营，不得私贩，但官吏经商，就是选择这些违禁商品。如果从事管理的官吏敢过问，不但不会有好结果，甚至招来杀身之祸。如宋孝宗时的周极，"知秀州日，自带私家，坐船于本州酤卖私酒，为州酒务辖下人所捕。极忿怒其人，诬以行劫，绷拷有至死者"。

"州酒务"是酒类专卖管理机构，管理机构的官员抓捕贩运违禁物品者，本属于职责范围之内的工作，却因此招来杀身之祸，可见周极是何等猖狂。

理宗时期，也出现同样的事件。据《清正存稿》卷1记载：有一个叫赵彦满的人，驾驶6艘满载私盐的大船，经过采石径时，守关人员询问船上装的是什么物品，赵彦满不但不回答，反而以竹竿戳守关军人，被戳之人几乎丧命。

从中可以看到，从北宋到南宋，文官武将们倚仗权势，蔑视法禁，私酿私卖已达到十分严重的程度。

5. 买官卖官

南宋权臣卖官的热情丝毫不输于北宋末年，南宋初，奸相秦桧"喜赃吏，恶廉士"，卖官敛财，贪得无厌。《建炎以来系年要录》记载他的卖官价格为："监司、帅守到阙，例要珍宝，必数万贯，乃得差遣。"几万贯钱是各路安抚使、转运使之类大员的买差遣价格。

秦桧的人品不怎么样，但是卖官时比较讲信用，只要是他卖出的官，一定会负责到底，充当这些人的保护伞。《建炎以来系年要录》记载："及其赃污不法，为民所讼，桧复力保之。故赃吏恣横，百姓愈困。"

宋孝宗时期，重用的近臣和宦官如龙大渊、曾觌、王抃、甘昪等辈，龙大渊死得早，后三人"相与盘结"，恃恩专恣，买官卖官，门庭若市，士大夫中无耻者争相依附，朝中的高官要职，多出自三人门下。《朱文公文集》卷96《陈俊卿行状》说："曾觌、王抃招权纳赂，荐进人材，而皆以中批行之。外间口语籍籍，恩尽归于此辈，谤独萃于陛下，此非宗社之福也。"所谓"招权纳赂，荐进人材"，就是贪赃纳贿，买官卖官。

宋光宗初年，朱熹针对宋孝宗时的弊政说："体统不正，纲纪不立，而左右近习皆得以窃弄威权，卖官鬻狱，使政体日乱，国势日卑，虽有非常之祸，伏于冥冥之中，而上恬下嬉，亦莫知以为虑者。"

宋宁宗时，权臣韩侂胄当政，买官卖官之风更是愈演愈烈，各级政府官吏大肆搜刮民财，巴结权臣，以求得到一个美差；军队将官克扣军饷，以媚权臣。

陈自强是韩侂胄的启蒙老师，受韩侂胄的关照而官至御史中丞。这个人贪得无厌，是一个卑鄙无耻的小人，为表达对韩侂胄的提拔之情，竟然称韩侂胄为恩父、恩王。不仅如此，他还充当捐客，帮助韩侂胄招权纳贿，卖官敛财。

史弥远当国时，史称其政以贿成，官以贿得。《历代名臣奏议》卷5载，真德秀说史弥远"黜忠良而进贪刻"；"廉耻道绝，货赂公行，以服食器用为未足，而责之以宝玉珠玑，以宝玉珠玑为不足，而责之以田宅契券。"连田宅契券也成为买官之资，可见史弥远贪到何等地步。

南宋买官卖官还卖出了新名堂，这就是"债帅"。债帅一词最早出现于唐朝，唐中期以后，有人想出任方镇节度使，便借钱贿赂权贵，买到官上任后，便大肆搜刮钱财，用以偿买官时所借债务本息。这些身负巨债而出任方镇的节度使，称之为"债帅"。

北宋后期，虽然边帅都是用钱买来的官，但并无"债帅"之说。孝宗继位之后，多少还有整军经武、雪复仇耻之心。然而军中积弊已深，远非孝宗所能整顿得了。即位之初，便有人说"极言近习弄权，债帅纳贿等弊"，这当然指的是高宗时的弊政。

朱熹也曾指出："今将帅之选，率皆膏粱骏子、厮役凡流，徒以趋走应对为能，苟且结托为事。物望素轻，既不为军士所服，而其所以得此差遣，所费已是不赀。以故到军之日，惟务哀敛刻剥，经营贾贩，百种搜罗，以偿债负。"

嘉定元年（1208年），宁宗在《戒饬贪吏诏》中不得不承认，"奸幸弄权，故相同恶，上下交利，贿赂公行，赃吏债帅，益无忌惮"。

韩侂胄、史弥远等权臣既是债帅的行贿对象，也是债帅的保护伞，故债帅之风愈演愈烈。

宋朝的武将贪财黩货和兼并土地成风，不仅是严重的经济问题，也是严重的政治问题和军事问题。一些企图通过成为将帅捞利的人，通过行贿朝廷权臣以获取军权，由于被任命前不惜借款行贿，许多将领上任时成为"债帅"，这就进一步导致将领更加疯狂地敛财聚富。

武将的贪财黩货、兼并土地，固然是封建土地制度的产物，而宋廷姑息养奸和纵容，也使其愈演愈烈。

宋朝的极贫，不是经济不发达，而是政府将纳税人的钱充作贡物，拱手送给异族；宋朝极弱，不是没有军队，而是军队没有战斗力，债帅们只知敛财，不知打仗。指望一支腐败的军队保家卫国，那是天方夜谭，宋代如果不灭，那就真的成为天方夜谭了。

（二）南宋的吏治

南宋从高宗赵构至帝昺一个半世纪时间里，始终是金戈铁马，干戈不绝，迫使南宋君臣把主要精力都用在抵御外侮，救亡图存上。但是统治阶级也懂得民心如水，载舟覆舟的道理，在强敌压境之时，如果一味苛征暴敛，很快便会亡国，因此有时也下几道蠲免赋税的诏书，惩办一些贪官污吏。

南宋九帝之中，高宗即位后四处流窜，漂泊不定，后来秦桧为相，残害忠良，聚敛钱财；光宗在位时间很短，宁宗时权臣韩侂胄伐金失败被杀，政权操在史弥远之手。史弥远"黜忠良而进贪刻"，"廉耻道绝，货赂公行"，政治自然不会清明；理宗、度宗之世，奸相贾似道专权误国。比较起来，孝宗赵昚就算是其中的佼佼者了。

对于吏治的整顿，南宋不及北宋严厉，太祖、太宗时期，官吏因贪赃被处死是常见的刑罚，在南宋时期基本被停止了。

南宋初高宗对官吏坐赃抵死罪执行宽大政策：贷命、除名、勒停、编管，对重罪者只是增加了"追纳赃钱入官"的处罚而已。绍兴七年（1137年），永嘉令李处谦犯贪污罪，依律应处绞刑，高宗却免其死罪，以赃物、赃款抵罪，并"自是以为例"。既然用钱可以抵罪，此后就再也没有官吏因贪赃而被处死的事情了。

宋孝宗即位之后，针对越来越严重的赃吏问题，加大了对贪官污吏的惩处力度，甚至还一度恢复"赃罪至死罪"的刺配之法。隆兴二年（1164年）九月诏"严赃吏法"，规定："今后命官犯自盗枉法赃罪抵死，除籍没家财外，取旨遵依祖宗旧制决配。"所谓决配，就是判决流放。经过一番整饬，官场风气为之一变，甚至曾一度出现以公款送礼为耻的局面。

宋光宗即位后，虽然也严赃吏之法，但始终只听楼梯响，未见人下来。对于显贵重臣仍然是处处维护，对一般官吏也越来越宽容，以致吏治废弛，贪风又炽。加之当时政治日益腐败，经济状况越来越糟糕，故贪赃之风更甚于前。尤其是韩侂胄当政之后，贿赂盛行，四方馈遗，公然送到宰执台谏之门，没有人感到惊讶。即使贪赃巨万，也只是投闲数月，仍可吃俸禄，照样是荣华富贵，享乐人生。

宋理宗时期，针对当时政治腐败，贪赃横行，国弱民穷的状况，不得不对吏治严加整饬，规定："岁举廉吏或犯奸赃，保任同坐。"并诏令："监司率半岁具劾去赃吏之数来上，视多寡为殿最，行赏罚。守臣助监司所不及，以一岁为殿最，定赏罚。本路、州无所劾，而台谏论列，则监司守臣皆以殿定罚。有治状廉声者，撽实以闻。"并多次"诏戒贪吏"。然而，理宗当政近40年，对于惩处贪官污吏，其实也是雷声大，雨点小，真正惩处的贪吏屈指可数，许多贪污贿赂案件，大多是不了了之。当时名臣真德秀说：乾道、淳熙年间，有位于朝者以馈及门为耻，受任于外者以苞苴入都为羞。今馈赂公行，薰染成风，恬不知怪。

正因为如此，人们评价当时的吏治状况时，都说是昏君奸相当道，以致"廉吏十一，贪吏十九"。其贪官之多，吏治之败，由此可见一斑了。清代著名史家赵翼在评价南宋吏治官风时指出：

> 南渡后，高宗虽有诏"按察官岁上所发摘赃吏姓名，以为殿最"，然本纪未见治罪之人。惟孝宗

> 时上元县李允升犯赃贷死，杖脊刺面配惠州牢城，籍其赀，失察上司俱降黜。广东提刑石敦义犯赃刺面配柳州，籍其家。知潮州曾造犯赃贷死，南雄编管，籍其家。参知政事钱良臣以失举赃吏，夺三官。是时法令虽比国初稍轻，而从积玩之后，有此整饬，风气亦为之一变。真德秀所谓"乾道、淳熙间，有位于朝者，以馈赂及门为耻；受任于外者，以苞苴入都为耻"，皆孝宗之遗烈也。
>
> 理宗虽亦诏"监司以半岁将劾去赃吏之数来上，视多寡为殿最，守臣助监司所不及，则以一岁为殿最"，是亦颇能留意综核者。然是时汤焘疏言"苞苴有昔所未有之物，故民罹昔所未有之害；苞苴有不可胜穷之费，故民有不可胜穷之忧"，则知庙堂之诏已为具文，而官吏之朘削如故也。

赵翼的分析和评价基本符合历史事实。南宋百余年间，朝廷虽然屡次下诏申严赃吏之法，但在高宗年间，尤其是光宗以后，实际上被杖、黥的贪官并不多，这是造成贪风日炽的一个重要原因。因此，尽管当时惩赃之法虽密，治贪之令虽多，但却难以遏制愈演愈烈的贪污受贿之风。

就在南宋政治腐败，国势日颓之时，蒙古人却秣马厉兵，全力攻宋了。祥兴二年（1279年），陆秀夫背着帝昺蹈海身亡，南宋灭亡。

六、宋朝兴亡的启示

宋朝是中国历史上经济发达、文化繁荣的时代，但在军事上却又是最弱的时代。经济发达、文化繁荣，虽然足以让国人骄傲，但难逃亡国的命运，给后人如下一些启示。

第一，吏不廉则天下亡。一个朝代政治的清浊，一个时期社会风气的好坏，往往与吏治密切相关。从两宋兴亡的历史来看，吏廉则天下治，"吏不廉则天下削"。众所周知，贪官污吏通过侵吞国家财产或利益，损公肥私，不仅伤害了赵宋王朝的政治基础，而且还削弱了中央集权赖以生存和稳定的经济基础。"蠹盛则木空"，这是宋人对官吏贪赃枉法危害性的高度概括。贪污腐败、行贿受贿，还易导致官吏之间结党营私，法制废弛，以致官吏执法不公，有法不依，违法不究，肆意践踏法律。官吏贪赃枉法，勒索于民，必然会使百姓更加贫困，从而导致社会矛盾更加激烈，直接威胁到统治者政权的稳定。

宋太祖赵匡胤明确指出："吏不廉则政治削，禄不充则饥寒迫，所以渔夺小利，蠹耗下民，徭兹而作矣。"正是官吏贪赃枉法严重的现实危害，才迫使赵太祖严贪墨之罪，以免政削国亡。

赵宋王朝的历代皇帝，除仁宗、神宗、孝宗之外，能有此认识的并不多，因而"吏之廉"也就无多谈起，"天下亡"也就成为必然。

第二，吏不治则贪风起。北宋前期、南宋中期，由于统治者重视整饬吏治，使原有的腐败吏治得到改善，为巩固中央集权，尤其为稳定赵宋王朝的统治起到了作用。

宋太祖曾经说："朕今抚养士卒，固不吝惜爵赏，若犯吾法，惟有剑耳。"这反映了赵匡胤惩治贪官污吏的决心。事实上，宋初整肃吏治的效果是明显的。然而在仁宗之后，统治者对吏治的态度趋缓，法制因之而废弛，对贪官的处罚也越来越轻，直接导致官吏贪赃枉法之风又盛行起来。王安石变法期间，吏治因整顿而有所好转，随着变法的失败，腐败之风又迅速蔓延，北宋王朝从此陷入万劫不复的境地。

南宋高宗时期，虽然也重申对于贪官要严惩不贷，但由于奸相秦桧"喜赃吏，恶廉士"，使得贪风日炽，污吏横行。孝宗即位，锐意为治，吏治为之一变。但好景不长，光宗、宁宗以后，吏治无从谈起，贪官满天下，至理宗时，官场已是贪浊成风。

不同的政治环境所带来的不同后果清楚地表明：治国必先治吏，吏不治，贪风起，最终的结果则是政毁人亡。

第三，道德丧则贪欲生。在一个世风日下的社会、吏治败坏的社会，主要的任务是教育官员，反对"贪利禄而不贪道义"，提倡"做好人而不做贵人"，培养官员良好的道德素养，提高其循矩、守法、持廉的自觉性，从根本上杜绝贪欲的滋生，铲除贪污腐败的思想根源。这是反省、总结宋朝兴亡的又一个重要启示。

从两宋时期的历史看，倡导廉政，惩治贪污腐败，反对"贪利禄而不贪道义"，提倡"做好人而不做贵人"，主要有三个方面的含义。

一是反对贪图利禄，并不是否定利禄，只是不要一味地追求利禄。至于正当的利禄，国家则应充分地保障供给。正因为如此，宋朝统治者一直都比较注重官吏俸禄的发放和俸禄制度的完善。太祖赵匡胤就曾指出："吏员猥多，难以求其治，俸禄鲜薄，未可责以廉。与其冗员而重费，不若省官而益俸。"于是重新确立了官吏的俸禄标准，从而为保证官吏勤于职守、保持廉洁提供了基本的物资生活条件。大体上看，宋代官员的俸禄，确实优于前朝后代。就依认为俸薄禄少的王安石所言，当时州县之吏，月俸仍有四五千到八九千钱，可购买米麦十余石，恐怕也不能说薄。需要说明的是，反贪倡廉，求治兴邦，裁冗省员可行，但仅依靠增加俸禄，毕竟是治标之举。正确的方法是标本兼治，双管齐下，在提高官员素质上狠下功夫。事实上，从宋代官员俸禄水平与吏治状况的关系看，俸禄相对低廉不一定导致贪腐盛行，宰相范质"循规矩，重名器，持廉节"。宋太祖感叹地说："朕闻范质居第之外，不植产业，真宰相也。"相反，高薪也并不一定养廉止贪。北宋初年官员的俸禄水平是最低的，但政风却相对清廉。北宋末年官员的俸禄是最高的，却贪风蔓延，而"良吏实寡，赇取如故"。蔡京、王黼、童贯、朱勔等贪官污吏充斥朝野。

二是注重儒家传统道德的培养，努力提高克己、制私、戒贪、崇道、尚俭、持廉的基本素质，以利从根本上防止私欲贪念的产生，铲除贪污腐败的思想根源。宋人多认为，《管子》的"礼、义、廉、耻，是谓四维：四维不张，国乃灭亡"的言论是明道知治之举，只有强化道德宣传与约束，讲求荣辱廉耻观念，提高官吏的基本素质，才能从根本上防贪止贪。因为讲求廉耻，"寡于私欲"的人，是不愿辱名谋利、无耻贪污的。

三是不做贪利禄的"贵人"，要做守道义的"好人"。如何做到这一点呢？宋代大儒朱熹认为，必须从两方面着手：其一，为人治学，做官为仕，须修身立志。立志，就是要立志于道义，不要见利而忘义。其二，要正确处理好富贵、贫贱与道义的关系。尽管富贵是人人都希望得到的，贫贱是人人所厌恶的，但君子对于财富和贫贱所持的标准是"道义"，于道不当富贵，则应视富贵轻如浮云，不为所动，即使富贵也不处，因为这是不应得而得之的。反之，如果为求道义当贫贱，则应安贫乐贱，于贫贱不去。这是做"好人"所必须具备的重要品质。所以朱熹认为，君子之所以为君子，是因为其仁，如果贪富贵而厌贫贱，则是自离其仁，这就不是君子了。"仁"就是做"好人"应遵守的基本道义。只有守道义，做"好人"而不追求做"贵人"，才能戒贪欲，不以非道去求富贵。为官者如果具备了这种品德素质，自然就会抛弃贪图利禄的"贵人"，保持廉洁品格，努力为政清廉。

第八章
元朝——最无制度的朝代

第八章 元朝——最无制度的朝代

蒙古乃马背上的民族，对汉文化缺乏足够的认识，他们于马背上得天下，却又希图在马背上治天下，由于对儒家文化缺乏认知，导致治国理论出现缺失，政治制度少有章法，故被后人称为"最无制度"的朝代。

蒙古的兴起和元朝的建立，使中国古代的政治制度进入一个新的阶段。元朝承辽金之遗法，揽南宋之制度，结合本身之习俗，形成其独特的政治体制，在吏治建设方面，元朝自成体系，特别是在官吏监督方面颇有建树。但元朝国祚较短，而且对官吏贪赃枉法、搜刮聚敛缺乏有效的制裁措施，吏治腐败程度较为严重。

一、最无制度的朝代

　　元朝是北方游牧民族建立的政权。蒙古人从马背上得天下，又在马背上治天下，政治清明的时候，也曾有勤政爱民之举措，也能纳一二句善言，但从总体上看，元朝却是一个"最无制度"的朝代。正如元明史专家孟森在《明清史讲义》中所言："自有史以来，以元代为最无制度，马上得之，马上治之。当其清明之日，亦有勤政爱民，亦有容纳士大夫一二见道之语，然于长治久安之法度，了无措意之处。"

　　最无制度的直接结果，就是朝纲不肃，官纪不清，腐败严重，贿赂公行。说元朝最无制度，是因为元朝作为一个国家政权，竟然连皇帝听政的朝参制度都没有建立，皇帝接见大臣没有形成制度，百官见皇帝只能是在大型活动中远远看一眼，犹如雾里看花一般。自古以来那种君王与群臣同堂议政的情景，在元朝很少见到。

　　元朝的皇帝大多都是把军国大事交给宰相处理，自己当甩手掌柜，即使个别有志于治国安民的皇帝，也由于其民族局限性，对中国传统的政治制度没有足够认识。蒙古人迫切需要建立的是一个能够有效统治汉人的马背政权，而不是精雕细琢地设计政治体系。元朝的皇位继承没有形成制度，统治者对臣权，特别是相权基本也没有限制措施。政治统治处于一种动荡、无序的状态之中。

　　制度的不健全，导致吏治混乱，官场腐败严重。以武力称雄天下的蒙古贵族进入中原之后，很快便陷入花花世界的温柔乡，战斗力迅速丧失。当时地方最高长官多为蒙古、色目人担任，这些人多数不识汉字，只认钱财。叶子奇在《草木子》卷3中谈元朝官场腐败与军队堕落时说："元朝自平南宋以来，太平日久，民不知兵，将家之子累世承袭，骄奢淫佚，自奉而已。至于武事，略之不讲。但以飞觞为飞炮，酒令为军令，肉阵为军阵，讴歌为凯歌。兵政于是不修也久矣。"

蒙古骑兵入主中原后,以其野蛮的武力荡涤了中原累积起来的繁缛酸腐之气,同时也严重摧毁了中原士大夫的价值观念和道德体系。统治者基本远离了汉族传统的儒家文化,在用人上更喜欢粗识文字、办事利落的吏员,而不是熟读经典、高傲寡合的儒士。

元朝读书人的地位非常低,传统的士大夫需要丢掉自尊,放下面子,甚至奴颜婢膝,才能在政权中谋得一个职位混一口饭吃。汉唐以来的"文治"传统被抛弃了,"刀笔吏"成为政治生活中的主角。在制度层次上,这种指导思想的转变是元朝短命的一个重要因素,也是此后胥吏政治兴起的一个重要渊源。

蒙古人不懂得儒学治国的道理,他们轻视儒学,贬低读书人,轻易地放弃了建立廉政制度的思想根基,失去了建立廉政信念的理论支撑,使得廉政举措渐变为针对腐败表象的惩罚,廉政制度只剩下"章法"的外表,欠缺"道理"的内涵,难以形成"长治久安"的有效机制。因此说,元朝统治的短暂是一种历史的必然。

至元八年(1271年),元世祖忽必烈正式改国号为"大元",决定以中国封建王朝的规模、体制,建立大元王朝。此前的历史称之为大蒙古国时期。大蒙古国给大元王朝的吏治留下了两笔政治遗产,一是"撒花",二是"扑买"。

"撒花",波斯语的意思为礼物。

随着统治区域的扩大,特别是蒙古人占领华北地区之后,州郡官吏贪暴成风,富豪肆无忌惮地兼并土地,地痞流氓杀人越货等现象十分严重。针对这些问题,宰相耶律楚材向元太宗窝阔台提出《便宜一十八事》,请作为临时法律。《便宜一十八事》对地方官吏擅自征发徭役,商人侵吞官物,蒙古色目贵族不纳税、贪污官物等问题,都作出了具体规定。这些规定对于抑制官吏贪赃枉法、豪强兼并土地等具有积极作用。

耶律楚材的建议被窝阔台悉数采纳，其中唯"禁止贡献"即"撒花"一项例外。窝阔台的理由是"彼自愿馈献者"，故不予禁止。

耶律楚材虽然进行了辩争，仍然没有改变窝阔台的主意。

"撒花"是成吉思汗时期遗留下来的政治遗产。窝阔台统治时期，官吏随意向人民征取财物，索要贡献，已成为一种普遍现象，蒙古王爷、各位将领、各级官吏每到一个地方，总要强迫人民送"撒花"，用这种方式搜刮来的财物不必交给政府。

"扑买"，是元朝赋税征收广泛采用的一种商包法，即政府将某项税收向社会发包，商人通过竞争中标，并一次性缴足所承诺的税款。中标者向政府缴纳承诺税款后，便在承包区内向纳税人征收税赋，征收的税目、税赋标准，由中标者自主决定，征收超过交给政府部分，就是承包人的赢利。

金朝曾实行过"扑买"的办法，蒙古灭金后，屡屡有人向政府争要"扑买"权，由于宰相耶律楚材的反对而未遂。窝阔台晚年起用奥都剌合蛮后，"扑买"再次被提上议事日程。

奥都剌合蛮提出以44000锭"扑买"，也就是承包中原的税收，承包额比原税额高出1倍，具有极大的诱惑性和欺骗性。窝阔台见钱眼开，不顾宰相耶律楚材的反对，将"扑买"权交给了奥都剌合蛮。

耶律楚材只能徒叹奈何，无奈地发出"扑买之利既兴，必有蹑迹而篡其后者，民之穷困"的叹息。

二、元初吏治逆天而行

（一）贪婪的阿合马

历朝历代的开国皇帝，由于总结吸取前朝灭亡的教训，总会有一段政治清明的时期，如隋朝文帝时期，唐朝贞观时期，宋初太祖、太宗时期，莫不如是。元朝政治是唯一的例外，用四个字概括：逆天而行。

之所以说元朝的政治逆天，是因为元朝自从其立国时起，吏治败坏便是一个非常突出的问题，官吏贪赃纳贿不仅蔚然成风，而且来势凶猛。元朝有一个比较特殊的现象：南宋灭亡之后，统治者派遣大批蒙古人、色目人和北方汉人去做江南的地方官，这些派往南方的蒙古人、色目人和北方汉人，素质不是一般的低俗，而是非常低俗，这些人"半为贩缯屠狗之徒，贪污狼藉之辈"，他们以征服者自居，带着掠夺被征服地区财富的欲望，"寒向江南暖，饥向江南饱"，到任之后巧取豪夺，无所不用其极。江南地区官吏贪腐之猖獗，或许与这个背景有一定的关系。

历朝历代，吏治败坏一般出现在开国百十年后，元朝则不然，吏治败坏不仅出现得早，而且来势汹涌，贪官污吏们贪赃纳贿毫不掩饰，不知廉耻，几乎是明火执仗。宋人汪元量《醉歌》就曾说：

> 北师要讨撒花银，
> 官府行移逼市民。

是什么原因出现这种情况呢？这与当时的政治制度有很大关系。蒙古人开国之初，那些跟着成吉思汗打天下的蒙古将领，无论大官小官，成吉思汗都不给他们发工资；忽必烈开国时，这种状况并没有改变，这也是元代最无制度的一种表现。

蒙古骑兵虽然凭着一股血性跟随成吉思汗打天下，但不能不考虑生存问题，特别是有家有口的人，得考虑老婆孩子的温饱问题。有人大着胆子找成吉思汗理论：大汗，咱跟着您冲锋陷阵，抛头颅，洒热血，咱愿意，这没问题，但家里老婆孩子的生活问题得解决吧！不然，有他们拖后腿，这仗就没法打了。

成吉思汗倒也爽快，直截了当地说：要钱没有。

那人似乎豁出去了，放低声音说：大汗，山大王占山为王，也要考虑跟着他的兄弟们的生存问题呀！

这话有点重，意思是连占山为王的土匪头子都要考虑手下人的生存问题，成吉思汗如果不解决将士们的工资问题，连山大王也不如。

成吉思汗愣住了，半天之后抛出一句话：没钱，咱给政策。

那人说：什么政策，管用吗？

成吉思汗说：撒花，可以了吧？

"撒花"，在场的人一片欢呼。

什么是"撒花"？前面已经提过，这就是成吉思汗给他的子孙们留下来的政治遗产。

忽必烈开国时，"撒花"仍然大行其道。中统元年（1260年），据《元典章·圣政一·止贡献》记载，忽必烈在一道诏书中说："开国以来，庶事草创，既无俸禄以养廉，故纵贿赂以为蠹。凡事撒花等物，无非取给于民，名为己财，实皆官物。百取散一，长盗滋奸，若不尽更，为害非细。始自朕躬，断绝斯弊。除外用进奉、军前克敌之物并斡脱等，拜见撒花等物，并行禁绝。内外官吏，视此为例。"

官吏贪赃受贿，虽然是汉族统治政权中官僚队伍的痼疾，但在蒙古国官僚机构设置不健全，"无俸禄以养廉"等条件下，"撒花"是蒙古贵族经济收入的合法来源，诏书中所说的"纵贿赂以为蠹"，说的就是这个意思。

元朝官吏受贿贪赃，最初与"撒花"旧俗结下了不解之缘。

忽必烈继位之后，开始重视立法工作。他接受汉族儒士的建议，明确提出了"附会汉法"，"参照唐宋之制"的政治主张。

必须指出的是，忽必烈对待汉法的态度，是"附会"、"参照"，并不是简单地模仿和全盘照搬。这与历史上北方游牧民族进入中原后建立的北魏、金等政权"一以汉法为政"的做法大不相同。

元朝统治者歧视汉人，在对汉法进行改造的时候，对许多涉及蒙古贵族统治利益的旧制度、旧风俗都给予保留，并实行四等人制度，即蒙古人、色目人、汉人、南人。蒙古、色目贵族属"根脚人"，"无代之法，取士用人，惟根脚论。其余图大政为相者，皆根脚人也"，具有明显的民族压迫和阶级压迫的性质。但是，无论何种法律制度，在惩治贪官污吏这个问题上都是相通的。忽必烈颁布诏书，以官吏俸禄制度取代了"撒花"制度，就是整顿吏治的行为，这是忽必烈效仿汉法的进步。但"撒花"陋习的存在已经根深蒂固，并已融入汉人官僚贪赃的流弊之中，很难用一纸诏书就能废除掉，故"撒花"名义上被废止，实际上仍然顽固地存在，成为挥之不去的积弊。

忽必烈虽然颁布了一系列法令，要求官吏要为政清廉，关心民众疾苦，但是他急于敛财，因而任用了一些奸佞小人，阿合马、桑可便是显著的例子。

忽必烈即位后，急于消灭南宋，迫切需要军费。回回人阿合马善于理财，深得忽必烈的信任。中统三年（1262年），阿合马开始主管中央财政工作。

阿合马敛财的方式有三种：一是盐铁专卖，二是增加税赋，三是滥发钞票。

盐铁专卖是中国历史上传统的理财办法，阿合马上任之后，在钧、徐二州推行铁专营，"鼓铸铁器，官为局卖"。此外还在开封、卫辉等路对药材进行专卖。官营商业本身是增加财政收入的好办法，无可厚非，问题出在以权谋私上，而且愈演愈烈。

右丞相安童指责阿合马：挟宰相权，为商贾以网罗天下大利，厚毒黎民。也就是说，阿合马在为国家理财的同时，也在为自己敛财，

"官商"、"官倒",最容易激起民愤,阿合马就是这样的人。

税收是国家财政收入主要来源,阿合马用增加税课的办法来增加政府的财政收入,也在常理之中,问题是增税的限度和方法。至元二十一年(1284年)左右,程钜夫就曾奏说,茶、盐、酒、醋等税较之元初,提高了10倍以上。

阿合马征税使用的办法,其实就是奥都剌合蛮的"扑买"法,他把一个地区的税收承包出去,使税课收入成倍增长,同时也培育了一批如狼似虎的恶吏。国家税收是增加了,老百姓却也越来越贫困了。

滥发钞票是阿合马敛财的又一重要手段。至元二十三年(1286年)发行的交钞,高出元初13倍,导致物价上涨,民不聊生。

阿合马理财20年,其敛财手段残酷,变成苛政,加之以权谋私,中饱私囊,提拔奸党,打击迫害异己,朝野上下对他是恨之入骨。最终,阿合马被一个叫王著的下级军官杀死了。

(二)桑哥擅权

阿合马被诛后,卢世荣曾短暂执掌国家财政大权。卢世荣提出了一揽子改革方案,可惜主政仅4个月时间,便因统治集团内部的派系斗争而被杀,许多措施尚未实施,便胎死腹中。

继卢世荣之后,出现了桑哥蠹国乱政的事件。

桑哥是吐蕃人,通晓数国语言,是一个语言天才,但此君人品极差:"为人狡黠豪横,好言财利事,世祖喜之。"

桑哥上台后,改行钞法,这是解决当时财政困难最快捷的一招。具体做法是发行新纸币——至元宝钞。至元宝钞与原来的中统钞并行流通,兑换比例为1贯至元钞当5贯中统钞。发行新钞之后,桑哥又想方设法增加税收,以满足忽必烈对经费的需求。

至元二十五年(1288年),桑哥又请开凿会通河,改革漕运制度,使南方的粮食源源不断运往北方，解决了大都粮食的供应问题。

桑哥理财颇有成效，受到忽必烈的赞赏。一些谀佞之徒在尚书省门前给桑哥立了一块《王公辅政之碑》，为桑哥歌功颂德。

桑哥忘乎所以起来，露出了本来面目，贪赃受贿，甚至公开卖官。《元史·桑哥传》记载："以刑爵为货而贩之，咸走其门，入贵价以买所欲。贵价入，则当刑者脱，求爵者得，纲纪大坏，人心骇愕。"

桑哥的专横跋扈，引起了朝中大臣的不满，他们纷纷上书弹劾桑哥的罪恶。

忽必烈与桑哥曾有一个小过节。据说，忽必烈不知从哪条渠道得知桑哥很富有，家藏珍珠无数，向桑哥索讨，但却遭到拒绝。忽必烈为此耿耿于怀，看了大臣们的弹劾状，便命人抄了桑哥的家，目的是想看看桑哥的家里到底有没有藏珍宝。抄没家产，得黄金400两，白金3500两，还有大批田产、房屋。可见桑哥是一个大贪官。忽必烈下令将桑哥下狱，不久又下令处死。

桑哥被诛后，忽必烈不得不寻觅新的理财之臣。赛典赤·伯颜进入了忽必烈的视线。

赛典赤·伯颜先后担任过江西行省、河南江北行省长官，其间显示出理财才能。至元三十年（1293年）十一月，忽必烈把伯颜调到中央，任中书平章政事。

三、贪风四起与吏治整顿

（一）成宗朝的贪赃之风与反贪斗争

至元三十一年（1294年），元世祖忽必烈病逝，他的孙子铁穆耳继位，他就是元成宗。

成宗铁穆耳是一位守成之君，一切都遵循忽必烈旧章，虽然在廉政上没有多少建树，但政治上基本还是清明的。伯颜在忽必烈时期虽然受到重用，但没有"秉政"，成宗时继续任平章事，在中书省的地位就更加巩固了。

伯颜秉政后，举荐汉人梁都珪主持朝政。梁都珪也是一位理财高手

伯颜、梁都珪联手秉政的主要任务是为国理财，采取的措施是开源节流。开源方面是清理户籍、加大力度增加税收，节流方面是劝谏铁穆耳厉行节约，减少赏赐，即使是免不掉的赏赐，也要控制奖赏的数额，不能大手大脚。这些措施推行之后，虽然一定程度上缓解了财政恶化的问题，但却不能解决吏治败坏问题。

从世祖忽必烈朝后期以来，元朝的政治危机逐渐凸现出来，机构臃肿，法制败坏，特别是吏治败坏尤为突出。

元朝的吏治腐败，同当时的选官制度有很大关系。元朝入仕之途主要有"转官法"、"怯薛"、吏员出职、荫叙、纳粟补官等。

蒙古人有种族歧视行为，入主中原后，以他们的标准，实行4等人制，蒙古、色目贵族属"根脚人"，取士用人"惟论根脚"。掌管朝政的宰相、负责纠弹的御史，以及各部门、各级地方政府的一把手，只能由"根脚人"担任，汉人无论能力多强，本事多大，都只能当副手，不能任正职。

"根脚人"不懂汉文，有的人甚至连执笔签字画押都不会，让这样的人当地方行政长官，办事能力也就可想而知了。这些"根脚人"担任一个地区、一个部门的一把手，很大程度只是一个摆设，实权却由汉人、南人吏员操纵。

汉人、南人入仕，有的凭引荐，有的由吏员升职，虽然当时也实行了科举取仕制度，但因科举入仕者极少，通过吏员途径进入仕途的人占绝大多数。吏员出职者的政治素养及文化水平极低，一旦权力在

手，便与地方豪强相勾结，贪赃枉法，导致吏治极度败坏。这是元朝中后期吏治败坏的主要原因。在这种社会风气的影响下，终于爆发了朱清、张瑄大案。

朱清、张瑄原本是长江口崇明一带的海盗，从舟北至山东沿海的文登、夷维诸山、高句丽水口，甚至更远的渤海湾都是他们的势力范围。至元十三年（1276年），元军攻克南宋首都临安，需要将临安的库藏物资运往大都，当时两淮一带仍为宋军所有，从运河或陆地北运行不通，只能走海路。于是朝廷招安朱清、张瑄，要求他们将临安的财物装船，从崇明岛入海道运往直沽，然后转运至大都。这是元朝海运的开始。

元朝统一全国后，每年有大批粮食从江南运往大都，由于运河年久失修，河道淤塞严重，漕运不畅，即使河运可行，中途也有地方不能通过，需水陆联运，车船转载，是一件劳民伤财的事情。

至元十九年（1282年），伯颜提出海运的建议，命上海总管罗璧与朱清、张瑄造平底船60艘，从海道运粮到大都。次年，朝廷成立一个海运机构，由朱清、张瑄等人负责。朱清、张瑄两人办事还算能干，开辟的海运路线，一次比一次快捷，将粮食从海路源源不断地运往大都，为解决京师的粮食供应立下大功。

随着功劳的增加，朱清、张瑄两人的官越做越大，气焰也日渐嚣张起来，在给政府办海运的过程中，他们也不忘给自家捞外快，私自做起了海上贸易，"巨艘大舶帆交番夷中"；积聚巨额财富，"田园宅馆遍天下，库藏仓庾相望"。

大德六年（1302年），朱清、张瑄以权谋私、行贿贪赃的案子终于爆发。朱清、张瑄二人父子同时被处以死刑，家产全部充公。

朱清、张瑄二人本是海盗，为何能在官场上顺风顺水，谋得高官厚禄，博得巨额财富呢？其中一个很重要的原因就是行贿。

据记载，大德六年（1302年），监察御史杜肯揭发太傅右丞相完泽曾接受朱清、张瑄的贿赂，并没有引起当政者的重视；当年三月，朱清、张瑄两人的家属又重金贿赂江浙行省平章脱脱，脱脱不敢收受，但也不敢隐蔽，他如实向朝廷汇报了这件事情。元成宗夸赞脱脱是一个真汉子，并奖励他黄金5万两。

此后不久，因朱清、张瑄的贿赂案，中书平章伯颜、梁德珪、段真、阿里浑撒里，右丞八都马辛，左丞月古不花，参政迷而火者、张斯立等一批官员，都遭到撤职处罚。

铁穆耳命洪君祥为中书右丞，监察御史"言其曩居宥密，以贪贿罢黜，乞别选贤能代之"。虽然没有采纳，但也足见当时朝廷掀起了一股反贪之风。

（二）仁宗之治与铁木迭儿之奸

大德十一年（1307年），成宗病死，武宗即位。为了解决财政危机，武宗对货币、税收政策进行了一些变革。

监察御史张养浩批评武宗的变革为"变法乱政，将祸天下"，并上疏对时政进行批评，洋洋万言，主要内容是：赏赐太侈、刑禁太疏、名爵太轻、台纲太弱、土木太盛、风俗太靡等10个方面。可见，武宗朝的政治相当腐败与黑暗。

武宗在位不足4年，于至大四年（1311年）病死，他的弟弟爱育黎拔力八达继位，他就是仁宗。

元仁宗是一位颇通汉文化的蒙古人，他师从布衣李孟学习儒家文化，为日后以儒术治天下打下了思想基础。即位之后，力图改变武宗时政治混乱、财政枯竭的状况，从整顿朝政入手，全面推行"汉法"。在位9年，朝政和吏治都有明显好转。延祐七年（1320年）病逝。

仁宗虽然在朝政上有所建树，但与太后答己的关系很不好。

中书右丞相铁木迭儿"怙势贪虐,凶秽滋盛",是一个贪得无厌的家伙,由于太后答己的庇护,长期占据要职。为了防止铁木迭儿作乱,仁宗命御史萧拜住为中书平章,侍御史杨朵儿只为御史中丞,借以牵制铁木迭儿。萧拜住、杨朵儿只因此而成为铁木迭儿的眼中钉。

当时,上都富商张弼因犯杀人罪而被捕入狱,铁木迭儿收了张家的重贿,指使家奴胁迫留守贺伯颜放人。贺伯颜坚决不放。萧拜住、杨朵儿只、贺伯颜掌握铁木迭儿受贿证据后,联合上本弹劾铁木迭儿。

仁宗大为震怒,要严惩铁木迭儿。

铁木迭儿事先得到消息,躲到兴圣宫里寻求太后的庇护。因太后出面干预,铁木迭儿仅受到撤职处分,不但保住了性命,连牢狱之灾都免了。不到一年时间,铁木迭儿东山再起,出任太子太师。

大贪污犯重新出山,而且出任要职,天下人为之震惊。御史中丞赵世延与40余位御史先后上书弹劾铁木迭儿。因太后庇护,铁木迭儿仍然逍遥法外。

延祐七年(1320年),仁宗病逝后的第4天,太后让铁木迭儿官复原职,重新出任中书右丞相。铁木迭儿卷土重来之后,萧拜住、杨朵儿只、贺伯颜、赵世延这些正直官员都惨遭杀害。

铁木迭儿的罪行,渐被英宗察觉,一场反贪斗争即将展开。

(三)英宗新政与南坡之变

英宗即位时年仅17岁,他是一个自幼受儒学教育、熟读汉儒著作的蒙古贵族,与太后答己、铁木迭儿的政治主张完全不同。即位之后,英宗针对太后等人的活动,采取了一系列措施:任命木华黎的后代、有"蒙古儒者"之称的拜住为左丞相,千方百计地限制铁木迭儿的权力。元朝统治集团内部两派争斗日益尖锐。

英宗决心铲除太后与铁木迭儿一派势力,在拜住等人的协助下,在前后不到 10 天的时间内，以闪电般的速度，杀了一批后党人物，打了后党一个措手不及。

至治二年（1322 年），铁木迭儿与太后相继死去，英宗的改革阻力猝然减小。在拜住的协助下，英宗实施了一系列新政，如选用汉儒、精减机构、裁减冗员、减轻农民负担等，最重要的是制定《大元通制》并颁行天下。《大元通制》是元朝法典的代表，前后执行了约 40 年。

英宗新政是针对元朝中期暴露出的种种社会问题而采取的挽救措施，对安定社会秩序，抑制权臣枉法，起到一定作用，由于措施不甚得力，特别是统治集团内部的反对势力强劲，最终夭折。

英宗和拜住给了后党以致命的打击，但却留下遗患，因为他没有彻底清除后党。朝廷内形成了以铁木迭儿义子、御史大夫铁失为首的政变集团。

至治三年（1323 年），英宗下令追查铁木迭儿的贪污案，追夺其官爵，抄没其家产，并处死了一批有牵连的官员。

铁木迭儿余党非常恐慌，他们不甘心束手待毙，策划了一场政变，在英宗与拜住自上都南返时，在途中的一个名为南坡的地方，将英宗与拜住杀害，史称"南坡之变"。

英宗被杀后，泰定帝即位，元朝的统治进入末期。

四、元朝后期的社会腐败

（一）伯颜擅权

从至治三年（1323 年）泰定帝继位，到元朝最后一位皇帝顺帝登基（1333 年），10 年时间，走马灯似的换了 5 位皇帝，元朝政治进一步走向黑暗的深渊。一方面是财政状况进一步恶化，另一方面则是官贪吏污更加严重。元朝著名理学家吴澄在《吴文正公文集》卷14中说："数十年来风俗大坏，居官者习于贪，无异盗贼，已不以为耻，人亦不以为怪。其间颇能自守者，千百不一二焉。"

元顺帝即位之后，将朝政完全交给中书右丞相伯颜掌管，自己深居宫中当起了甩手掌柜，凡伯颜的奏请，有奏必批，凡伯颜的诉求，有求必应。对伯颜的赏赐，更是出手大方，仅赏赐田产就高达1万多顷。伯颜还大肆聚敛钱财，过着骄奢淫逸的生活。当时就有人说，天下贡赋少部分进了国库，大部分入了伯颜的家门。

在伯颜专权之下，吏治败坏，纪纲荡然。时人叶子奇在《草木子》卷4中说："自秦王伯颜专政，台宪官皆谐价而得，往往至数千缗。及其分巡，竟以事势相渔猎，而偿其直。……于是有司承风，上下贿赂，公行如市，荡然无复纪纲矣。肃政廉访司官所至州县，各带库子检钞秤银，殆同市道矣。"

（二）脱脱"更化"

伯颜的贪赃枉法不但引起世人公愤，朝野不满，甚至连他的侄儿脱脱也觉得事态严重，于是策划了一场以家族内部斗争为形式、关系到政权易人的政变。

脱脱自幼生长在伯父伯颜家中，年长后师从于老儒吴直方习学儒家文化，伯颜擅权时，他已官至御史大夫。脱脱的政变预谋得到父亲马札儿、老师吴直方和顺帝的支持。

至元六年（1340年）二月，脱脱乘伯颜去城外打猎之机，下令关闭城门，派亲信把守城门。

顺帝随之下诏，指责伯颜"专权自恣"，免掉伯颜中书右丞相之职，贬往南恩州阳春县安置。有权就有威，无权什么也不是，伯颜只得前往南恩州，只因心情太郁闷，积郁成疾，病死在去阳春的途中。

伯颜被逐后，脱脱的父亲马札儿出任中书右丞相，脱脱为枢密院事。马札儿也是一个敛财的主儿，上任仅半年时间，便在通州置榻坊，开酒馆、糟坊，热衷于经商敛财。脱脱让人在顺帝面前告了一状，马札儿被迫辞职。脱脱出任中书右丞相。

脱脱上台后，大刀阔斧地废除伯颜"旧政"，在老师吴直方的帮助下，推行一系列新政，史称"更化"。

脱脱的"更化"，得到了吴直方老先生的帮助，那么，这次"更化"与"儒术治天下"就产生了必然的联系。

脱脱推行的"更化"政策，主要有恢复科举取士；置宣文阁，开经筵，挑选儒臣讲课；恢复太庙四时祭；为伯颜迫害致死的人平反；与廉政有关的是开马禁、减盐额、蠲负逋（免除拖欠的钱财），减轻百姓负担。

这时社会也出现了少有的安定。水旱灾荒虽然也时有发生，但赈灾比较及时；农民起义也常有爆发，但规模不是很大。

脱脱推行新政后，朝政大为改观，中外称脱脱为"贤相"，但好景不长，脱脱遭奸佞诬陷，于至正四年（1344年）五月被迫辞职。

5年之后的至正九年（1349年），脱脱东山再起，再次出任中书右丞相。在脱脱任职期间，统治者虽仍有励精图治之意，也曾推出一些新政策，但从整体来说，元朝政治腐败已不可挽救。加之天灾频仍，农民起义和少数民族起义越来越强烈，社会矛盾进一步激化。

（三）元朝最黑暗的岁月

元朝末年，国家机器的败坏已经到了不可救药的地步。脱脱新政时，顺帝颇有励精图治之意，脱脱离任后，顺帝逐渐怠于政事，并开始重用奸臣哈麻、雪雪兄弟。

从此"奸佞当权"，留下祸患，朝政进一步昏暗，贪污、贿赂之风发展到了登峰造极的地步。哈麻因受到顺帝的宠信，专擅朝政，无论办什么事情，必须走他的后门，否则，什么事也不能办，连藩王、贵戚也不能幸免。

地方官吏更是天高皇帝远，为所欲为，苛索于民的名目，更是奇招百出：下属见上司，要交"拜见钱"；无事白要，收的是"撒花钱"；逢年过节要收"追节钱"；生日之期，收"生日钱"；管事的勒索，收"常例钱"；还有送进的要收"人情钱"；勾追的要收"赍发钱"；打官司的要收"公事钱"等等。

至正五年（1345年），顺帝派朝廷官员宣抚江西、福建，问民间疾苦。百姓听说朝廷派人来，如大旱之望雨露。谁知京官来了之后，只管敛败，对百姓的疾苦却不闻不问。百姓大失所望，有人编了一首谣谚：

> 九重丹诏颁恩至，
> 万两黄金奉使回。
> 奉使来时，
> 惊天动地；
> 奉使去时，
> 乌天黑地。
> 官吏欢天喜地，
> 百姓却啼天哭地。
> 官吏黑漆皮灯笼，
> 奉使来时添一重。

元朝廉访司是风纪之司，廉访司官员也是声名狼藉。至正八年（1348年），御史台不得不承认："近年以来，江南各道廉访司书吏、奏差，间有不务守慎，恣尚贪饕……滋长奸恶，废坏纪纲。若不严为立法，无以效劝将来。"

当时廉访司官员巡视地方州县，州县依例用巡尉司的兵马金鼓迎送，节拍是二声鼓，一声锣。押解杀人强盗也用巡尉司金鼓，节拍是一声鼓，一声锣。后来廉访司官员赃污狼藉，有人写了一首诗讽刺，入木三分：

> 解贼一金并一鼓，
> 迎官两鼓一声锣。
> 金鼓看来都一样，
> 官人与贼不争多。

至正九年（1349年），脱脱再次出任中书右丞相。上任之后，仍然以天下为己任，下决心收拾疮痍满目的社会，只是大元帝国已病入膏肓，不是凭一两个人的努力就能挽救得了。重新执政后的脱脱，不但没能解决当时的财政问题，反而还加剧了社会矛盾的激化。至正十一年（1351年）五月，元末农民大起义终于爆发。

脱脱视农民起义如心腹之患，亲自率军镇压了徐州芝麻李起义军，迫使农民起义一度转入低潮。以元顺帝为首的统治集团忘乎所以，为脱脱建生祠，立勋德碑。在一片中兴、天下太平的假相之下，元顺帝堕落了。

至正十五年（1355年），脱脱被奸臣哈麻所陷，再次被逐出朝廷，这位"中外翕然称贤相"的政治家，终于未能施展自己的抱负。元顺帝被一群宵小包围，"溺于娱乐，不恤政务"，元朝政治进一步陷入黑暗之中。

元末政治黑暗，特别是顺帝时疏浚黄河，变更钞法，更加剧了阶级矛盾，导致了元末农民大起义。《南村辍耕录》有一首《醉太平》小令说：

> 堂堂大元，
> 奸佞专权，
> 开河变钞祸根源，
> 惹红巾万千。
> 官法滥，
> 刑法重，
> 黎民怨。
> 人吃人，
> 钞买钞，
> 何曾见！
> 贼做官，
> 官做贼，
> 混贤愚，
> 哀哉可怜！

这场轰轰烈烈的农民大起义，终于推翻了元朝统治。

朱元璋概括元末统治集团腐败时说："近睹有元之末，主居深宫，臣操威福，官以贿求，罪以情免，台宪举亲而劾仇，有司差贫而优富。"

五、元朝兴亡的启示

元朝国运短祚，透过其猝兴猝灭的历史过程，至少在如下几个方面给后世以反思与启示。

第一，权臣必贪。元朝权臣之多，权力之大，在中国历史上是仅见的。而权臣与贪赃枉法又必然地联系在一起。

权臣之所以有权，是因为他们受到皇帝或皇后的宠信，其权力是皇帝或皇后赋予的，所以他们可以为所欲为而不受到限制。如窝阔台晚年沉迷于酒色，大权落于皇后宠信的奥都剌合蛮之手。奥都剌合蛮44000锭"扑买"中原课银，遭到耶律楚材反对。他害怕耶律楚材坏了他的好事，用5万两白银贿赂耶律楚材，遭到耶律楚材的拒绝。皇后竟然给了一张盖有御宝的空白支票，让奥都剌合蛮交给耶律楚材，要多少，填多少。耶律楚材仍然不为所动。"扑买"虽然暂时得以制止，耶律楚材却因此忧郁而终。

奥都剌合蛮通过"扑买"和随意填写空白御书，究竟从中原搜刮了多少税银，从国库里攫取了多少公款，恐怕无法统计了。

世祖忽必烈时期，阿合马执掌朝政达19年之久。世祖"奇其才，授以政柄"，阿合马敛财手段残酷，乘机大发横财，也是一个大贪官。

桑哥也是从"理财"中大肆中饱私囊，他还控制了尚书省，官员升迁由他说了算，故卖官成为无本经营的敛财门道，聚财之多之快，难以想象。当忽必烈命人从他家里抄出无数金银珠宝时，桑哥大言不惭地说：大食达官贵人们可以作证啊！这些钱财都是他们自愿送给我的，这些人都是某一地区的长官啊！意思是说这些人不能昧了良心说瞎话，不承认这些钱是他们自愿送的，不是自己强索的。看来，这些长官都是花钱买来的官位。

成宗时期，赛典赤·伯颜和梁都珪秉政，两人都因收受朱清、张瑄的贿赂而罢官。

从奥都剌合蛮到赛典赤·伯颜，都是理财的权臣，他们以不同的方式受贿又行贿，或以权谋私，或经商致富，或假公济私。

元朝各种类型的权臣，殊途同归于一个"贪"字，这就给后人一个重要的启示：权钱交易古已有之。有权就有钱，有权不用，过期作废，自古以来就是贪官的信条。只要权力得不到有效的监督，权力永远可以用来换取钱财，权钱交易就会永远继续下去。

第二，"元亡吏"。元代轻视儒学，贬低儒者，有很多资料，其中以"九儒十丐"之说最为典型。按民间说法，元朝统治者认为儒者无益于国，所以儒者成为嘲弄奚落的对象。谢枋得著《叠山集》记载："滑稽之雄以儒者为戏，曰：'我大元制典，人有十等，一官二吏，先之者，贵之也；贵之者，谓有益于国也。七匠，八娼，九儒，十丐。后之者，贱之也；贱之者，谓无益于国也。'""九儒十丐"的排列，实际上是元朝"枪杆子"征服"笔杆子"的象征。这一排列顺序，说明元人根本就不懂得儒学在治国中的用途，轻易地放弃了建立廉政制度的思想根基。正是有了这种认识，忽必烈虽然重用儒士而一统天下，但得天下后，却不用儒士治天下，元朝统治天下80余年，从京师到地方，大到省院台部，小到州县及百司，都是"吏"当政，儒者靠边站，即使有一儒士当政，也是势单力薄，无济于事。

"元亡于吏"，这是元朝许多士大夫的共同见解。元朝的吏在官僚政治中具有特殊地位，吏治败坏是造成统治黑暗的重要原因之一。

蒙古人入主中原以来，曾中断了科举取士制度，仕途主要有二：一是蒙古、色目贵族除靠战功、子弟靠世袭外，由怯薛（宿卫）入仕；二是汉人、南人由吏出职（升官）进入仕途。延祐开科后，虽然蒙古、色目、汉人、南人通过考试，都有入仕的机会，但与吏出职的途径相比则微不足道。吏员队伍素质的高低，直接关系到"吏治"好坏。

由于元朝迟迟没有实行科举制，各级学校的教育质量非常差，学生入学仅仅为了学习吏业，踏入吏途而已。于是学风极坏，学生也学不到什么东西，导致吏员乃至整个官僚队伍水平低下。

吏员文化水平低下，导致人品素质低下。儒家主张以德修身，以德治国。但元朝吏员不读圣贤书，不注重修身克己，"刀笔以簿书期会为务，不知政体"，甚至"贪而无艺，欲而无厌"。随着权力的扩大，危害程度也随之增大。

元朝各级官府的工作人员由官、吏、见习吏员组成。一般基层单位，司吏处于吏职之首，主管文案，担负着衙门最主要的工作，在很多事情上，掌握着实际的决定权。

掌地方监察的肃政廉访司，书吏的权力更大，他们是领导的耳目，专管廉访司文案，权势尤胜其他部门吏员。行省与中书六部的情况与此类似。

造成吏员权力扩大的原因是官僚腐败，上级官僚中有些是目不识丁的蒙古、色目贵族，有些是不负责任的汉族官僚，他们高高在上，大事小事都让吏员去办，办得好与坏，都是漫不经心。吏员有了权，就拼命敲诈勒索，遇到讼事，吃了原告吃被告，这样的事例举不胜举。

贪官污吏欺压百姓，逼得人民起来造反。从这个角度看，"元亡于吏"是有一定道理的。

第三，好制度需要好执行者。大凡有远见的封建帝王，都懂得"长治久安"的道理。历史上有远见的帝王总是制定"一代成宪"，其中包括监察制度，容不得贪官污吏破坏法制，激起民变。

元世祖忽必烈即位以来，也十分重视监察制度的建设。作为一位蒙古族出身的贵族，这是十分难能可贵的。他不但审时度势采用中国传统的行之有效的法规，而且还能根据实际情况，改造和完善传统的法规。

忽必烈在建立御史台的同时，又制定了御史台的"风纪条章"，即"台纲三十六"，或称《台宪格例》。这是我国第一部完整的中央监察法规。随后又制定《察司体察等例》等5个监察法规。这些监察法规，是忽必烈听取了一批有治国经验的"真儒"的建议后设置的。忽必烈常说，中书是他的左手，枢密是他的右手，御史台则替他医治左右手。

元朝除沿袭前代御史台制度外，还创立了行御史台和诸道肃政廉访司，形成了从中央到地方独立的、自成体系的监察体系，组成了严密的监察网络。同时还制定了一系列从中央到地方的监察法规，对监察机构的职能、与其他行政机构的关系、监察机构内部的关系、监察官员的纪律等，都作出了具体规定。

忽必烈之后，英宗皇帝即位时虽然年仅17岁，但由于他目睹元朝官僚制度的腐败，铁木迭儿等权臣的贪赃枉法，在拜住与汉臣的帮助下，制定了《大元通制》，这是继忽必烈之后元朝法制建设的又一重要成果。

忽必烈虽然制定了一系列监察法规，但终不能为继承者所贯彻。可见，一项较好的制度，需要有好的执行者，假若用人不当，或被奸佞所把持，任何好的制度都会被糟蹋。忽必烈设肃政廉访司，本为监察地方所用，但到了元末，所用多为贪赃枉法之徒，民间视为与贼人一样。御史台本是医治中书省、枢密院之用，权臣则以己之心腹为御史大夫，使之成为了自己的保护伞，这是忽必烈万万没有想到的。

第九章
明朝——整饬吏治高歌猛进

第九章　明朝——整饬吏治高歌猛进

明朝是中国历史上惩治贪官污吏力度最大、用刑最酷、杀戮最多的一个朝代。掀起这股反贪风暴的人是开国皇帝朱元璋。

朱元璋疾贪如仇，除贪务尽，声称要杀尽天下贪官，宁可错杀一千，不可放过一个。杀皇侄、惩驸马、戮勋臣、处窝案，向贪官污吏打出惊世骇俗的组合拳，为明初赢得了一百多年吏治清明的安定局面。

明朝中、后期，朱元璋及其后继者苦心经营起来的反贪机制逐渐遭到破坏直至全面瘫痪，基本上失去防腐反贪的作用，结果出现贪官污吏横行天下的乱局。当崇祯皇帝铲除以魏忠贤为首的最大贪污官僚集团之后，大明王朝这座大厦已从头烂到脚，再无回天之力。

一、明太祖严惩贪官污吏

（一）朱元璋的廉政思想

元朝末年，统治阶级腐化堕落，生活奢侈，加上连年不断的战争和灾荒，政府入不敷出，产生严重的财政危机，财政赤字是年财政收入的 7 倍以上。元朝统治者采取卖官鬻爵的办法来聚敛财货，使得贿赂公行，政府变成贪污的机关，地方官吏更是公开贪污索贿，民怨沸腾。正是在这种吏治败坏，贪污腐化盛行的政治风气下，农民揭竿而起，元朝的统治岌岌可危。

在农民起义风起云涌之际，朱元璋领导的起义军异军突起，推翻了元朝统治，建立了大明王朝。

在中国封建社会，农民起义队伍的成分相当复杂，其中不乏一些流氓无赖之人，他们把参加起义队伍作为政治赌注，希望在取得胜利之后，能够在新政权中占有一席之地，从而过上富裕的生活。明朝建立以后，在一些开国功臣中滋生了居功自傲、贪图富贵的享乐主义思想。另外，在明初官僚机构中，许多人是元朝的旧吏，这些人把元末的贪污之风带到新政府的官场中。因此，洪武初年的吏治较之元末并没有多大改观，各级官吏贪赃枉法，地方豪强横行无忌。

在中央，各位王公贵族的亲戚、家人、家奴，狗仗人势，横暴乡里，欺压百姓，人命案不断发生；兵部侍郎王志借抓捕逃亡军人的机会，收受军人家属贿赂 22 万锭；印钞厂厂长和户部官员勾结，印了 690 万锭纸币，自己私藏了 143 万锭中饱私囊；刑部尚书收受贿赂，指示属下把罪犯放走，用死囚来代替罪犯坐牢；甚至连中央派往地方的监察御史，也假借上差身份，扬威胁众，恣肆贪淫。

地方官员贪污受贿行为，较之中央官吏毫不逊色，他们利用征税的机会，肆意侵渔百姓。比如浙江省农民交纳农业税，地方官在正税之外又巧立名目,额外加征接近50%。农民交不起税,官府就上房揭瓦,赶走牲口。真是"赃吏贪婪如蝇蚋之趋腐朽,蝼蚁之慕腥膻"。这种情况不仅不利于地方安定,而且还直接威胁到新生的明政权。

朱元璋是一个布衣皇帝,从小无依无靠,孤苦伶仃,过着四处漂泊,乞讨为生的生活。这样的生活经历,使他深刻体会到民间疾苦和贪官污吏的危害,进而产生一种平民情结。平民情结的表象,就是对生活在最底层的普通民众的同情,对贪官污吏刻骨铭心的恨。

朱元璋常说:"农夫春耕暑耘,日出而作,日落而息,农妇纺纱织布,一匹布是由她一根一根的纱织成的,等到粮食收割、布匹下机之后,征收赋税的酷吏和讨债的债主接踵而来,收获的粮食,织出的布,顷刻之间化为乌有,吃的仍然是野菜粗粝,穿的仍然是衣不蔽体。"

朱元璋梦想创建一个真正纯净的王朝,他总结了元朝败亡的教训,认为纲纪废弛,官吏放纵,激化了阶级矛盾,从而导致农民大起义,这是元朝崩溃的主要原因。为此他极力主张"立国之初,当先正纲纪",用重典惩治"奸顽"。

朱元璋曾对大臣们说了一番非常煽情的话:"从前,我在民间时,见州县官吏多不恤民,往往贪财好色,只知道吃喝玩乐,不理政事,对于老百姓的疾苦,漠然视之,心里恨透了他们。如今要严立法禁,凡遇官吏贪污蠹害百姓的,决不宽恕。"

朱元璋告诫各级官员说:"人性无涯,贪廉自取。唐太宗说:'为主贪,必丧其国;为臣贪,必亡其身。'廉者虽然清苦,但夜半不畏鬼;贪者虽然暴富,但无风常惊心。如何做人,各人慎择。"

朱元璋把官吏的廉洁与否提高到事关国之存亡的高度来认识,提出了"杀尽天下贪官"的口号,并采取了强有力的措施。

（二）严惩贪官污吏

1. 发动群众抓贪官

洪武年间的反贪运动有一个特点，就是超前预防。

明朝的教育制度完备，中央有国学，或称国子学，府、州、县等各级地方也都有自己的学校，一直到边远的地区，都不例外。学校的学生不仅要学习官定的四书五经，还要学习法律知识，即《大明律》。

《大明律》是明代的基本法律，经过多年修订，到洪武三十年（1397年）才最后定稿。为了改变元朝以来宽纵和混乱的社会秩序，朱元璋亲自组织编写的《大诰》、《大诰续编》、《大诰三编》（总称为《大诰》三编）和《大诰武臣》是其中最重要的几种。《大诰》三编选录了当时全国刑事案件中的官民官司，编写在前，《大诰武臣》编写在后。两本书实际是以惩治贪污为主的法律文件汇编。

朱元璋规定，这些书要发到全国各地，要求每家每户必须有一本，人人都要学习书上面的道德规定。他把《大明律》和《大诰》三编作为学生的必修课程，并列为科举考试的内容，就连农村最基层单位的乡、里，也要安排教师在学塾中讲授。

朱元璋对大臣们说，我公布这些案例，实际上是出于对你们的爱护，不是拿它来限制你们，而是意图"使知趋吉避凶之道"，即是说，你们知道什么是法律不允许做的以后就不会犯法了，这样就保护了你们。

朱元璋推行讲习《大诰》的效果很明显："于时，天下有讲读《大诰》师生来朝者19万余人，并赐钞遣还"，即是说先后有19万师生到京师讲读《大诰》，朱元璋给这些人发放路费，让他们返乡。

明朝初年，家有《大诰》可以减罪成为惯例。后来官府审案时，第一句话便问当事人："你们家有没有《大诰》？"

当事人如果回答说有，并得到核实后，便可罪减一等，如果说没有，则就罪加一等。朱元璋用这种方法鼓励大家学法、知法，从而避免犯法。因此，《大诰》这本册子成为当时最畅销的一本书。

朱元璋的超前预防措施，是在犯罪行为发生之前，运用各种手段防止犯罪行为的发生，减少引发犯罪的可能性，将犯罪苗头消灭在萌芽状态。把法制教育和宣传寓于整个反贪运动中，起到了防患于未然的积极作用。

朱元璋还规定，每县乃至里都要建"申明亭"，把贪官污吏的名字及罪状列在上面，让人人都知道，以示警戒。

在反贪运动中，朱元璋非常注意发挥群众监督作用：规定普通老百姓只要发现贪官污吏，可以将贪官污吏"绑缚京治罪"，"虽无引文"，沿途各检查站也要"即时放行"，不得拦截，有人胆敢拦截，不但要被处死，还要株连九族！

朱元璋鼓励人们监督官吏，规定"自布政司至于府州县吏，若非朝廷号令，私下巧立名目，害民取财，许境内诸耆宿人等遍处乡村市井，连名赴京状奏，备陈有司不才，明指实迹，以凭议罪，更育贤民"。

这是一个伟大的创举，在中国法制史上绝无仅有。

从秦始皇一统天下以来，没有哪一朝皇帝敢这样做，朱元璋不按常理出牌，这样做了。时人认为这是官样文章，不相信是真的。事实证明，天下还真有不怕事的人。

据《大诰续编·如诰擒恶受赏第十》记载，常熟县有一个名叫陈寿六的人，对父母官顾英的贪赃枉法早已恨之入骨，得知朝廷有这样的规定，居然真的约了两个人，将贪财害民的顾英绑赴京城面圣。

朱元璋说到做到，当即奖赏陈寿六大明宝钞30锭，还奖给3人各两件衣裳，免除陈寿六3年的杂泛差役，并警告地方官：谁敢对陈寿六打击报复，一律诛灭九族。

2.最残酷的刑罚

朱元璋是铁腕人物，面对元朝以来官场松懈腐败恶习，不得不采取强硬的措施。他常说，我处在乱世，不得不实行重典治吏。

朱元璋规定对贪赃者的处罚严到什么程度呢？他做皇帝后，颁布实施了有史以来最为严厉、最为残酷的惩治贪官的法令："凡赃至60两以上者，枭首示众，仍剥皮实草。"

60两银子在当时是一个什么概念。据《太祖实录》记载，洪武九年（1376年）官价，米1担，银1两，小麦8升。按当时的银两购买力，60两银子购买60担大米。

按洪武十三年（1380年）制，当时一个七品县令，月薪俸是14.32担米，就是说，一个七品县令贪污金额达到约4个月的工资收入，就得判处死刑，"枭首示众"。

明朝法律规定，刑罚限于笞、杖、徒、流、死5种，从字面上看，这几种刑罚也很容易理解。从春秋末期李悝制定中国封建社会第一部系统法典《法经》之后，这些刑罚就逐渐为世人所知。

朱元璋惩治贪官的刑罚，到了骇人听闻的地步："枭首示众，仍剥皮实草。"

"剥皮实草"是怎么回事呢？这还得从当时的一项政策说起。

为了加大对贪官污吏的威慑力度，朱元璋设置了一项骇人听闻的政策。

自唐、宋以来，各朝各代的政治制度、机构设置虽然不断在变，但县衙的布局似乎都是一个面孔：大门、戒担、鼓楼、二门等等。

朱元璋登基后，突发奇想，在县衙附近专设了一座庙。如果你以为这座庙是用于供奉土地菩萨的"土地庙"，那就大错特错，这座庙不叫"土地庙"，而称"皮场庙"，什么意思？就是贪官犯案被处死之后，拉到"皮场庙"来，像杀猪剥皮一样，把贪官的皮剥下来。

人皮剥下来之后，再在皮囊内塞进稻草，做成稻草人。这个稻草人不是放在庄稼地里用来吓唬鸟,而是悬挂在官府公堂座旁威慑贪官。

后任官员整天陪着一个披着人皮的稻草人一起办公,其情其景实在是太恐怖了。可以说,这是古代惩治贪官最严厉、最残酷的刑罚。

除了"剥皮实草"之外,还有一个更为残忍、更让人胆战心惊的刑罚,这就是凌迟。

凌迟就是把人绑在柱子上,用刀慢慢地割,下刀的时候,就像切涮羊肉那样,一点一点地割,如果刽子手的手段高超,受刑的人就要受苦了。

酷刑成为洪武时期执法的显著特征,当时的酷刑,除了剥皮、凌迟处死之外,还有如下几种:

洗刷,把人绑在铁床上,用开水浇人,慢慢地烫死;

铁刷,用开水浇人,然后用铁刷子刷,如同杀猪剃毛一样,去皮去肉;

枭令,以钩钩住人的脊梁,悬挂起来;

称竿,用铁钩子把人吊起来风干;

抽肠,把人挂在架子上,以铁钩子伸进肛门,把肚子里的肠子掏出来;

此外,还有挑筋、剁指、刖足、断手、刑膑、去势等酷刑。

一时间,明初官场如同人间地狱,刑场就是杀人场。以致几百年后的文豪鲁迅对此也大为感慨,说刑罚如此之残酷,令人感到不像是在人间。

久而久之,大臣们对朱元璋的一些细节也研究透了,只看他的穿戴,就知道他心情好不好——"太祖视朝,若举带当胸,则是日诛夷盖寡,若按而下之,则倾朝无人色矣。"意思是说,朱元璋上朝的时候,如果把玉带系得高高的,这天他杀人就会少;如果他腰间的玉带被按得很低,这天所有的大臣都会面如土色,惴惴不安。

后来，朱元璋觉得贪官越来越多，干脆下令："今后犯赃者，不分轻重皆诛之！"

朱元璋"最爱民恤民"与"最残暴嗜杀"皇帝的"美称"，就是这样获得的。

3. 史上最强劲的反贪风暴

朱元璋登基做皇帝后，组建了历史上最神秘的特务组织，制定了历史上最残酷的刑罚，掀起了历史上最强劲的反贪风暴——他希望杀尽天下贪官，还百姓一个太平世界，朗朗乾坤。

对于贪官污吏，无论是功臣，还是宗亲，只要逮着了，就严惩不贷，没有任何情面可讲。

朱恒是朱六九的儿子。朱六九是朱元璋的远房大哥，两人从小一起长大，战场上朱六九救过朱元璋的命。朱元璋当皇帝之后，普天下只有朱六九一人能在朝堂上叫嚷朱元璋的小名——朱重八。

可就是这个朱六九，生了一个不争气的儿子——朱恒。

朱恒是一个贪得无厌的家伙，当庐州知府的时候，就贪污工程款500贯。由于朱六九求情，碍着大哥的情面，朱元璋只给了朱恒一个降职处分，贬到定远去当知县。

朱恒自以为是皇亲国戚，没人敢把他怎么样，到定远后更是变本加厉，伪造朝廷政令，擅自提高税率、私增税目、中饱私囊。他手下那班人狗仗人势，敲诈勒索，让定远县的官场臭名远扬。

这一次，朱元璋拒绝了朱六九的哭求，朱恒也成了朱元璋反贪风暴中第一个试刀的皇亲国戚。

朱亮祖是开国功臣，在战场上和朱元璋并肩作战，为大明江山立下了汗马功劳。明朝建国后，朱亮祖被封为永嘉侯，出镇广东。

朱亮祖到广东后，依仗其开国功臣的头衔，成了称霸一方的土皇帝，充当黑恶势力的保护伞，大肆收受贿赂，强迫番禺知县道同释放被捕的为害一方的流氓，并上疏诬告道同。

朱元璋误听谗言，下令杀了道同，事后得知真正贪赃枉法的人不是道同，而是朱亮祖。朱亮祖成为朱元璋反贪风暴中第一个祭刀的开国勋臣。朱亮祖死得很惨，他是第一个被当庭打死的大臣。

朱元璋掀起的反贪风暴，不仅体现在对皇亲国戚、开国功臣的惩罚上不心慈手软，更是体现在对大案、要案的查处上那种气魄，那种果断，那种决心和勇气，让天下所有人都胆战心惊。

朱元璋严刑治国，让众多贪官污吏吓破了胆，但即便是在这样的恐怖之中，仍然还是有人冒着杀头的危险，铤而走险。

大明王朝建立不久，就接连发生了三起惊天大案，第一个大案叫空印案，第二个大案叫郭桓案，第三个大案叫欧阳伦驸马案。

空印案发生在洪武十五年（1382年）。

明朝有一个规定，每年布政司和府、州、县衙都要派财政官员到京城报告钱粮户口的年终报表，到京师核对报表时，发现钱粮数字有出入，不准确，需要重新填写报表，填写完以后要盖公章。从各个省到京师，往返需要很长时间。

明朝初年首都在南京，如果报表数字出现差误，改填后再回去盖公章，有的地方往返需要几个月时间，工作无法完成。于是形成了一个很久以来的习惯，使用空印，即带上一份盖好公章的空白文书到南京，如果核对时发现钱、粮、户口数字不对，就重新填写，章已经盖好了，不用再往回跑。

朱元璋发现了这一情况，他认为其中一定有贪污舞弊行为，决定严加查处。空印案牵连到很多人，所有与用空印有关的人无一幸免。从户部尚书到各省、州、县管印的官员，全都被处死，其他受牵连被判处杖刑、发配边关的人，不计其数。

空印案是朱元璋打击贪官污吏的重大举措。

如此轰轰烈烈的空印案，应该让那些贪官污吏战战兢兢，再也不敢以身试法了吧！可天下就是有胆大的人，空印案中斩杀贪官的血迹还没有干，又有官员顶风作案。在明朝历史上，又一个惊天动地的贪污大案——郭恒案揭开了。

郭恒案是一件侵吞秋粮的特大贪污案，因牵涉的人太多，准确地说，这是一个窝案。

郭恒是户部侍郎，他利用职权和各级地方官吏相互勾结，大肆侵吞秋粮。由郭恒经手的浙西秋粮共有450万石，但他只上交国库260万石，其余近200万石被私吞，结果被人告发了。

朱元璋大为震惊，亲自审理此案。

经多方查证，发现郭恒等人除贪污秋粮外，还侵吞了大量金银和宝钞，折合成米高达2200余万石，连同秋粮共计为2400万石。

案件结束后，朱元璋怕如此大的贪污数额，天下人会不相信，因此对外只公布郭恒等人贪污秋粮700万石。

朱元璋下令严格查处。这件案子牵连到户部、十三布政司，还有许多地方豪强，所有贪污的、行贿的、窝赃的，全部都要绳之以法。处罚力度恐怕是史无前例：天下中产以上人家，一大半都被处罚得破产了。中产以上人家是什么概念？富民，这些富民勾结官府中的贪官污吏，为非作歹。从官府到民间，只要是牵连到郭恒秋粮案的人，无一幸免。

此案杀的人，据说有五六万之多。也有人说，"空印案"和"郭恒案"一共杀了8万多人，这简直是一个骇人听闻的数字！加上此前朱元璋还查处了一个大案——胡惟庸案，也是杀人数万。

所以有人说，洪武年间，最忙的职业不是当官的，不是农民，也不是生意人，而是刽子手。

朱元璋顶着官员们对他形成的巨大怨气，屡次砍掉成千上万贪官污吏的头颅，足见他惩治贪官的决心和勇气。正因为如此，他也被人称之为"最残暴嗜杀的皇帝"。

朱元璋惩治贪官的严刑峻法，受到很多人的批评，但那是被贪官、赃官逼出来的。他所采用的酷刑、高压手段，不是针对良民，更不是针对普通百姓，而是针对官员，是官僚阶层中那些索贿受贿、以身试法的贪官污吏。

朱元璋亲自查处了这两件大案，满朝文武百官早已是战战兢兢，不敢乱来一步了。放眼天下，似乎已经没有了贪官污吏的藏身之处，再也没有人敢拿鸡蛋碰石头，伸着脖子向刀口上撞了。让他没有想到的是，在他的眼皮底下，竟然又冒出了一桩大案。

洪武三十年（1397年），又发生了一个大案，这个案子说它大，不是涉案的金额或涉案范围，而是朱元璋在处理这个案子时的果断与坚决。什么案子呢？欧阳伦驸马案。

明朝为了控制西蕃少数民族地区，用中原地区的茶叶交换西蕃地区的马匹，把茶叶作为战略物资，严禁私自出口。

驸马欧阳伦仗着自己是皇亲，指使手下走私茶叶。这些人在地方上动用官府车辆，擅自闯关，不纳税、不服管，而且还打伤了守关卡的地方人员。地方守关的人不堪忍受，向朱元璋告发了。

朱元璋得知情况后，非常气愤，把欧阳伦抓起来，杀了。

欧阳伦是安庆公主的驸马，安庆公主的母亲是马皇后，马皇后是朱元璋的结发夫妻。所以，安庆公主是朱元璋的至亲至爱。为了维护他的官僚队伍秩序，为了澄清吏治，为了巩固大明王朝的统治，朱元璋不惜大义灭亲。

在明朝初期的几十年里，朱元璋用打击贪官污吏的坚强决心，用让人心惊胆战的严酷刑法，屡次清理官僚队伍。在一次次声势浩大的反腐浪潮之后，在一群群贪官污吏被送上刑场之后，朱元璋的重刑治国究竟给明朝带来了什么呢？明朝初年的官场是否就能够从此焕然一新呢？当时很多人对于朱元璋的严刑峻法非常不满意，人人自危。

早在洪武九年（1376年），山西平遥县县学有一个训导叫做叶伯巨，他给朱元璋上书，提出了几条朱元璋做得不妥的地方，其中有一条就是"用刑太繁"，说你朱元璋用刑太繁了，太多了。他说："窃见数年以来，诛杀亦可谓不少矣，而犯者相踵。良由激劝不明，善恶无别，议贤，议能之法既废，而为善者怠也。朝信而暮猜者有之，昨日所进，今日被戮者有之。乃至今下而寻改，已赦而复收，天下臣民莫之适从。"

意思是说，天天处罚人，早晨刚任命他当官，下午就把他废了。这让人怎么办啊！无所适从。官员队伍是人人自危，每天过不好踏实的日子。

洪武二十一年（1388年），一个叫谢缙的学士给朱元璋上书，也提出用刑太繁的问题。他说从国初到现在20多年了，"无几时不变之法，无一日无过之人。尝闻陛下震怒，除根剪蔓，诛其奸逆矣。未闻褒一大善，赏廷于世，复及其乡，始终如一者"。

意思是说，没有哪一天法律不改变的，没有哪一天没有人犯错误。而且经常听到处罚这个处罚那个，没听过表扬谁，太过严厉。

不仅官员和民间人士说朱元璋杀人太多有异议，太子朱标也有想法。有一次，朱标进谏说：陛下，您杀大臣杀得太多，恐怕会伤了君臣间的和气。

朱元璋听了以后，沉默很久，一句也没有说。

第二天，朱元璋把太子叫来，将一根荆棘扔在地上，命令太子去捡起来。面对长满刺的棘杖，太子觉得很为难。

朱元璋说："这根荆棘你拿不起来，我替你将刺磨干净了，难道不好吗？现在我所杀的人，都是将来可能威胁到你做皇帝的人，我把他们除了,是在为你造莫大的福啊!"

太子跪下给朱元璋磕头,但心里仍然不同意朱元璋的观点,低头说:"上有尧舜之君,下有尧舜之民。"

这是什么意思呢?隐含的意思是有什么样的皇帝,就会有什么样的臣子,父亲您似乎不是尧舜那样的明君,否则哪来那么多乱臣贼子?

朱元璋听了这话,能不生气吗?他气得搬起椅子,就要扔过去砸太子,太子吓得赶忙逃走了。

朱元璋的嗜杀,让当时的官员们惴惴不安,经常是早上起来上班,要跟家里妻子道别,说今天去了,不知道能不能活着回来。侥幸晚上回到家里,见了妻子的面说:今天又活了一天,明天还是心惊胆战。

强劲的反贪风暴,也导致了紧张和恐怖的政治气氛。不仅在职的大小官吏整天提心吊胆,甚至还出现了读书人不愿做官的事情。

如被征编《孟子节文》的钱宰就发出了"何时得遂田园乐,睡到人间饭熟时"的感叹。

上海有个叫郁惟正的人,被召为官时,装疯卖傻,唱道:

上海入京郁惟正,现患四肢风湿病。
皇帝若还可怜儿,饶了一条穷性命。

更为悲壮的是,有些儒生竟然"断指不仕"。当官就得写字,砍断了手指成了残废,不能写字了,当然就不用再去做官了。

朱元璋掀起的反贪风暴,虽然带有扩大化的倾向,但也不能以此抹杀朱元璋对明朝吏治的贡献。正是由于朱元璋大刀阔斧地进行反贪运动,明朝前期政治比较清明,社会比较稳定。这对于明朝初年阶级矛盾的缓和与社会经济的发展,都具有积极的意义。

清朝张廷玉所编的《明史》里头有一篇《循吏传》,就是专门记载清官的传记。《循吏传》所列的明朝清官，洪武年间30多年，占所有总人数的三分之二。《循吏传》有这么一段话："一时守令畏法，洁己爱民，以当上指，吏治焕然丕变矣。下逮仁宜，抚循休息，民人安乐，吏治澄清百余年。"

4. 朱元璋无奈发慨叹

朱元璋是中国历史上对贪官最狠、惩治最凶的统治者。在他眼里，只要为官清廉，犯了罪也可以得到减免，如果是贪官污吏，虽然是小罪，也不能放过。尽管朱元璋治贪的手段无所不用其极，但仍然不断有人扑进贪污的染缸。

晚年，朱元璋对自己的暴力惩贪有过困惑，曾发出感叹："本欲除贪赃官吏，奈何朝杀而夕犯！"换句通俗话说，朱元璋觉得，自己杀了很多贪官污吏，反腐力度挺大的，为什么贪官还是前仆后继呢？有点百思不得其解。

几百年后，我们面对朱元璋那一声慨叹，不能不说，那声叹息除了表达朱皇帝本人想彻底剪除贪官的良好愿望外，那种无奈的情愫没有任何意义。

说没有意义，不是否认朱元璋反腐措施所起的积极作用，因为朱皇帝的重典惩吏，无论在当时，还是在身后数十年，对贪官污吏确实起到了震慑作用，也确实使明朝前期清官的数量要比中后期的清官数量多得多。然而，朱元璋的反腐措施，不适应人性和社会的发展，更重要的是，那种种措施具有极强的随意性，因而，人亡政息也就不可避免。

朱元璋出身于苦大仇深的平民，与那些生于深宫、长于妇人之手的世袭帝王不同，他从小就感受到物质匮乏对人的伤害，对贪官污吏吸食民脂民膏的各种招数相当熟悉，对官吏腐败会造成什么样的恶果，看得极为清楚。因此他说："从前，我在民间时，见州县官吏多不恤民，往往贪财好色，只知道吃喝玩乐，不理政事，对于老百姓的疾苦，漠然视之，心里恨透了他们。如今要严立法禁，凡遇官吏贪污蠹害百姓的，决不宽恕。"

贫民色彩浓厚的个人经历和独到的眼光，使朱元璋成为封建帝王中反腐败最坚定的一位，坚定到对贪官的刑惩可以用"残酷"来形容。他为了留给子孙一个强大、清明的皇朝，在反腐中制定了各个方面的措施，惜乎就算给后人留下很多的经验和教训，朱家王朝还是灭亡了。

有人提到朱元璋反腐败时，特别乐意说朱皇帝此举，不过是为了维护封建统治，因此不可能成功。这也算是一种意见吧！不过，这种观点让人越看越糊涂，因为反腐不是为了维护统治，在地球上是找不到的。

出身寒微的朱元璋，为了稳定社会，使用了各种反腐措施，绝不是只一个"杀"字所能概括。通常，我们多见明朝政府对官吏贪污受贿的严厉处罚。

如朱元璋手谕刑部："官吏受赃者，并罪通贿之人，徙其家于边。"

明律规定："凡官吏人等犯枉法赃者，不分南北，俱发东北方边卫充军"；贪污"赃至六十两以上者，枭首示众，仍剥皮实草"，受赃枉法者，"1贯以下杖70，每5贯加1等，至80贯绞。受财不枉法者：1贯以下杖60，每5贯加1等，至120贯杖100，流3000里"等等。

其实，严惩只是其一，统而言之，制定刑律、思想工作、奖罚分明、大义灭亲、以身作则、发动群众，但凡能想出来的招数，朱元璋都想了，但凡能用的，朱元璋也都用了。扳着手指算一算，这样用心的皇帝，在中国历史上并不多。

朱元璋曾经慨叹："朕清晨方处罚数人，至晚又有犯同罪者；今晚方罚此处过犯，次晨彼处又有犯者。前尸尚且未移，而后继者又接踵而至。罚之愈重，犯者愈众。朕昼夜无暇休息，局面已然无望，若轻罚之,此类人依旧作奸犯科。如此非公,门中人如何得致太平?如此局面甚为艰难!若处罚此类人等,朕会被视为暴君;若朕宽待于彼,则法换其效,纲纪荡然,而百姓视朕为无能之主矣!"

看来,朱元璋也不想杀人,可现实与他所期望的反差太大,使他不得不寄希望于重典。明朝一代有一股戾气,不能不说与朱元璋有很大的关系。

朱元璋一点也不打官腔,他曾非常实在地对新上任的官员说:"老老实实地守着自己的薪俸过日子,就像是守着井底之泉。井虽不满,可却能每天汲水,长久不断。如果经常四处搜刮百姓,你就是手段再高明,也难免东窗事发。一旦事发,你就要受牢狱之灾。这时候你得到的那些赃款又有什么意义呢?这时候你想用钱,能拿到手吗?你都家破人亡了,赃物都成别人的了!"

这段话被记录在朱元璋亲自编写的《大诰》系列丛书里,后来,好事的史学家们给朱元璋的这个高论取了个很好听的名字:"守井哲学"。

朱元璋在临终遗诏中说:朕受天命做了31年皇帝,心中总是忧虑戒惧,每天勤政而不敢懈怠,力求给百姓带来好处。无奈朕出身贫寒低微,没有古人的深远智慧,在好善憎恶方面差远了。

朱元璋真是过谦了。平心而论,那些贪赃枉法之人,读的圣贤书可能不比谁少,但在钱和权面前,他们却给孔夫子丢尽了脸。因此,朱家王朝有那么多前仆后继的贪官污吏,也不算是一件奇事,原因也不是朱元璋所说的他没有古人的深远智慧。

朱元璋掀起的反贪风暴,留给后人的遗产已明确地说明了"谁来监督"的"谁"字的意义。任何法律、规则和条例的执行,都要靠人来完成,如果一条律令找不到执行者,那就等于没有,甚至更糟。说找不到执行者,找不到责任人,那是就实质而言,表面看来,谁是责任人一清二楚。

中国的监察制度创立的准确时间，学术界的观点虽然不尽一致，但都认为隋唐时期已经比较健全了，到明清时期，已经达到完备阶段。

封建时代的监督者们虽然都是对皇帝负责，但权力完全掌控在皇帝手里，则是从朱元璋开始。明代特务猖獗，这是人人皆知的事情，不必细说，但那只是监督的一部分。对官吏的监督主要是御史台，13道监察御史及给事中6科等监察机构；当然，还应当包括直接对皇帝负责的通政司。

除了这些固定的监察机构，朱元璋还经常派人对各地进行巡视，了解官吏的政绩。朱元璋对监察官员的要求非常严格，反复教育他们要"正己以率下，忠勤以事上，毋委靡因循以纵奸，毋假公济私以害物"。

监察官员一旦违法犯禁，处罚远比一般官员更重。如《大明律》规定："凡风宪官吏受财及于所按治去处求索、借贷人财物，若卖买多取价利，及受馈送之类，各加其余官吏罪二等。"

为了使官员绝对服从朝廷的命令，明律规定在朝官员受皇帝差遣及调动职务而托故不行者，官吏擅离职守者，官员赴任无故过限者，都要治重罪；大臣私自选用官员者处斩，滥设官吏、擅自传唤属官，都要严加惩处。可惜的是，朱元璋的这些措施，救得了一时，却难救一世。

整肃吏治对治国安邦而言，对老百姓安居乐业来讲，确实是件好事，但如果弄得举国上下恐怖气氛弥漫，整肃就脱离了常态而坠入病态之中，人性也极大程度地扭曲了。在病态的环境中，不管朱元璋多么严厉，他的那些措施也难逃"人亡政息"的命运。

虽然洪武时期制定的《大明律》一直在整个明王朝都起着作用，但朱元璋的子孙在他去世之后，就慢慢减弱了执行力度。朱元璋本想建立一种制度，使他的子孙万代永践帝业，为了这个目的，他用尽了各种办法，但也只是一个梦想而已。

制度建设不是制定几条律令那样简单，也不是发布几道禁令就算万事大吉，而是建立一种机制，这种机制能保证具体的律令、规定不折不扣地执行，不随掌权人的更替而发生大的变化。"不折不扣地执行"不难，朱元璋可以做到，不随权力更替而出现"人亡政息"的现象，朱皇帝万万办不到。形成这种机制，一个重要的原因，就是不能一个人说了算，封建帝王如朱元璋怎么也不会走出这一步。

封建帝王最怕的是大权旁落，想方设法谋杀功臣，剥夺他们的权力，怎能容忍卧榻之旁有他人酣睡？因此，我们可以说，封建社会缺乏的并不是具体的法律条文，也不是大公无私的官员，更不是遵纪守法的老百姓，而是集体执政的民主精神。以"一言堂"开始，恶性循环，末了乃以"一言堂"而终。

这种民主机制不是朱皇帝所能接受的，同样也是任何封建皇帝所不能接受的。所以，不管这些封建帝王建立清明世界的愿望多么强烈，治国安邦的策略多么详尽，到头来只有王朝没完没了地更替，却始终不能良性循环。

当然，没有民主的参与，一个人说了算，社会也可以前进，也会有发明创造，遇到好皇帝的话，老百姓甚至可以生活得不错，但却难以消弭王朝更替带来的动乱。惧怕权力受损，是朱元璋们建立民主制度的障碍，当他无力掌控他的王朝时，新的掌权者便诞生了，但那个障碍物仍然存在于新王朝。

朱元璋们不懂这个道理，他只能慨叹！慨叹！

二、明成祖倡廉肃贪

洪武时期，朱元璋采用严刑酷法惩治贪官污吏的政策，确实起到了澄清吏治的作用。但是，当贪腐成为一种常态，而非病态的时候，封建社会就不可能根除贪污，官吏行贿受贿、贪赃枉法不但继续存在，而且还大有市场。朱元璋的后继者明成祖朱棣与其后的仁宗、宣宗等，仍然继续坚持朱元璋的既定方针，强力推行反腐、倡廉、肃贪工作。

洪武三十一年（1398年），朱元璋去世，皇太子朱允炆继位，这就是建文帝。朱允炆即位的第一年，即建文元年（1399年）便发生了"靖难之役"，由于忙于"削藩"和与靖难军作战，朱允炆无暇顾及吏治整顿，倡廉反贪斗争基本陷于停顿状态。建文四年（1402年），朱允炆的屁股尚未坐热，便被朱棣从龙椅上拽了下来。

明成祖朱棣通过"靖难之役"坐上龙椅，他所建立的永乐朝统治了22年。史家对朱棣的"靖难"之役颇有微词，这里不具论。但明初政治、经济以及文化教育，在这20多年中都有迅速的发展，威德远播，国家也日益强大起来。《明史》曾评述说：永乐晚年，威德远及，外邦"入贡"者30余国，"幅陨之广，远迈汉唐；成功骏烈，卓乎盛矣"，当然有夸大其词。朱棣自称为"守成之主"，一切作为都恪守祖宗旧制。一个典型的事实，就是继续执行朱元璋重典治吏的方针。

在吏治建设方面，朱棣对官吏是有贪必惩，决不姑息。永乐五年（1407年），广西按察使上表弹劾广西布政司右参议吴翔，说他在龙州大肆收受贿赂。朱棣当即作出批示：参议是方岳之臣，不廉洁怎么能领导下属？并命都察院严肃查处。山东布政司左参政何豫"贪淫不律"，也被打入天牢治罪。

为了刹住贪污之风，朱棣采用朱元璋的做法，把贪官的罪行张榜公布，让天下人都认识贪官污吏的丑恶嘴脸。

派巡按御史和大臣巡视各地，是朱棣惩治贪官污吏的方法之一。明朝的御史巡视制度，是朱棣在位期间形成定制的。永乐十九年（1421年），朱棣派位高权重的吏部尚书蹇义等26位大臣分别巡视天下，进行全国性的吏治大整顿。这些大臣和巡按御史确实不负朱棣所望，所到之处，兴利除弊，旌廉黜贪。如右都御史王彰与给事中王励巡视河南，查处的贪官污吏达100多人。

当时还出现了许多敢于弹劾权要的御史，如御史周新不畏权贵，敢于直言，被贵戚们称为"冷面寒铁"。为了有效地整饬吏治，朱棣不仅严惩贪官污吏，而且对知情不报者也要严加惩处。如云南布政司右参政姚肇私受商人贿赂，"坏乱盐法"，左布政使周敖、右参议濮铭"坐视不举"，因之被逮捕问罪。

永乐年间上承洪武朝的开国规模，下启"仁宣之治"，是明王朝上升阶段的关键时期。这一时期在全国范围内涌现出了大批廉吏，为明史所少见。这些廉吏多属"先帝旧臣"，有名者不下数十人，其中以户部尚书夏原吉最为典型。夏原吉虽然掌握全国财政大权，但他一生廉洁奉公，勤政爱民。永乐十九年（1421年）冬，朱棣准备向蒙古用兵，召夏原吉询问财政情况。夏原吉据实奏称：连年出师无功，边储十丧八九，加之各地灾荒，不宜御驾亲征。朱棣大怒，将夏原吉打入大牢，并抄其家。这位掌管全国财政大权达20年之久的户部尚书，家里除了皇上赐钞外，仅有布衣瓦器，家室简陋，寒素如贫士。廉吏不惧抄家，这更彰显了夏原吉的高风亮节。

永乐朝像夏原吉这样的廉能官吏还很多：吏部侍郎师逵，在吏部工作20余年，平生不置产业，工资收入与皇帝的赏赐，都用来接济宗族中的贫困户，连自己的8个儿子都无以自赡。朱棣也常对左右说，六部扈从之臣，唯师逵最清廉。

地方上的廉吏就更多。永乐七年（1409年）考核地方官吏，汶上知县史诚祖治行第一，被提拔为济宁知府，朱棣还另给予物资奖励。

钱塘知县黄信中，青田知县谢子襄，开化知县夏升，永乐七年（1409年）、九年（1411年）考核全都列上等，按规定应提拔。当地百姓知道这个消息后，联名向上级反映，请求留任。结果，朝廷提拔这几个人为知府，仍然在原县任职。

朱棣发扬朱元璋的作风，在全国范围内大力开展倡廉反贪运动，对贪官形成了巨大的震慑力，因此，在他统治的时期内，吏治比较清明。

朱棣以藩王的身份夺取皇位，许多官吏尤其是建文帝的旧臣对他并不买账，朱棣对这些人也心存疑忌，君臣关系并不怎么和谐。朱棣是最高统治者，他有能力清除异己，于是利用反贪倡廉的旗帜打击政敌成为朱棣的政治手段。在这种形势下，严惩贪官污吏有了扩大化的趋势。这一时期内建文帝的旧臣，或因触犯朱棣而被以贪污罪名处死者大有人在。

如北京刑部尚书雒佥上书指责朱棣在官员使用时，只信任自己藩邸的旧臣，不信任其他人，这样不公平。他认为，"朝廷宜新旧兼任"。后来，雒佥遭到御史弹劾，以贪赃枉法罪被处死。

更有甚者，有些官员为了迎合朱棣打击政敌的心理，大兴告讦之风。如都察院左都御史陈瑛，就是一个热衷于告讦的小人，被他弹劾而获罪的官员达数十人之多，其中虽然不乏真正的贪官污吏，但大多数却是无辜者，雒佥就是被他弹劾而获罪至死的。

三、"仁宣之治"

洪武时期，帝国初建，人心未稳，朱元璋的主导思想是治乱世用重典，朱棣以"篡弑"而得位，虽宣称施宽仁之政，但总是猜疑有一个反对他、诽谤他的政治势力的存在，故也常重刑以立威。朱高炽时期开国已有六七十年了，当然不能再说是乱世，用法尚宽是明代政风的一大转变，也是历史发展的必然要求。

朱高炽即位时，明朝的社会经济有了很大发展，阶级矛盾和统治阶级内部矛盾有所缓和，政治形势也日趋平稳。如何在较好的形势下免遭"生于忧患，死于安乐"的结局，是摆在明朝统治者面前一个新的政治课题。继永乐之后的仁宗及此后的宣宗两位皇帝，并没有固守在祖宗建立的基业上睡大觉，而是锐意进取，把明初的反贪事业继续进行下去。

朱高炽生性淳厚，多行仁政，但对贪官污吏的惩处绝不心慈手软，认为国家恤民，必须从去赃吏开始。还在监国的时候，他就主张对贪婪扰民的官吏严加惩处。

惩贪与倡廉是一套组合拳，清明的吏治仅靠惩贪是不够的，还必须奖廉，以劝勉官吏廉洁奉公，朱高炽也非常注重表彰和提拔廉吏。灵壁县丞田诚，居官廉能，在任9年考满，百姓诣阙恳求留任，于是朱高炽让他继续留在灵壁县任职，特升为州判官。这种倡廉思想及举措，对于吏治的整饬，当然具有积极作用。可惜朱高炽是一位短命皇帝，在位仅10个月便一命归天，许多反贪倡廉的命令和措施虽然颁布了，却来不及实施，只算是纸上谈兵，但其却为宣德朝的政治定下了基调，从这一意义上来说，是不能否定其积极作用的。

"仁宣之治"被认为是明王朝政治最清明时期，当然也是吏治最澄清时期。仁宗朱高炽在位不到1年，继位的宣宗朱瞻基继承乃父遗志，继续倡廉惩贪的未竟事业。

朱瞻基整肃吏治的突出特点是将重点放在监察机构上。在任何社会，维持一支清正廉洁、奉公守法的监察队伍，对于倡廉肃贪至关重要。对此，朱瞻基有着深刻的认识。他认为：都察院是朝廷的耳目，掌管国家纪纲，所用得人，则政治清平，群臣警肃；所用非人，则纲纪废弛，小人横恣。只有清正廉洁之士，才能胜任这项工作。

基于这些认识，朱瞻基把整肃吏治的重点放在监察队伍上，将矛头首先指向左都御史刘观集团。

刘观是五朝元老，洪武末年便担任左佥都御史，宣德时期，不仅以左都御史掌管都察院，还加了太子少保衔。这样一位元老旧臣，竟然成了一个贪赃集团的大头目。刘观贪污的劣迹在仁宗洪熙年间便已开始显露，当时他为嘉兴知府，与辖区内的富豪大户打得火热。升任都御史后，继续纵容和包庇嘉兴一郡豪强。嘉兴豪民冯本、张谨及常州王昶、松江蔡琳等人盗窃官粮，强夺民女，甚至行凶杀人，本应依法论处。由于重贿刘观，这些人却都逍遥法外。

刘观不仅自己贪污受贿，还与刑部郎中许惟，御史严皑、李伦及办事官姚景彰、杨大旺等狼狈为奸，上下其手贪赃枉法。刘观的儿子刘辐更是贪婪无耻，他与严皑相为表里，各道御史都仰其鼻息。浙江奸民伍辰、顾宗淳等人犯死罪，因向刘辐贿赂数百两白银而得以免死。

刘观利用手中的监察大权，控制了各道御史，贪赃纳贿，庇护罪犯，形成一个以刘家父子为首，以严皑、方晰、吴杰等人为骨干，从中央到地方，上下左右互为网络的贪污集团。

刘观集团的罪行虽然败露，但由于他资格老，势力大，且把持了整个监察机构，如果轻易对他弹劾和惩治，不但会打草惊蛇，还可能引发政治动乱。

朱瞻基为了铲除刘观集团这颗毒瘤，进行了周密安排。宣德三年（1428年）六月，朱瞻基使用调虎离山之计，命刘观巡视河道。随之将以清正廉洁著称的通政使顾佐提拔为都察院右都御史，密令顾佐对监察队伍进行整顿。

顾佐在朱瞻基的支持下，对所有监察御史进行了一次大考。当时各道御史共110人，大考之后，降职或撤职有30人，其中19人涉嫌贪赃枉法，被贬往边远地区终身为吏。

朱瞻基还下令，将沉浸于酒色，有渎职行为的严皑、方晰、吴杰等人戴枷示众，审讯后处以杖刑，降三等录用。剪除了刘观的党羽之后，刘观也被捉拿进京。刘观初到京师时，百般狡辩，死不认罪，最后在铁证面前，只得供认不讳，被贬往辽东充军。经过周密部署，刘观贪赃集团终于全军覆没。

朱瞻基还规定，监察官员如果犯贪赃罪，就一定要将其逐出监察队伍。他把整肃吏治重点放在监察机构上，"风纪为之一清"，为整个倡廉反贪提供了保障。

宣宗朱瞻基在位虽只短短10年，但在倡廉惩贪的廉政建设方面取得很大成就。史书称这一时期"吏称其职，政得其平，纲纪修明，仓庾充羡，闾阎乐业，岁不能灾"。这一评价，算得上是实事求是的。

洪武时期因政治形势严峻而导致惩贪扩大化和政治气氛的恐怖。永乐时期，明成祖也曾把反贪斗争作为打击政敌的手段，而仁、宣时期，统治阶级内部矛盾日趋缓和，政局比较稳定，因此这时的整肃吏治与反贪运动比较稳定，既避免了扩大化的影响，又减少了集团斗争的色彩。

四、英宗时期为拐点

宣宗十年（1435年）正月，朱瞻基病死，9岁的皇太子朱祁镇继位，是为英宗，年号正统。

朱祁镇此时还是一个孩子，没有能力处理国事，太皇太后张氏委任杨士奇、杨荣、杨溥、张辅、胡濙5位大臣主持政务。正统初年，由于三杨辅政，因此能够继承仁宣时期的大政方针，吏治仍然比较清明，史称"朝纲整饬，海内晏安"，说的就是这一时期的政治状况。

正统前期，在澄清吏治上，对监察职能尤为重视。朱祁镇说："朝廷以纲纪为首，御史职纪纲之任，不可不慎择。"选择御史的条件是："廉洁公正，明达事体"，派遣御史出巡，尤为慎重。当时出现了不少的廉正御史，如天台鲁穆，由御史为福建佥事，为人刚方廉介，理冤绳奸，执法无私，人称"鲁铁面"，后升任佥都御史。死后家无余财，家人靠鲁穆身前几位知己好友的资助，才草草办了丧事。

正统年间，严格要求全国县令要"廉慎明敏，宽厚爱民"，对郡守的要求更高，不仅要求本身廉洁，并要把境内工作搞好。提出所属官员中如有贪淫不法，蠹政害民者，即时拘拿解京；五品以上的官员犯法，具实向朝廷奏报。

正统时，对文职官员的贪赃枉法，律例规定：文职官受财枉法，满贯当绞者充军，不满贯者俱赎罪为民；对武职官的处罚更重，只要坐流徒杖者，一概充军。

虽然对贪赃者惩治毫不留情，但贪墨之风并未减少，而且还在逐渐增多，朝中大员，地方小吏，文臣武将及出差使臣，只要有机会，就会营私舞弊。如工部尚书吴中，就是一个贪婪成性、一心追逐声色货利之人，声名狼藉。

正统前期，在张太后和三杨主政时期，天下还算清平。但以王振为首的宦官势力当道之后，明朝的吏治便逐渐败坏。

王振是小皇帝朱祁镇的伴读，朱祁镇继位后，被任命为司礼太监。此人野心极大，憷于太后与三杨的权威，心存顾忌，只是暗地搞小动作，唆使朱祁镇惩治不阿附自己的大臣，户部尚书刘中敏、刑部尚书魏源、礼部尚书胡濙都曾被他陷害入狱。

正统六年（1441年），朱祁镇亲政，太后和三杨主持政务的时代结束。王振从后台走向前台，权势日益膨胀，他大搞"顺我者昌，

255

逆我者亡"。为建立个人淫威，王振开始残酷迫害正直大臣，著名儒臣、国子祭酒李时勉，著名理学家薛瑄，监察御史李俨都遭到他的迫害，被罢职还乡；侍讲刘球也因不肯趋附王振而被杀死在狱中。

王振在疯狂迫害异己的同时，对那些趋炎附势、拜倒在自己门下的鹰犬则委以高官厚禄，王佑是其中一个最为典型的例子。

当时，朝中大臣都留有胡须。有一天，王振惊奇地发现，王佑这位貌似宋玉的美男子竟然没有了胡须，吃惊地问："王先生，你怎么没有胡须呀？"

王佑谄笑地说："老爷没有胡须，儿子我怎么敢留胡须呢？"

王振是一个太监，长不出胡须，王佑为了讨好王振，竟然不留胡须，可见这个人奴颜婢膝的丑态到了什么程度。讨好王振的人很多，用这种方式讨好王振，王佑是第一人。

王振非常感动，不久便矫旨将王佑由工部郎中破格提拔为侍郎。

其他如兵部尚书徐晞，都御史王文、陈镒，也都通过巴结王振而升官，成为王振的走狗。

王振擅权后，除了结党营私，排除异己，还千方百计地敛财。王振敛财主要有两种办法，一是卖官鬻爵，二是巧取豪夺。王振把权力当做资本，可算是用到了极致。

明朝有一个朝觐制度，就是地方官员定期进京觐见皇上，这是朝廷对地方官员进行考察，奖廉黜贪的一种制度。

王振擅权时，朝觐出现了另一道风景。每到觐见之期，地方官进京，不是去见皇上，而是排着队去拜访王振，拜访者以百金为礼。

明朝朝觐本是对地方官吏进行考察，奖廉黜贪，在王振的专权下，朝觐成了百官向王振送礼的"节日"。朝廷对地方官的考察形同虚设，"由是以廉者为拙，以贪者为能"。

王振的管家也是一个很能贪的家伙，他有一个不成文的规定：官员见王振一面，底价100两银子；如果出1000两，可以安排陪王振吃一顿饭。即使这样，大小官员还得怀里揣着银子，在王振家门外排队等候接见，有不少人排不上号。

江苏江阴县有个富家子弟徐颐，胸无点墨，花重金贿赂王振，当上了中书舍人，京城的人称徐颐为"金中书"。

更有甚者，王振为了满足自己的贪欲，竟然向明朝境外势力走私军用物资。他暗令其死党、镇守大同的太监郭敬每年私造箭镞数十瓮，送给瓦剌人，换回良马。这无疑是养虎遗患、开门揖盗。

正统十四年（1449年），瓦剌人大举进攻明朝，王振怂恿明英宗朱祁镇御驾亲征，希图侥幸获胜，冒滥军功。随后的土木之变，明军全军覆没，朱祁镇成了瓦剌人的阶下囚，玩火自焚的王振被愤怒的护卫军杀死在军前。

王振专权7年。明景帝时，查抄其家产，抄出金银60余库，玉盘100百余面，7尺高的珊瑚树20余株。这个肆意专权的大宦官，同时也是一个大贪污犯。

王振擅权，使朝廷纲纪败坏，整个官场贪墨之风甚炽。以全国各府县的贡品彩缎为例，正统以前，经严格检验合格，才送内库收藏，公事公办，手续简明，无贿赂请托，彩缎质里也属上乘，足供使用。王振执政时由于有关官员与工匠合伙作弊，私自偷换高质量贡品，将次品混进贡品中送往京师，贿赂查验及仓库管理人员，照样能验收入库。

朱祁镇虽然也发现了这个问题，并命令工部会同监察御史严加检查。但圣谕如是一纸空文，贪贿风气愈演愈烈，朝廷大员，地方小吏，只要有机会，便百般索求。由明太祖、成祖开创的倡廉反贪的传统被中断，正统时期成为明王朝吏治由清明过渡到污浊的转折点，从此，明朝的吏治走向贪污成风的衰落时期。

五、中后期的吏治

（一）商品经济发展与世风的变化

经过明初一百多年的发展，到明中后期，农业和手工业的发展都达到了前所未有的水平，在此基础上，商品经济有了空前发展。丰富的日用品，华贵的奢侈品和活跃的游乐场，成为明代商品经济繁荣的重要表现。

商品经济的发展，冲击了传统的价值观念。中国传统的价值观，在义利关系上是"重义轻利"、"君子言义不言利"，表现在理欲关系上是"存天理，灭人欲"，这种价值观违背和压抑了人性。商品经济的发展，刺激了人们的思想，而"社会大动荡"则使久被压抑的人性毫无克制地表现出来，如同洪水猛兽一样，势不可挡：礼义廉耻丧尽，人欲横流，社会失范现象严重。社会风气随之也发生了重大转变。

1. 崇尚奢侈

丰富的商品经济刺激着人们的欲望，人们不再崇尚节俭，转而追求现实的享乐，不再满足于糊口度日，转而向往奢侈腐化的生活。不仅富豪巨贾崇尚奢侈华丽，"贫乏者"也"强饰华丽，扬扬矜诩，为富贵容"。人们在衣食住行、婚丧嫁娶以及各种公共场合，无不夸富逞强，攀比之风盛行。

在服饰方面，安徽歙县、休宁等地，数十年前，虽然是富贵人家，女妆只重金宝，明中后期后，金宝放着不用，却用珠翠、珊瑚、奇巧等物。

在房屋建筑方面，明初规定庶民住宅"不过3间、5架"，"不许斗拱、饰彩色"，家具不准使用金酒杯，桌椅木器不许朱红金饰。明中后期，这些禁令都成了一纸空文。

在交通工具上，正德以前，官员出行骑驴骑马，到嘉靖、隆庆以后，连秀才百姓都坐轿子，无人骑马，甚至连优伶也都坐轿子赶场。

2. 拜金主义盛行

商品经济的发展与奢侈之风盛行，使得金钱的地位越来越高，拜金主义也盛行起来。人们开始大胆地言利，拼命地追求金钱，一切向钱看成为绝大多数人的生活准则，正如诗人薛论道在《林石逸兴》卷5《题钱》的讽刺诗中所说：

> 人为你东奔西走，
> 人为你跨马浮舟，
> 人为你一世忙，
> 人为你双眉皱。
> 细思量多少闲愁，
> 铜臭明知是祸由，
> 每日家蝇营狗苟。
>
> 人为你招烦惹恼，
> 人为你梦扰魂劳，
> 人为你易大节，
> 人为你伤名教。
> 细思量多少英雄，
> 铜臭明知是祸由，
> 一个个因它丧了。

这首民歌生动地刻画了明中后期人们放纵追求金钱的情形。当时之际，世人笑贫不笑娼。原来作为4等公民的商人的地位骤然提高，开始被人尊重。在金钱至上观念的冲击下，传统的门当户对的婚姻观念也受到挑战，择婚标准不再是门第的高低，而是金钱的多少。金钱地位的提高，冲淡了传统的人际关系，人际交往中的功利主义色彩明显增强，人们不再单凭血缘关系和感情来确定亲疏远近，而是"渐加以货币，遂至视多寡为厚薄"。

3. 教育思想悄然发生变化

明中叶以前，无论是家长，还是学校，都在向子弟、学生灌输儒家"修身、齐家、治国、平天下"的匡世济民思想。在这种教育体制下培养出来的官吏，大部分都能洁己爱民，纵然有贪污腐化分子，也总是遮遮掩掩，且为大多数士大夫所不齿。但在明中叶以后，教育思想与传统的儒家思想发生悖离，"千钟粟"、"黄金屋"之类的逐利思想不胫而走，师长的劝导，朋友的规劝，亲人的期望，无不是以逐利为目的。王世贞曾直言不讳地说，当时的士子"莫不以仕为贾"。由于教育思想的悖离，升官发财似乎已成为天经地义的事情，贪得财物多，便为同事所羡慕、赞叹，而那些清正廉洁之士，反而要受到讥讽。

（二）明朝中后期吏治的败坏

明朝中后期社会风气的变化，直接影响到官场风气。明初官场风气比较淳厚，纵有贪秽行为，也是"暮夜而行，潜灭其迹，犹恐人知"。明中后期，尤其是嘉靖以后，情况发生了巨大变化。当时的仕途如市，入仕者犹如入市交易，计善恶、计大小、计贫富、计迟速。为了保住官位和谋求升迁，下级对上级极尽阿谀奉承之能事，上级对下级耍尽了威风，官场中的吃喝风愈演愈烈。

明人谢肇淛在《五杂俎》中记述当时官场的吃喝风时，说官吏富豪"穷山之珍，竭水之错，南方之蛎房，北方之熊掌，东海之鲯炙，西域之马奶，真昔人所谓富有小四海者，一筵之费，竭中家之产不能办也"。

吃喝风的盛行，助长了送礼行贿之风的蔓延。史载当时"纳贿受赂，公行无忌"，"无官不赂遗"，"无守不盗窃"。

万历年间的除夕时节，到南京城中的兵马司送礼的人竟然挤满于道，送礼的食盒塞满于道，路人行走的地方也没有。明中后期，官场可以说逐渐成为贪污的渊薮，腐败的巢穴，权权交易、权钱交易的市场。

1. 内阁大员贪赃纳贿

明英宗以后，内阁权力逐渐扩大，尤其是嘉靖、隆庆和万历前期，内阁首辅的权力极度膨胀，成为凌驾于六部之上的最高行政长官，较之过去的宰相有过之而无不及。随着吏治的日益败坏，内阁首辅往往利用职权或是干预六部事务，卖官鬻爵，侵吞公款，收受贿赂，或是纵容家奴霸占民田，为害一方。

嘉靖年间的严嵩是利用首辅之权大肆贪污的典型。

严嵩是江西人，弘治十八年（1505年）进士，深得嘉靖皇帝宠信，盘踞要津达20年之久。严嵩柔媚奉迎难有人及，招权纳贿无孔不入，有人说他贪赃纳贿在古代权奸队伍中是高手中的高手。严嵩不仅疯狂地追逐权力，也疯狂地追逐金钱。他贪污受贿、积敛金钱主要有如下一些途径。

卖官是严嵩敛财的第一手段。

嘉靖九年（1530年），严嵩任南京礼部尚书兼翰林院学士。当年礼部举行科举考试，由严嵩主持。从小穷怕了的严嵩，终于有了一个捞钱的机会，他向考生索要贿赂，将不同的名次规定不同价格，最初规定的价格并不高，后来见行贿者特别多，就提高价格，发了一笔横财。

嘉靖二十年（1541年），有人以3000两黄金贿赂严嵩及其他有关官员，被东厂人员发觉，其他受贿的官员都被发配到边疆充军，唯独严嵩安然无事。

261

交城王朱机死后无子继承，从弟辅国将军朱柚图谋承袭他的爵位，派人给严嵩送白银3000两，很快就搞定了这件事。

永寿王朱秉橙死，王位本应由嫡孙朱怀墡承袭，但他的庶子朱惟意贿赂严嵩白金3000两，抢得王位继承权。

严嵩出任首辅独揽大权后，更加肆无忌惮，儿子严世蕃官至工部侍郎。父子二人控制吏部、兵部，把持朝政，贪赃枉法，卖官受贿，号称"大丞相、小丞相"。当时"官无大小，皆有定价"。

严嵩将政府官职明码标价出售。州判300两、通判500两；指挥300两，都指挥700两；御史、给事中分别为500两和800两，也有千两者。吏部掌握人事任免大权，价格最高，吏部郎中、主事3000两，后来增加到12000两至13000两。

严嵩还将卖官引入竞争机制，如果买官的人多，价格会陡增，不管是什么人，只要你有足够的钱，就可以得到你想要的官。

礼部员外郎项治原向严世蕃行贿白银13000两，立即升职为吏部主事；举人潘鸿业给严嵩行贿2200两白银，得到山东临清知州；甘肃总兵优鸾因贪污被革职，重金贿赂严世蕃，重新被起用；工部主事赵文华贪赃枉法，被贬出京为州判，用重金贿赂严嵩，拜严嵩为干爹，结果重新入朝，步步高升，成为严嵩的死党。

严嵩自己作恶多端，怕人告发，便让赵文华当通政使，让他在这里把关。因为所有告状的奏折，必须先经过通政使才能送到皇帝手里，这样严嵩就可以事先知道，想办法对付。

严嵩到底有多少个干儿子，他自己也说不清。他在一些重要部门都安插了亲信。对不肯依附的官员，在施行打击的同时，也乘机敲诈勒索一把。

贪赃枉法是严嵩敛财的又一手段。

严嵩收受罪臣贿赂，干预司法事务，庇护罪犯。只要向严氏行贿，无功可以受赏，有罪可以免罚。

伊王朱典英肆虐不法，阴谋作乱，言官屡屡弹劾，要求依法严惩。伊王见大祸临头，向严嵩行贿白银 10 万两，得到庇护。

福建巡抚阮鹗在嘉靖三十一年（1552 年）私通倭寇，案发后，朝廷下令缉捕阮鹗。阮鹗重金贿赂严嵩，竟然免于治罪，仅给了个降官一级的处分，算是对朝廷有个交代。

抗倭将领张经在嘉靖三十四年（1555 年）大败倭寇，俘获斩首的倭寇达 2000 多人，战果辉煌。由于没有向东南督军、严嵩的干儿子赵文华贿赂，被严嵩和赵文华以冒领军功罪给处死了。

抗倭名将俞大猷也没有逃过严嵩的毒手，原因是没有向严嵩父子送礼。严嵩指使同党加以诬陷，把俞大猷逮捕入狱。朝中不少官员爱惜俞大猷是一个人才，凑了 3000 两银子贿赂严世蕃，才保住俞大猷一条性命，被发配到大同戍边。

严嵩积敛起的巨额财富，"富甲天下"，就连家奴严年仗着主人的权势索贿受贿，日积月累，家产竟达到数十万之多。严年生性狡黠，被严世蕃视为心腹，严家父子卖官鬻爵，很多都是经过此人之手，他的家资，也是贪污而来。

严嵩父子大肆纳贿搜刮，家产不计其数。他们在北京附近就有庄田 150 余所，据说袁州 1 府 4 县的田竟然有 70% 是严家的私田。在京城的府第接三连四，府前建一座大花园，花园里开凿一片数十亩的人工湖，园子里奇花异草，应有尽有。在家乡还有 5 座府第，都是雕梁画栋，高门大墙。至于鲸吞的金银珠宝，更是一个惊人的数字；有的金银人物高达二三尺，甚至连溺器都是用金银铸造。

严家的财富到了富可敌国的地步，以至于严世蕃炫耀说："朝廷不如我富。"严世蕃妻妾成群，吃穿奢靡，夜夜歌舞，享尽了人间的荣华富贵。严世蕃说："朝廷不如我乐。"

严嵩父子担心家财太多，搁在京城惹眼，便把大量的金银运往江西老家。

有一次，严嵩回家探亲，行李竟然有"辎车数十乘，轿车40辆，楼船10余艘"，连他自己都觉得如此庞大的车船队，规模有点吓人。为了欺骗沿途各地官府，这些船只统统打上官署的封识。严世蕃炫耀的"朝廷不如我富"还真的不是一句空话。

严嵩到底搜刮了多少财富呢？

《天水冰山录》提供了一个抄家清单，让人大开眼界：

黄金13171余两；纯金器皿3185件，重11033余两；金嵌珠宝器册共367件，重1802余两；更有价值连城的古今名人字画手卷册页3201轴卷册……

抄出的餐具中，仅筷子一项品类和数量，就令人咋舌：金筷2双、镶金牙筷1110双、镶银牙筷1009双、象牙筷2691双、玳瑁筷10双、乌木筷6891双、斑竹筷5931双、漆筷9510双。

严嵩贪赃枉法，疯狂敛财，一生到底搜刮了多少财富，谁也说不清楚。首辅贪赃枉法，致使朝廷内外是非混淆，法纪荡然无存。

徐阶、高拱和张居正三人，都是地主阶级中的改革派，应该说是比较有远见的，但在不同程度上，也都有贪贿劣迹。如徐阶"大治产业，黩货无厌，越数千里开铺店于京师，其子揽侵起解钱粮，财货将等于内帑，势焰熏灼于天下"。

高拱也曾经把世宗西苑里的器具带出宫，门生、亲属也有贪贿的传闻。

张居正在辽王被废之后，将其府宅据为己有。先后任湖广巡抚的汪道昆、赵贤等为讨好张居正，用公款为他营建私宅，张居正欣然接受。张居正被抄家时，抄出黄金万两，白金10万两有余，虽然不及大贪官严嵩，但数额也相当可观，其贪贿情况由此可见。

此后的内阁大学士在贪贿方面更是有恃无恐。据《万历邸抄》记载：大学士张位"黩货如蝇，每次讨缺不下数十，多者千金，少者数百金"；沈一贯也以纳贿闻名朝野，家中"货财如山，金玉堆积"。

《明史》卷 231 记载，万历时的御史钱一本说："以远臣为近臣府库，又合远近臣为内阁府库，开门受贿自执政始。"

"远臣"是指地方各级官吏，"近臣"则指京师各衙门官吏。他们都向内阁大学士行贿，由此可见内阁大学士受贿机会最多，范围最大，首辅是全国官僚贪污集团的核心。

2. 官吏贪贿不示弱

明朝有"朝觐"制度，即地方官三年进京一次，向中央汇报工作。这本来是朝廷对地方官进行考察的一个例行制度。但这却是京官发财的大好时机，地方官吏进京之后，纷纷向京官行贿，有的京官甚至公开索贿，因此明人把朝觐之年称为"京官收租之年"。新官上任，也要向京官行贿。

行贿需要真金白银，于是京城出现一批专门向新任和朝觐官吏放债的高利贷者，时人称之为"京债"。

利用朝觐和新官上任之机收取贿赂，是京官心照不宣的潜规则。除此之外，各部还有自己独特的贪污纳贿方式。

吏部利用对官吏的任免和考核大权，大肆收受贿赂。官吏升迁降黜，不是取决于政绩的优劣，而是看行贿的多寡，如正德时的吏部尚书张彩，采用经常考察内外官，故意挑刺的方法，刁难被考察官员，从中索贿。

天启年间的吏部尚书周应秋，公然按官职大小索价，每天的主要工作，就是与文选郎李夔龙分钱。据说每天得贿银一万两，人称"周日万"。

户部掌管全国财政大权，吃钱粮回扣，而且大小官吏互相勾结，通过多收少纳，虚报支出数额，涂抹册籍，窜改账目，埋没侵欺等手段捞取钱财。如崇祯年间，户部仅将辽盐引价40000余两尽数瓜分一项，20余年，隐匿私分达百万金。

礼部向来被称为"清水衙门"，但礼部掌握科举和部分外交大权。礼部官员除利用科举考试收受贿赂、徇私舞弊外，还利用外交大权，把贪婪之手伸向国外。成化七年（1471年），礼部郎中彭彦允向朝鲜使者"求请人参十斤"。嘉靖十七年（1538年），朝鲜的圣节使许宽出使明朝，明朝的礼部郎中白悦、吴希孟等人，说朝鲜使臣的砚面、刀子、铜器很好，表示"欲送价买之"，实际上是冠冕堂皇之语。礼部官员及不法使者的贪贿行为，损害了明朝的"天朝大国"形象，是外交史上的一个污点。

兵部掌管全国军政，负责武官的选拔、升迁和考核及兵器的制造和管理。在武官任用方面，与文官任用并没有区别，买官卖官也是大行其道。

刑部掌握全国最高司法刑狱大权，贪赃枉法、侵吞赎款是其敛财的重要手段。

工部更是大有油水可捞，他们既在工程建设中虚报造价，套取财政钱物，又在建造过程中偷工减料、克扣工人工价牟利。如正德年间的工部侍郎赵经督建乾清官，"乾没帑金数十万"。

巡按御史本来负有纠举、惩治贪墨的职责，但在明中后期，这些监察官员反而成为贪污受贿的一支主力军，所到之处，有关官员公开行贿，讨价还价，形同贸易。对于民间疾苦不闻不问，大贪大恶者成为他们举荐的对象，弹劾的都是一些小贪小过。万历四十二年（1614年），两淮巡盐御史竟然"赃私计数十万"。

上行下效，地方官吏贪污受贿热度不亚于京官。督府和布政使、按察使等地方大员，主要以收受州县官吏贿赂为敛财手段；州县官吏敛财的主要方式则是贪污钱粮。

明代地方财库都有"存余考积",即各地每年岁粮中除起运、存留外,还剩余米若干、银若干,作为当地的储存,以留待额外派征。除此以外,地方还有羡余银(既加耗粮或加耗银)、部分赃罚银和契约银等,所有这些都成为地方上的"小金库",属于地方上的机动资金,由府州县自由安排使用。

明初,由于吏治清明,这部分资金一般都能得到合理使用。明中后期,随着吏治的败坏,州县官吏明目张胆地把这部分资财据为己有。为了能攫取更多的资财,贪官污吏肆意增加税额,"指一科十",增加部分完全落入个人腰包。一条鞭法实行后,虽然简化了赋税征收手续,有利于防止粮长和胥吏的贪污舞弊,但地方官吏的加耗仍然很重,《春明梦余录》(卷48)记载:"有一两而加二、三钱者。贫民粮少,无不加倍,或父子不许合封,所得尤多。故有司鲜不立富者。"

明中后期还出现了"带征"和"预征"。带征是将累年拖欠一并催征。预征是指完纳当年赋税及火耗外,还要提前征收来年的部分钱粮。带征制和预征制使赋税征收程序进一步复杂化,为贪官污吏胡作非为创造了机会。张居正曾对带征制加剧贪污的危害作过批评,他说:"有司规避罪责,往往将见年所征那(挪)做带征之数,名为完旧欠实则减新收也。今岁所减又是见来带征将之数。况头绪繁多,年份混杂,征票四处,呼役沓至,愚民竭膏脂以供输,未知结新旧之课;甚至不才官吏因猎取侵渔者往往有之。"

明代预备仓的储粮米本来属于备荒备灾物资,到了明中后期,预备仓却成为贪官污吏侵吞的对象。当罪犯纳赎入仓时,官吏便从中刁难,谋取私利。当政府出资籴粮入仓时,大小官吏便在购买粮食过程中乘机弄虚作假,贪污舞弊,半价平籴,全价入仓,差不多一半的购粮款进入贪官的私囊。

州县官吏在处理司法案件时，更是吃了原告吃被告，大肆收受贿赂，贪赃枉法。

3. 胥吏贪贿更疯狂

在中国封建社会，官僚系统中除具有行政决策权的官员外，还有一批负责承办具体事务的普通工作人员，也就是吏员，或称胥吏。

明代普通工作人员，按工作性质不同，有掾史、令史、书吏、司吏、典吏，后又设提控、都吏、人吏、胥吏、狱典、攒典等等。

元亡于吏，这是沉重的历史教训，明初的反贪风暴，使胥吏的贪赃枉法行为有所收敛，但这些人贼心不死，仍在伺机卷土重来。明中后期，胥吏贪赃舞弊已死灰复燃，来势更猛。胥吏们甚至把持官府，敲诈勒索、无恶不作。《万历野获编·补遗》记载说：户部胥吏"视官长犹木偶"；朱国桢在《涌幢小品》中也说吏员"甚者，把持官长，代送苞苴"。足见胥吏之猖獗。

在经济工作中，胥吏利用造册和征收钱粮、管理仓库等便利，收受贿赂，放富差贫，篡改赋税征收簿，贪污税粮，监守自盗。如每当十年一度大造黄册时，户房吏和驾阁吏往往"飞洒欺隐，百端作弊"，他们收受土豪贿赂，为他们隐报家丁，然后把赋役转嫁到贫户头上。

各里、社造完黄册后，要交户房和驾阁库，户房吏和驾阁吏乘机索贿，如果不能如愿，便百般刁难，甚至将册籍退回重造。为了避免刁难，各里、社都要贿赂吏典，久而久之，这项贿赂便形成为一项常例。

征解钱粮时，吏员又往往巧立名目，擅增赋税。胥吏还假提勘合，盗支料价银。如成化、弘治年间，华亭县吏潘祯就通过这种手段，伙同松江府吏诸昂、书手黄棠等盗支官银600余两。

养济院本来是抚恤孤老残疾之人的福利机构，胥吏也染指其间，他们虚报冒领，肆意克扣养济院钱粮。如浙江《武康县志》记载，嘉靖年间，武康县养济院"凡给衣与粮也，有不及数而莫尽其惠焉，半杂糠秕，虽惠无实也"。

《武进县志》记载，养济院被收人员中，"有家资百数金者，有父子俱在者，有子孙并居者，有夫妻同处者，有人死而名实存者，即前后销名，有以一人而当二人者，有以一名而销三名者"。

在行政事务、司法事务中，都存在胥吏敲诈勒索，贪赃纳贿的行为。总之，明中后期的吏员廉耻丧尽，他们"每以得利为夸，惟以得利为夸"，"朝穿青衣而入，暮各持金而回"。当时就有人说：没有三代读书而不发科第者，没有三代为吏而不充军者。

4. 军队腐败很严重

明中后期，军队腐败也是一个非常严重的问题。军队腐败主要是军官的贪污纳贿，表现为侵吞军饷，侵占屯田、收受贿赂等方面。

侵吞军饷。嘉靖年间，户部拨发的军饷大部分被将领贪污。《明通鉴》记载，嘉靖三十九年（1560年）六月"给事中罗嘉宾等查核倭寇以来督抚诸臣侵盗军需之数"，发现高者"以十万四千计"，其次也有3万5万的，其他则"或以万计，或以数千计"。除克扣士兵军饷、侵盗库银外，将官还冒领军饷。

明代军人地位低下，经常发生士兵逃亡现象，明中后期，随着军屯的破坏，士兵逃亡现象更为严重。士兵逃亡或死亡后，将官一般都隐而不报，将这些人的名额留在花名册上继续发工资，这种现象称之为吃"空饷"。天启年间，毛文龙在皮岛时，通过这种方式冒领"饷银数十万"；有的将官为冒领更多的军饷，竟然故意放纵士兵逃亡。

侵占屯田。明中后期，军屯遭到严重破坏，大小军官大肆侵占屯田，陕西榆林地区的管屯官侵夺屯田，隐占为业，祖孙相继，习以为常。

收受贿赂。下级军官的升迁，在很大程度上取决于上级军官，在军政腐败的明中后期，军官要谋求升迁，必须贿赂上司。明代军官有一项经常性贿赂收入叫"买闲"，即每个士兵月给将官交200钱，便

269

可以不参加操练，不点名报到，名正言顺地去干自己想干的事情。甚至连马匹也可以买闲，即每匹马月纳 300 钱，便可拉去搞其他运输以营私利。买闲银在明中后期成为一项常例。

兵商勾结。明代军队有缉私的职能，负责缉捕私盐贩子的军官接受商人贿赂，包庇甚至纵容帮助私盐贩子。史籍关于军官"受财故纵"、"接受盐徒财务，护送私盐出境"之类的记载很多。

占役。士兵本是为国家服役的军事人员。明中后期，军队将官及其他各衙门官员私自役使军士，称为"占役"。比如让士兵种田、建房屋、跑运输等，在明代中后期这种情况很普遍。

5. 宦官贪贿，又是一道风景

明代有一个特殊的官僚群体——宦官，这些人寄生在封建皇权肌体之上，是封建官僚中最腐朽的势力，且这种权势已延伸至政治、经济、外交等各个领域，其贪贿较之一般官吏更为恶劣，对社会形成的冲击力更大。

刘瑾是正德年间的司礼监太监，当时京城流传这样一句话："一个坐皇帝，一个立皇帝；一个朱皇帝，一个刘皇帝。""立地皇帝"是时人对刘瑾的戏称。

刘瑾和他的前任王振一样，擅权之后，大肆收受贿赂，贪赃枉法，无恶不作。刘瑾敛财的重要途径，就是插手司法事务，通过对司法事务的干预，帮助犯罪分子开脱罪名，并打击迫害秉公执法者，从中收受贿赂。

魏国公徐甫在无锡抢占民田，百姓告到官府。右副都御史、南京巡抚艾璞不避权贵，秉公执法，把田地判还给百姓。徐甫不肯罢休，重金贿赂刘瑾，谋求翻案。刘瑾受贿后，派私党刑部侍郎王佐、大理寺少卿王鼎到南京重新审理魏国公徐甫在无锡抢占民田案。重审结果是推翻原判，将田地判给魏国公徐甫，并参劾艾璞判案不公，将艾璞逮捕，并严加拷问。艾璞宁死不屈，愤怒地质问："田地本来是百姓的，怎么能颠倒黑白，将百姓的田判给魏国公呢？"

王佐、王鼎无视艾璞的抗议，重打 50 大棍后，判艾璞贪赃枉法、营私舞弊之罪，将他及全家十几口人一起流放到海南岛。而真正贪赃枉法、营私舞弊的王佐、王鼎，却因陷害忠良，被刘瑾下令官升一级。

晋王府镇国将军朱兼要求加封郡王，礼部尚书李杰按有关规定拒绝了他的要求。朱兼派人向刘瑾送去黄金 100 两，请求加封郡王。刘瑾认钱不认理，矫旨加封朱兼为郡王，而坚持原则、秉公办事的礼部尚书李杰，却被罢官归田。

隆平王张佑死了，依明朝有关规定，儿子可以世袭王位，张佑没有儿子，为了争这个世袭名额，张佑的兄弟和侄儿们大打出手，并一度告到官府。张佑的兄弟张林重贿刘瑾，谋求得到世袭权。刘瑾随即给刑部郎中张顶打招呼，让他把隆平王的世袭权判归张佑的兄弟张林继承。张顶是一个坚持原则的正直官员，坚持原则，拒绝了刘瑾的无理要求，刘瑾的阴谋没有得逞。

正德三年（1508 年），张顶出任兴化知府，那一年兴化府的举人戴大宾考中进士。戴大宾已有婚约，女方是邻村刘员外的千金。刘瑾为了占有这个潜力股，想把侄女嫁给戴大宾，并请知府张顶保媒。张顶是一个"不懂板"的人，不想保媒，更不想从中得到什么好处，断然拒绝了刘瑾的请求。旧仇带新恨，刘瑾恼羞成怒，找一个理由将张顶削职为民，赶回老家去了。

刘瑾不仅贪赃枉法，收受贿赂，打击秉公执法的官员，视法律如儿戏，而且对锐意惩贪的官员肆意迫害。

巡按御史王时中到宣大地区巡视，惩处了一批贪官污吏，百姓拍手叫好。可刘瑾却说王时中用刑太过残酷，竟命人将王时中戴重枷，在都察院衙门示众 3 日，然后贬到铁岭卫去做苦力。

御史涂祯到长芦巡视食盐专卖政策执行情况，查处了一批在食盐专卖过程中收受贿赂、欺压商民的贪官污吏。不久，涂祯便被打入大牢，惨死狱中。涂祯之所以得到如此下场，原因是断了刘瑾的财路，一切都是刘瑾"矫旨"为之。

如果说插手司法事务，从中收受贿赂是一种暗收行为的话，那么，对进京述职的地方官员和出京办差的京官索贿受贿，则是一种公开行为。这样的事虽然让人不可思议，但却实实在在地存在。在数千年的中国历史上，恐怕绝无仅有。

当时有一个不成文的规定，进京述职的各省高级官员，完成公事之后，必须向刘瑾缴纳常例钱，而且数额巨大，低于2万两白银免谈。不交行吗？行，刘瑾也不上门索要，只是当你离京后，人没有到家，圣旨先到了——罢官。

刘瑾的逻辑是这样的：各省行政长官是封疆大吏，除朝廷的俸禄外，其他收入不可估量。这些人的官位是哪里来的？是他"立地皇帝"给的，饮水思源，这些人必须交常例钱，好处大家得嘛！

进京述职的各位高官虽然都很有钱，但谁也不会带着几万两白银进京，没带不要紧，你可以去借。"立地皇帝"得罪不起啊！无奈之下，很多人只能向京城的富人借高利贷，回去后再拿国库的钱偿还，然后再向百姓搜刮，而且还是名正言顺——这钱是交给朝廷的，不是本官拿来中饱私囊。于是乎，各省行政长官向刘瑾缴纳常例钱，变成了全国人民向刘瑾缴纳常例钱。

有拒不缴纳的人吗？有。荆州知府王绶、武昌知府陈晦就是例子。

王绶、陈晦两人进京述职时没带钱，在京师也没有借到钱，怀着忐忑不安的心情返回湖北不久，便收到撤职的通知。两人不甘心不明不白地丢官，急忙派人进京，加倍给刘瑾奉上常例钱。

刘瑾虽然贪得无厌，但也有一个优点，就是讲信用。他想要的钱如果你不给，那你只能卷铺盖走人，一旦收了钱，交易一定会达成，这就是买卖。王绶、陈晦加倍缴纳常例钱后，不但保住了官帽子，而且还增加了一个头衔：参政。依靠官帽子这个特殊专卖品，刘瑾对进京述职的地方行政长官收取的常例钱，基本上可以足额收起，缓交的情况有，拒不缴纳的事很少发生。

刘瑾除向进京述职的地方行政长官收常例钱外，对派遣出京办差的京官也要收取。他的逻辑是，钦差大臣每到一地，地方官将你当菩萨一样供起来，临走时必送上一份厚礼。差事是我派的，收受的贿赂必须与我分成，这才叫合理。

进京述职的地方行政长官都是一方大员，他们都很有钱，即使没钱也不要紧，在京师缴了钱，回到地方后可以在老百姓身上加倍收取，做的是稳赚不亏的买卖。京官出差就不同，有的京官出差，大肆收受贿赂，满载而归，向刘瑾交纳分成，是一件皆大欢喜之事。这是正常情况，有些非正常情况就不是这样了。

如有的京官出差并不是肥差，行贿的人不多，甚至没有人行贿，向刘瑾缴纳常例钱就是一件很困难的事情。俸禄有限，如果把俸禄钱缴了常例钱，那一家人喝西北风去？如果硬扛着不交，那就是一件非常严重的事情。为了这个常例钱，出现了很多意想不到的事情。

正德五年（1510年），给事中邵天和出京巡查海东地区盐税征收情况。邵天和为人正直，不善敛财，出了一趟差，回京后两手空空。

刘瑾不管这些，只要是出京办差，常例钱不能少，这是铁律。无奈之下，邵天和只得四处借贷，筹集到18300两白银送给刘瑾，才算渡过难关。

邵天和还算是借贷有门，对那些借贷无门的官员来说，事情就严重了。兵科给事中周钥到淮安出了一趟差，回京后两手空空，无法缴纳常例钱，更要命的是借贷无门。没钱，怎么办？把命留下吧！为了这个常例钱，周钥竟然上吊自杀了。

很多官员不肯向刘瑾行贿，不肯行贿也是罪，等着他们的结局，不是治罪，就是罢官。如刘瑾听说学士吴俨家里很富有，便"遣人求金，啗以美官"。意思是说，你不是很有钱吗？我手里有官帽子，你给我钱，我给你一顶非常好的官帽子。吴俨很有骨气，断然拒绝了来人的要求。虽然争了一口气，但却付出了惨重的代价：年终考核的时候，刘瑾给他定了个不称职，罢官，提前退休。

像这样的事例还很多：

副都御史邵宝总督漕运，刘瑾向他索贿，邵宝不给，邵宝被勒令退休。

平江伯陈熊在总督漕运期间，"刘瑾横索金钱，不应"，刘瑾便将他"谪海南卫，夺其诰券"。

南京都御史张泰为官清廉，一次到京城出差，仅以土葛送刘瑾。刘瑾认为送礼太薄，大为恼怒，一纸诏令，强迫张泰提前退休。

刘瑾擅权，疯狂敛财，同时也在自掘坟墓。1510年，刘瑾被判以凌迟，结束了其罪恶的一生。

明熹宗时，宦官专权达到了登峰造极的地步，魏忠贤是当时最大的太监，也是最大的贪污犯。魏忠贤之所以能作威作福，是熹宗朱由校的昏庸和放任，再加上内阁到六部等官员的逢迎诌媚所致。

天启五年（1625年）以后入阁的大臣，大多为魏忠贤的党徒，包括顾秉谦、魏广征、黄立极、施凤来、张瑞图等人。表现最突出的当数顾秉谦和魏广征。

顾秉谦为首辅，掌管拟旨和批答奏章，朝政上有什么成绩，他都归功于魏忠贤。魏广征呈给魏忠贤的书信，称为"内阁家报"，时人叫他"外魏公"。

魏忠贤的党徒众多，有5虎、5彪、10狗、10孩儿、40孙等等。

"5虎"为文职，包括工部尚书兼都察院左副都御史崔呈秀、工部尚书吴淳夫、兵部尚书田吉、太常卿倪文焕、左副都御史李夔龙。

"5彪"为武职，包括左都督田尔耕、锦衣卫都指挥佥事许显纯、锦衣卫指挥崔应元、东厂理刑官孙云鹤和田尔耕的心腹杨寰。

"10狗"之首是周应秋。此人是一位烹饪高手，魏忠贤的侄子、肃宁伯魏良卿最喜欢吃他烧的猪蹄。他就是靠一手烹饪绝活，当上了左都御史，被人称作"煨蹄总宪"。

10孩儿、40孙则更是人品繁杂，难以尽述。

"10狗"之一的骨干曹应钦，原为吴江知县，贪污纳贿，声名狼藉。自从做了魏忠贤的干儿子后，日夜出入于魏府，摇身一变成了朝中红人。这个不知羞耻的家伙，逢人便肉麻地吹嘘干爸爸如何如何宠爱他，无耻卑劣的行径，甚至连阉党人物也感到恶心。直到有一天，魏忠贤也觉得将这样一个没有素质的人留在身边实在有损形象，便将他赶走了。

"5虎"之一的崔呈秀，是魏忠贤死党中最受宠之人。这个人是当时全国挂得上号的大贪污犯。

天启初年，身为御史的崔呈秀赴淮扬巡察，见东林党人势力很大，托人找关系，请求加入东林党。东林党人多数比较正直，居官比较清廉，他们拒绝了崔呈秀的要求。崔呈秀以御史的身份到地方巡察，是以一个执法者的身份出现的，可就是这样一个执法者，将追回来的赃款不入账，自己随意支用。而且还以钦差大臣的身份，将死囚犯从牢里放出来，收了钱后立马放人。

崔呈秀从淮扬回来后，东林党人、清廉正直的左都御史高攀龙要处罚他，上书"题请要问充军"。

崔呈秀知道后，立即找人向高攀龙说情，但无济于事，于是决定投靠魏忠贤。崔呈秀并不认识魏忠贤，便先向魏忠贤的管家王千才行贿。王管家收钱后,带崔呈秀去见魏忠贤。第一次见面,崔呈秀送上的见面礼为:五彩剪绒的蟒衣 2 套,正面坐龙玉带 1 围,祖母绿帽顶 1 件,青绿文王鼎 1 枚,金杯 6 对,玉器 4 对,金盏银台 24 副,银酒壶 2 把,南京花绌绉纱、苏州彭缎线绒、杭州绫罗各 20 件。

魏忠贤收了崔呈秀的重贿,高攀龙的奏章便成了一张废纸。崔呈秀从一个革职听勘的贪污犯摇身一变,鸿运当头,先后任工部尚书和兵部尚书,并兼左都御史,权倾朝野,后人以崔、魏并称。

魏忠贤与客氏相勾结,除了党同伐异之外,还疯狂地敛财。敛财的手段,一是窃取国库里的钱财,二是索贿受贿。

魏忠贤将亲信爪牙安插在要害部门,从中盗取国家库银。如涂文辅总督太仓银库、书慎库;崔文升、李明道总督漕运、河道,核京师、通州各仓。这实际上是把国库控制在自己手里,当成自家仓库,想怎么拿就怎么拿,想拿多少就拿多少。不仅如此,他还把手伸向京城外的南京内库,史载:"南京内库颇藏金银珍宝,魏忠贤矫旨取进,盗窃一空,内外匮竭,遂至于亡。"南京内库的库藏几乎被掏空,可见魏忠贤疯狂到了什么程度。

魏忠贤敛财的又一手段是索贿受贿。以守卫边疆的部队将领向魏忠贤进贡名马为例。魏忠贤有名马千匹,骡数百,都是边将梁注朝、杨国柱、马世龙、满桂、侯世禄、尤世威及督臣王象乾、阎鸣泰、刘诏等人送的。送马的时候,都要配上精美的鞍辔,每具不下百金,这些钱当然不会由将领自己掏腰包,而是从军饷中列支。魏忠贤所积敛的资财"可裕九边数年之饷"。崇祯皇帝登基后不久,魏忠贤被抄家追赃,搜出银元宝达 700 万锭。

魏忠贤除收受军队将领的贿赂外,收受文武百官的贿赂也很疯狂。魏忠贤专权的时候,他的心腹御史李蕃、兵科给事中李鲁生和礼科给出事中李恒茂 3 人,每天奔走于吏部、兵部,为一些要官的人跑关系,走后门。当时曾流传着这样一首歌谣:"官要起,问三李。"意思是说,要想当官,去找李蕃、李鲁生、李恒茂就行了。找当然不是白找,钱是敲门砖。

(三) 崇祯皇帝无力回天

朱由校没有儿子,下遗诏由弟弟、信王朱由检继位,是为崇祯皇帝。

朱由检是明朝最后一位皇帝,也是一位励精图治的皇帝。即位之后,力图凭借皇帝至高无上的权力和自己的勤政,通过严惩贪污、整饬吏治的努力,力挽大明王朝于既倒。大明王朝政坛吹进了一股清风。

朱由检登基后遇到一个非常棘手的问题,就是如何处置专擅朝政、气焰嚣张的大太监魏忠贤和其帮凶客氏。听之任之,任其为非作歹,自己就有可能成为第二个熹宗,当一个傀儡皇帝。朱由检当然不甘心做傀儡,但他也知道欲速则不达的道理,因为皇宫里到处都是魏忠贤的眼线,一招不慎,便会给自己惹来杀身之祸。他表现出了少有的老辣和稳沉,说话处事,格外小心谨慎。

魏忠贤故伎重演,给新上任的皇帝献上一份厚礼——4名绝色美女。这既是讨好,也是迷惑。

朱由检最大的特点就是不好色。魏忠贤进奉的女子,他本不想接受,但为了打消魏忠贤的顾虑,还是笑纳了。4位美女进宫时,他命人对其进行彻底搜身,从她们的裙带顶端搜出一粒香丸,大小如同黍子,名叫"迷魂香"。迷魂香是一种香料,传出的香味具有春药的功效,男人闻到这种气味,会性欲大增。

朱由检命人毁掉"迷魂香",压根就没动那几个女人。

谁都明白一朝天子一朝臣的道理。朱由检登基后,一切按部就班,正常又平常。魏忠贤有点摸不着北。出于试探,魏忠贤突然上书,说自己年老体弱,希望辞去东厂总督太监职务,回家养老。

朱由检聪明，如果批准魏忠贤辞职，等于是抛弃他，而打草惊蛇，不得不采取安抚的政策。于是他召见魏忠贤，客气地说：天启皇帝生前曾吩咐过朕，要朕善待魏公公。朕刚登基，很多事情还得仰仗魏公公鼎力相助，辞职这件事以后就不要再提了。

魏忠贤并不是真心辞职，提出辞职不过是投石问路而已，见新皇帝挽留，果然放心了，接下来发生的一件事，又让魏忠贤的心悬了起来。

原来，魏忠贤的老搭档客氏效仿魏忠贤，也向崇祯皇帝提出辞呈。客氏其实也是做样子，魏忠贤辞职没有批准，客氏以为她的辞职一定也不会批准。万万没有想到的是，朱由检居然批准了。

魏忠贤见自己最得力的助手走了，心里极度恐慌，新皇帝怎么了？到底是朋友还是敌人？

正在魏忠贤忐忑不安的时候，又发生了一件事。

都察院右都副御史杨所修上疏，弹劾兵部尚书崔呈秀、太仆寺少卿陈殿、延绥巡抚朱童蒙、工部尚书李养德。这4个人都是阉党骨干，无恶不作，丑行一抓一大把。杨所修在弹劾状中不提这些人的丑行，只说这几个人为人不孝，大逆不道，应给予撤职处分。

父母去世，子女不回家守孝，在当时是一件非常严重的事情，给予撤职处分合乎规定。

魏忠贤感到莫名其妙的恐惧，这几个人都是自己的心腹，特别是崔呈秀，更是头号死党加谋士。他预感到自己大祸就要临头了。接下来发生的事，又让魏忠贤迷惑了。

崇祯皇帝不但没有批准杨所修的奏请，反而将杨所修痛斥一顿，说他"率性经诋"，意思是随便骂人。

朱由检的举动，让阉党们如坠雾中，摸不透他葫芦里到底卖的什么药。天启七年（1627年）十月，云南道御史杨维垣上疏弹劾魏忠贤最忠实的走狗、人称"5虎"之首的兵部尚书兼都察院左都御史崔呈秀，奏折中一面大骂崔呈秀"立志卑污，居身秽浊"，一面为魏忠贤大唱赞歌。

朱由检凭直觉认为奏疏有阴谋。杨维垣的身后是魏忠贤的影子，收拾崔呈秀虽然轻而易举，但他还不打算现在就动手。

不久，杨维垣再次上疏弹劾崔呈秀，一面指责崔呈秀"通内"，一面继续为魏忠贤歌功颂德。

朱由检很快批复，勒令崔呈秀立即滚蛋。

崔呈秀知道自己彻底完了，在家里准备了一桌酒菜，把大老婆、小老婆全都叫到一起，将多年搜刮的古玩珍宝搬出来。他一边喝酒，一边砸古玩珍宝，喝一口，砸一件，瓶瓶罐罐的碎片丢了一地。

吃完，喝足，砸够之后，开始大哭。

哭够之后，上吊，自杀了。

崇祯下令抄了崔呈秀的家。抄出的赃私有：白银7万多两，黄金300余两，房产26处共749间，另有各种珠宝300多箱。

崔呈秀完蛋，魏忠贤却笑了，因为这一次他又过关了。其实从这一刻起，魏忠贤离完蛋不远了，他抛弃了最忠实的走狗，同时也在阉党中失去了威望：连崔呈秀都保不了，还能保护谁？

官吏们经过一段时间的观察，觉得世道要变了，被长期压抑的怨气如火山爆发一样喷发而出，有人把矛头直指魏忠贤。

朱由检仍然不置可否。

魏忠贤以为朱由检的沉默是出于先帝的嘱托，于是跑到朱由检那里去哭诉。

朱由检似乎被感动了，再次对他安慰一番。

魏忠贤在朱由检那里得到安慰，心情大好，晚上回家睡了一个安稳觉。

第二天，魏忠贤又得到一个坏消息。

朱由检下令让内操净军全部出宫，到兵部去领赏钱。可当这批兵出宫到兵部衙门领赏时，朱由检又下一道命令：内操净军就地遣散，任何人都不许进宫。

内操净军实际上是魏忠贤的私人军队，就这样被崇祯兵不血刃地给瓦解了。

这一天，官卑职微的浙江海盐县监钱嘉征上疏，揭露魏忠贤十大罪状。

朱由检读了这篇奏章，击案称赞，立即召见魏忠贤，让一名太监将这篇奏章读给他听。

魏忠贤精神近乎崩溃，离开皇宫后没有回家，直接去找徐应元，低三下四地请他给自己出个主意，指一条生路。

徐应元也是太监，十几年前是信王府的太监，也就是崇祯皇帝的太监。

徐应元很够意思，给魏忠贤出了一个主意：上疏辞去总督东厂太监职务，退休回家，保全性命。

魏忠贤采纳了徐应元的建议，并在他的帮助下提出辞职。辞呈情真意切，没有半点虚情假意。

朱由检等的就是这一天，接到魏忠贤的辞呈，没有丝毫的犹豫，立即下旨准奏，随即下诏削夺魏忠贤的亲属魏良卿、魏良栋、魏鹏翼等人的一切职务。

魏忠贤还没有反应过来，朱由检又下一道圣旨，命魏忠贤去凤阳守皇陵。

朱由检本来是想干掉魏忠贤，但无论如何，魏公公是三朝元老，前任皇帝离世才两个多月，自己立即就干掉他最信任的人，世人可能会说他不地道，因此便手下留情了。接下来的一件事，却让崇祯皇帝彻底改变了主意。

魏忠贤准备上路时，做了一件大傻事。他将多年搜刮来的私财，全部打包带走，因为他知道这一走，永远也不会再回来了。

打包的任务相当繁重，几百个仆人足足忙了六七天，大包小包一共装了40大车，出京时还有千余名骑兵护卫随行，前呼后拥，绝不像是一个贬出京城的太监，倒像是皇帝出巡。

朱由检被彻底地激怒了，降旨兵部，派兵捉拿魏忠贤。

天启七年（1627年）十一月初六，魏忠贤一伙刚走到阜城县南关，忽然有人从京城赶来送信，说皇上派兵部的人追上来了。

魏忠贤想到昔日的荣华富贵，而等待他的将是酷刑和凌辱，感到生不如死，找来一根带子，上吊自尽了。

魏忠贤虽然死了，但仍然被戮尸凌迟。死人虽然不能感受到凌迟的痛苦，但却也表示，一代阉党巨贪，终于得到应有的惩罚。

明王朝累世相传的祖训是："敬天勤政，节俭省约，恤刑爱民。"这些要求虽然全面，但却很难做到。朱由检想当一个中兴之主，即位之初，求治之心很迫切，对自己和臣子的要求都很严格，很快恢复了明中期以来长久废弃的早朝制度，不问寒暑，每天都要到文华殿办公，召集群臣商议军国大事。第二件事便是批阅奏疏，文华殿的灯光，每天要到午夜才熄灭。在明代皇帝中如此勤政者，除开国皇帝朱元璋外，其余尚不多见。

勤政与政绩往往不能画等号，有时甚至会向相反的方向发展。朱由检就遇到了这样的问题：他是政愈勤而愈乱，费愈省而国用愈不足，想解决的政治和经济两大问题，都没有起色。

崇祯初年，贪污受贿已成为当时普遍风气。朱由检最恨贪赃，欲重典严惩，三令五申地警示百官要遵纪守法。告诫吏部要"严纠贪墨，慎选抚按"；警告百官，要求他们"正己率属，爱养百姓"。

严赃吏之诛的政策推行得十分迅速，雷厉风行，对于贪官污吏，无论是位极人臣的内阁大学士，还是独当一面的封疆大吏，一犯贪赃，必予严惩。御史刘宗周就曾说崇祯："严赃吏之诛，自执政以下重典者十余人。"这对当时蔓延的贪风是一次沉重的打击。

贪污贿赂并不是一个单纯的经济问题，其与政治密切相关，如果政治不走向清平，仅仅依靠严刑峻法，虽然可以收效一时，在某个或几个贪污案件上引起社会震动，但政治上存在的问题没有得到解决，严惩几个贪官的效果难以延续持久，贪污贿赂将在新的条件下继续发生，甚至以更大的规模或更卑劣的形式进行。

崇祯一代处于明王朝覆亡的前夕，前朝遗留下来许多积重难返的问题。如北方边事愈来愈急，陕西农民起义方兴未艾，内政上宦官干政，朋党纷乱，国困民贫，吏治腐败等等。

朱由检在铲除魏忠贤贪污集团的斗争中取得了令人满意的胜利，勤政图治，17年从未懈怠。他的悲剧在于矫枉过正，旧的问题似乎解决了，新的矛盾又产生了，事与愿违，欲速则不达。如在他提高君权、重振朝纲时，却又滥用君权，擅杀大臣，使得群臣人人自危，救过不暇。

朱由检在位17年，任用的宰相达50余人，中枢大臣走马灯似的换，如同儿戏，结果是朝纲紊乱，吏治不清。任用最久、最为宠信的内阁首辅周延儒、温体仁，都是善于揣摩朱由检心理的奸佞小人。温体仁为首辅，"一利不兴，一害不除"。周延儒则装出一副无限忠于皇上，孤立无党的样子而备受宠信。他们虽然治国无能，结党营私却很内行，身边有一大批贪污纳贿的狐群狗党。周延儒招权纳贿，凡谋求官职，来者不拒，甚至连总兵、巡抚职位，先通贿他的幕僚董廷献，无不有求必应，如愿以偿。

朱由检最恨贪官污吏，而最信任的宠臣却是大贪污犯。内阁是朝廷最重要的政枢，而内阁首辅却卖官鬻爵，政以贿成，腐败程度也就可想而知。

从中央机构的六部，到地方衙门的官吏，莫不如此。

吏部是中央六部之首，其掌握官员的选任大权，在政治腐败、贪污成风的崇祯时期，也是贪财纳贿的大窟穴。当时官员的职位都是明码标价，只要出得起钱，就能得到想要的官。如县令升兵曹，银1000两；升礼曹，2000两。监司欲得边抚之职，价格是5000至7000金左右。

每逢大选，便是吏部发财之时。吏部想发财，却又担心东厂来找麻烦，于是每遇大选之期，吏部便送东厂礼金2万，算是封口费。东厂得钱后，睁一只眼，闭一只眼，彼此相安无事。

除东厂外，锦衣卫也有监察权。一次，吏部尚书田惟嘉以权纳贿、考选不公，东厂虽然没有来找麻烦，翰林杨士聪的检举信却送上去了。田惟嘉被送往镇抚司审讯。吏部连夜捞人，重金贿赂锦衣卫，以求大事化小，小事化无。当时就有人说："吏部囊空，锦衣地重"，成为流传一时的笑话。

朝廷设置台谏言官，为的是振纲纪，掌风宪，正官邪，揭贪贿。明代前、中期的言官，疾恶如仇，大义凛然，最有骨气。崇祯时的台谏言官，同样堕落腐化。其中以廖国、杨枝起两人最为典型。两人"自入户垣，从不守科发钞，非匍匐政府，则奔走吏部；以除奸扶正为名，卖官纳贿为实耳"。

兵部尚书陈新甲被弹劾失势，他们日夜奔走呼号，说要杀陈新甲以谢国人。等到陈新甲被捕入狱后，他们又到有关部门游走，力言陈新甲不可杀。前者倡言必杀，是为了借以吓人逼取贿赂，后来又言不可杀，是因为贿赂得手。台谏官吏贪婪无耻，这件事表现得最为突出。

贪贿蔓延到各个衙门和官吏，朱由检痛心地对首辅说：以往巡按出巡，都是微服私访，现在却是大张旗鼓，气凌巡抚。地方官员前呼后拥，争相通贿。巡视完毕，满载而归，富可敌国，宜重惩以警。

然而，当腐败成为一种常态，而非病态的时候，朱由检的重惩就显得那么的苍白无力。因为他最信任的首辅，也是一个大贪污犯，让大贪污犯去抓贪官，那是一件让人不可思议的事情。

崇祯十六年（1643年），给事中郝昌上疏弹劾吏部文选郎吴昌时与内阁首辅周延儒狼狈为奸，招权纳贿，卖官鬻爵。

随后不久，御史蒋振宸也弹劾吴昌时与周延儒的幕僚董延献贪赃枉法，在主持乡试时收受贿赂。

朱由检愤怒至极，下诏：吴昌时弃市，周延儒赐死。

朱由检用严刑峻法约束官吏、惩治贪官污吏，出发点是好的，目的是让各级官吏清正廉洁，忠于职守，提高行政效率。但是，由于过分地急于求成，加之他性格多疑，刚愎自用，一意重典驭下，滥用刑罚，导致了当时政治生活的极不正常，也制造了许多冤假错案。而此时的大明王朝，犹如一棵从头烂到根的大树，已经没有了春天。朱由检有心摘月，无力回天。寿皇亭上那棵歪脖子树，就成了他结束生命的地方。

六、明朝兴亡的启示

明朝是中国历史上反贪力度最大、用刑最严酷的一个时代，然而，明代统治者仍然难以摆脱江山易主的命运，历史的教训，留给后世一些反思。

第一，封建君主专制是封建社会吏治腐败存在的重要原因。在以"人治"为主的君主专制制度下，各级官吏只要忠于皇上，忠于自己的上司，纵有贪污受贿行为，仍可逍遥法外。严嵩、魏忠贤等大贪官的出现，正说明了这个问题。他们通过各种手段取得皇上信任，纵使有贪污行为，也能得到庇护，以致贪污的胆子越来越大，贪污的手段越来越恶劣，最终成为特大贪官。

第二，在商品经济发达的环境下，更容易诱发官场腐败。明代，尤其是中后期，商品经济空前繁荣。商品经济的繁荣，一方面助长了奢侈腐化之风的蔓延，另一方面也加剧了贫富两极分化，使官僚士大夫在财大气粗的商人面前显得颇为寒碜，产生了不平衡心理。两方面因素，都是诱发贪污受贿盛行的重要原因。

第三，澄清吏治，必须重典惩贪。明初，朱元璋重典治吏，严厉打击贪官污吏，于是赢得了100多年吏治清明的安定局面。而明朝中后期，对贪官污吏打击的力度大大减弱，甚至姑息养奸，结果造成贪官污吏遍天下的混乱政局。

第四，加强宣传教育。明初通过建申明亭，颁布《大诰》三编等手段加强宣传教育，对造就一批清正廉洁的官吏发挥了重要作用。明中后期，做官发财的观念被普遍接受，书中自有黄金屋，书中自有颜如玉，成为当时流行的教育思想，于是官吏不再以贪污为耻，反以多贪钱财为荣，贪污之风于是日甚一日。

第十章
清朝——君主专制最后一曲挽歌

第十章 清朝——君主专制最后一曲挽歌

　　清朝是中国历史上最后一个封建王朝。当时作为统治民族的满族完成向封建化的过渡还为时不久，大清贵族还保持着封建地主阶级在上升时期的某些朝气，同时也保持着八旗制度下贵族之间的某些民主。清初顺治、康熙、雍正、乾隆四位皇帝，又都是励精图治的皇帝，因此出现了长达一个半世纪的稳定发展时期，这就使清朝统治者有较充分的条件与可能，总结历代封建统治者成功的经验与失败的教训，加强和巩固其统治。实行廉政，整饬吏治，就是其中的重要内容。但是，由于中国封建社会已是日薄西山，封建社会的一些弊端积重难返，这些弊端爆发之后如溃堤之水，势不可挡地泛滥成灾，最终葬送了大清王朝。

一、谁葬送了"康乾盛世"

清初的统治者,鉴于明末农民大起义与明朝覆灭的教训,因此在定都北京与统一全国之后,为了巩固封建统治,对整肃吏治颇为用心。康熙、雍正、乾隆等有作为的统治者都力倡"清廉勤政",并采取了一系列奖廉去贪、扬善惩恶的措施,从而客观上为社会经济的恢复创造了一些条件。清前期出现一强盛时期,即是"康乾盛世";可惜的是,乾隆帝亲自打造了康乾盛世,却又亲手葬送了"康乾盛世"。

(一)康熙创造了神话,也留下一堆问题

清朝定都北京后,前代沿袭下来的积弊仍然非常严重,直到康熙初年,仍然是"文武各官,多有虚縻廪禄,怠玩因循,事务废弛"。以鳌拜为首的几位辅政大臣把持朝政,不仅放弃了顺治帝重典治吏的传统,而且还带头"党比营私",公行贪贿,让清初官场稍转清明的吏治再陷混浊,贪腐之风死灰复燃。康熙八年(1669年),康熙帝经过周密部署,一举粉碎鳌拜集团之后,清朝统治正式进入康熙时代。康熙正式亲政后,主要任务在于清除鳌拜集团的影响,随之出现"三藩"之乱,河务、漕运等急政,他不得不把主要精力放在协调统治阶级内部矛盾这些问题上,以解燃眉之急。在吏治整顿方面,主要是重申政令,宣传教育,真正惩处贪官的事例并不多。

康熙初年,熊赐履就曾上万言书,提出为政4条要务:一为参酌古今厘定典制;二为整肃官箴振奋士气;三为读书讲学务求圣贤理道;四为倡导节俭。并说为政之根本在于皇帝,只要皇帝率先垂范,一切事情都好解决。熊赐履所说就是兴王道,行德政。康熙帝对熊赐履的建议并没有虚应敷衍,而是身体力行,认真地去做。他认为"贤才不择地而生,十室之邑必有忠信",多次下令举荐清廉官吏。不论

满人、汉人，只要是人才都应量才使用。

清初汉族中的人才如熊锡履、施琅、姚启圣、李光地、于成龙、张玉书、汤斌、张伯行、郭琇等人，大多是在这种情况下破茧而出，成为一代名臣的。

康熙二十年（1681年），一举平定"三藩"之乱，两年后又统一台湾，政局趋向稳定，工作重点转向"察吏安民"，开始惩治腐败，严惩贪官污吏。为了揭发贪官、特别是高官的贪腐行为，康熙下令恢复清初以来一直被禁用的"风闻言事"制度，即允许言官以风闻之事上疏参劾。

康熙二十三年（1684年），康熙从清理侵吞兵饷与贪污入手，对重大贪污案从严从重处理。侍郎宜昌阿被派往广东查封尚之信的家产。宜昌阿到广东后，伙同广东巡抚金儶侵吞兵饷及已没收入官的财物，收受尚之信手下商人沈上达巨额贿赂，仅白银就达89万余两。为了防止沈上达事后检举，宜昌阿竟然杀沈上达灭口。案发后，宜昌阿、金儶等拟处斩刑。审案的刑部侍郎禅塔海，由于没有审出谋害沈上达的真凶，也受到革职处罚。

康熙二十五年（1686年），湖广总督蔡毓荣因侵吞吴三桂"逆产"案，被抄没家产，枷号3个月，鞭100，蔡毓荣的儿子发配到黑龙江。康熙朝查处的大案，苛敛与行贿受贿案居多。如山西巡抚穆尔赛加征火耗银和向属下索礼案；湖北巡抚张汧等勒索属员，派收盐商银案；福建布政使张永茂加派火耗银案等等。

康熙时期的江宁巡抚汤斌，以清廉爱民著称，当时明珠与余国柱擅权，向汤斌索贿，汤斌置之不理。考核之年，地方大员都派人进京向明珠送礼，只有汤斌不这样做。康熙在诏书中称汤斌"洁己率属，实心任事"。汤斌离任时，江宁百姓哭求留任不得，于是停市3天，沿途焚香为他送行。

于成龙更是康熙全力树立的一个清官榜样。于成龙是山西永宁人，官由知县、知府一直当到巡抚、总督。为官期间曾镇压过农民起义，但为官一生，始终保持清正廉明的德操，从来不贪不黩、不拿不要。凡有亲戚请托，一概予以拒绝；所属人员、亲友馈赠，一介不取；海外进贡使者送礼品，一概婉拒，贡使大加赞扬，说天朝有这样的清官，以前闻所未闻。

康熙称于成龙为"当今清官第一"，"天下廉吏第一"，并赞扬他"清操始终一辙，非寻常廉吏可比，破格优恤，以为廉吏劝"。

康熙朝的清廉之官之所以得民心，正是康熙倡导道德规范之力。近人孟森在其所著《明清史讲义》中说："道学绝不负人国家。读陆陇其、汤斌、张伯行诸人传状，其德量、操守、政事皆足令人神往。其余纵不如是纯粹，而奇特或更过之，如于成龙诸人皆是。一时公卿，儒雅谨厚，布在朝列，不可数计，此皆所谓熏德而善良者。"

康熙一朝得于教化，却又失于法禁，法令松弛、宽容包纵之弊也渐露痕迹。康熙帝50岁以后，一改中期严厉惩贪的政策，不再严禁科派贿赂，允许官吏有"纤毫"的侵蚀，放松了对贪官污吏的惩处。比较典型的如徐干学、高士奇之流，招权纳贿之事，路人皆知，康熙帝当然也知道这些事，却因为爱惜其才而不予深究；明珠辅政，贪贿弄权，康熙帝多方庇护，最后实在无法包容，也仅免除其内阁职务，仍然为内大臣使用。

在对贪官采取宽容的同时，对清廉的提倡，对廉官的表彰、提拔、保全也一改前期，他不再倡导把清官廉吏作为百官的楷模，并重新给廉吏下定义：所谓廉吏，也非一文不取。

康熙这种包容，致使吏治迅速腐败，贪污横行无忌。各级官吏钱粮不清的问题非常普遍，行贿送礼习以为常。《清史稿·食货二》称："圣祖在位六十年，政事务为宽大。不肖官吏，恒恃包荒，任意亏欠，上官亦曲相容隐，勒限追补，视为故事。"

康熙帝前期虽然在整饬吏治方面作出了巨大努力,成效显著。但为了缓和统治阶级的内部矛盾,维护统治者的根本利益,后期却放弃了奖廉惩贪之初衷,恢复了以"宽厚"为政的做法,对人对事"睁一只眼闭一只眼",挂在嘴边的一句话便是"多一事不如少一事",导致吏治迅速败坏,贪贿之风愈演愈烈。官吏实在做得过分了,也只是罚俸了事,官员在经济上吃点亏,政治前途一点不受影响。

康熙创造了一个盛世神话,最后也留下一堆问题:吏治腐败,贪、懒之风盛行,效率低下,国库空虚等等。

(二)雍正乃康乾盛世之桥梁

康乾盛世是中国古代文明的巅峰,康、乾之间,还有一个关键人物,就是雍正皇帝,严格地说,"康乾盛世"是"康雍乾盛世"的简称。康熙、雍正和乾隆3位皇帝总共执政134年,夹在中间的雍正时代只有短暂的近13年,而就是这短短13年的雍正王朝,成为康乾盛世的桥梁和纽带,这是历史的事实,也是一个奇迹。

严格地说,雍正接手的是一个烂摊子:吏治腐败、官吏贪墨成风,政府钱粮短缺,财政虚脱,国库储银仅800万两,钱粮亏空数字更是大得惊人。堂堂大清帝国,看似强盛无比,其实只是一个空架子。

亏空的钱粮到哪里去了?雍正看得很清楚:不是上司勒索,就是官员渔利,户部库银不是飞走的,而是被皇亲权贵借走的。"借"只是一个名义,压根就没打算要还。既然借了可以不还,不借白不借,于是乎,你借我也借,大家都来挖国家的墙脚,蚂蚁搬山,偌大的大清国库就被掏空了。

其实,从中央到地方,各级官员贪污、挪用、借支公款,又确有其不得已之处。清朝遵循明制,官员工资很低。正一品官员的年薪不过纹银150两,七品县令则只有45两。如此低的工资,养家糊口都成问题，更不要说打点上司，迎来送往和礼聘幕僚了。从这个意义上讲，清代吏治腐败，有点被逼出来的味道。

打江山抓枪杆子，治江山就得抓钱袋子，亏空问题必须解决，否则这日子就没法过。吏治关系到大清帝国的生死存亡，吏治不能不抓，不抓就得亡国。两件事都涉及制度问题，既然都与制度有关，那制度就不能不改。

雍正在当贝勒爷的时候，就把这些看得十分清楚。

内阁大臣们不这样看，他们认为亏空问题积弊已久，且牵涉面太广，新皇帝即位要以稳定大局为重，贸然出手解决亏空问题，有可能牵一发而动全身，国家立马就乱套了。于是他们在雍正皇帝即位诏书中加上了"豁免官员亏空"条款，即将过去官员侵占、挪用公款的事情一笔勾销。

雍正皇帝对吏治的重要性有充分的认识，决定给政坛吹进一股清风，毅然决然地删去"豁免官员亏空"这一条。登基一个月后，他便下令户部全面清查亏空钱粮，限3年补足，逾限治罪。

雍正帝清理亏空绝不是心血来潮，而是动真格。为了保证清理亏空落到实处，他在中央专门设立会考府，由他最信任、最有权威的亲王，大臣允祥等负责，会考府的主要工作就是清查亏空。

为了保证彻底追赃惩贪，雍正帝还采取了许多具体措施。

大家都知道，钱粮亏空有两个原因：一是贪污，二是挪用，两者虽然都是违法行为，但贪污罪比挪用公款罪的惩罚要重。且挪用并不一定全是为私，很多时候还是因公挪用，比如紧急救灾、临时招待、应付上司等，有些行为虽然违法，但却"情有可原"。历朝历代处理这类问题，一般都是先查贪污，后查挪用。这就给贪官留了一个空子。

雍正帝心明如镜，他说"借挪移之名，以掩其侵欺之实"，是贪官污吏的一贯伎俩。如果"万难掩饰"，便把数额多的说成是挪用，数额少的说成是贪污,"为之脱其重罪"。结果是"劣员无所畏惧,平时任意侵欺,预料将来被参,亦不过以挪移结案,不致伤及性命,皆视国法为具文,而亏空因之日多矣"。

雍正既然清楚个中缘由,当然不能让贪官得逞,于是他反其道而行之,先查挪用,后查贪污;而且在追补赔偿时,先追缴挪用部分,后追缴贪污部分,一分一厘都不能少。更重要的是,无论贪污还是挪用,每一笔账都要查清楚,不能混淆。这一下贪官最后一条退路也被堵死,雍正便可以"关门打狗"了。

雍正打狗的办法有三种:一罢官,二索赔,三抄家。

罢官是针对"留任补亏"的。留任补亏是历代的老办法,即查出亏空后,贪官的官还是继续当,勒令贪官在一定限期内补齐亏空。贪官留任之后,绝不会从自己身上挖肉来填补亏空,当然是把魔爪伸向老百姓,于是乎,国库充盈了,百姓却大吃苦头。

雍正改革,既要国富,也要民强,绝不能让贪官污吏钻空子。先罢官,后索赔,就是堵死贪官的退路,弥补亏空,要让贪官自己掏腰包,自己出血。雍正的观点是:"朕岂有惜此一贪吏之理乎?"

索赔也不含糊。杀人偿命,借债还钱。雍正下令,清查过程中,无论涉及什么人,无论官有多大,地位有多高,身份有多尊贵,一律严惩,决不宽贷。

如户部查出亏空白银 250 万两。雍正责令户部历任尚书、侍郎、郎中、主事等官吏共同赔偿 150 万两,另外 100 万两由户部逐年偿还。

雍正帝的弟弟履郡王允裪因为主管过内务府,追索亏空时无钱退赔,只好将家中器物当街变卖。敦郡王允䄉因赔银不足,最后被抄家抵赔。

雍正帝连自家兄弟都不放过,很快就得一个"冷面君王"的称号。各级官员被彻底地惊醒了,吞进去的都要吐出来,再想贪就更难了，于是乎纷纷进行自查，有漏洞先自己想办法堵上，洞太大了堵不住，那就等死。

雍正很有治政头脑，他索赔打出的是组合拳，让贪官躲无可躲，藏无可藏：索赔赃款时，严禁任何人为贪官垫付或代赔。过去追赃，常有下属州县或百姓代为清偿，朝廷往往只要能收回银两，就不管钱从何来。雍正说，即使下属州官县官有富裕，也只能用来造福地方，怎么可以替贪官退赃？至于士民代赔，更是混账。无非土豪劣绅勾结官府，想留下那贪官继续执政；流氓恶棍趁机敛财，借替长官还债为名敲诈百姓。雍正明令禁止垫付或代赔，板子结结实实地打在贪官污吏的屁股上，不但要追赔，还要抄家。

雍正元年（1723年）八月，雍正采纳通政司官员钱以垲的建议：亏空官员一经查出，一面严搜衙署，一面行文原籍官员，查封其家产，监控其家人，杜绝贪官转移藏匿赃银。赃官们的罪行一经核实，就把家底抄个底朝天，连亲戚、子弟的家也不放过。

雍正下令：丝毫看不得向日情面、众从请托，务必严加议处。追到水尽山穷处，毕竟叫他子孙做个穷人，方符朕意。

命令一下达，全国一片抄家声，雍正也得了个"抄家皇帝"的称号。

如此一来，赃官似乎是只有死路一条。可雍正连赃官的死路也给堵死了，他的政策是死人也不能放过。

雍正四年（1726年），广东道员李滨、福建道员陶范，都因贪污受贿及亏空案被参。这些家伙自知罪大恶极，自身难保，就想一死抵赖，牺牲性命保住财产，留给子孙后代享用，于是都走上了畏罪自杀的绝路。雍正下令，赃官死了找子弟、找家人，父债子还，家人还，亏空一个子不能少，该赔多少还得赔偿多少。

连死人都不放过，追赃一直追到阎王爷那里，表面上看似乎是狠了点，但在贪污成风的年代，不下这样的狠心，恐怕很难刹住贪污腐败之风。雍正的这些措施，算是以毒攻毒吧！

通过清查亏空，清廷财政和吏治有了很大改观，"国用充足"，"贪冒之徒莫不望风革面"。

雍正帝另一重大举措是耗羡归公，创行养廉银制度。

耗羡又叫火耗，是地方官对正赋的额外加征，作为地方官中饱私囊、报效上司银钱的主要来源。火耗没有数量限制，任由地方官随意科派。顺治年间，曾严令禁止加征火耗，结果不仅禁而不止，反而不断加征；到了康熙晚年，火耗最重者已达每两正赋加至四五钱之多；雍正初年，河南省、山东省甚至每两加征8钱，火耗接近正赋的一半，高者甚至将近1倍，大大加重了人民负担。

雍正帝实行耗羡归公，目的在于杜绝地方政府不断滥增加派。具体办法是取消各地方官滥征火耗归己的旧规则，明确规定加征火耗比率，规定按比率随田赋一起征收，征收的火耗收归国家公有。国家将火耗银分作3项使用：一是作为官员的养廉银，二是用作弥补地方亏空，三是留作地方公用经费开支。

清查亏空，严惩贪官，耗羡归公，实施养廉银制度，雍正朝推行的一系列改革措施，对打击贪官污吏，整肃腐败的吏治起到了巨大的作用，官场风气迅速扭转，号称"雍正一朝，无官不清"，这是中国封建社会的一个奇迹。数字最能说明问题：康熙末年，国库存银仅800万两，到雍正七年（1629年），已增长到6000多万。

雍正这位冷面君王，从父亲康熙手上接下来的是一个烂摊子，留给儿子乾隆的却是一个国富民强的清明世界。

（三）乾隆葬送了"康乾盛世"

乾隆皇帝是满族入关统一中国后的第4任皇帝，也是中国古代实际执政时间最长、年寿最高、影响较大却又争议颇多的帝王。他多次用兵边关，打出了"十全武功"的名头；他酷爱狩猎和出巡，六下江南，四谒盛京，西行五台，南朝孔府，岁岁秋狝，博了一个"旅游皇帝"的美称；他酷爱诗、文、书法，是中国古代帝王中著作最多的诗人和题字遍及华夏的书法家；他在皇位上以"乾纲独断"，疾恶如仇为特征，开创了大清帝国的全盛之势。

乾隆一朝是清代立法惩贪最有建树的时期。对于贪官污吏，乾隆帝一定会严惩不贷，绝不心慈手软。乾隆朝督抚一级封疆大吏侵贪案件的数量空前。据清代档案粗统计，顺治、康熙、雍正3朝共10余件，而乾隆一朝竟达到29件，这些贪腐大案，大部分集中在乾隆前期和中期。以乾隆四十五年（1780年）为界，前44年共发案17起，后16年共发案12起。这些案件有：侵挪国库银、婪索盐规、克扣书吏饭银、矿主贿赂、侵蚀赈灾银粮、贪污关税银两、入贡之名勒逼属员等等，而以勒派受贿最为突出。侵贪的数额巨大，动辄几万几十万两；贪贿的手段多种多样，有公开勒索肆无忌惮者，有假手于首府首县或家人者。乾隆帝在查处这些贪腐大案时，仅督抚、藩司以上大吏，以贪黩而被杀者有十人以上。

乾隆帝是一个典型的自相矛盾的结合体，表现为：欲图强国，却又闭关自守，抑制新知；采取严厉措施惩处贪官污吏，却又姑息养奸，甚至重用贪官，特别是乾隆后期，更是成为奢侈之风的始作俑者。正是他的纵容，使得整个官僚队伍都跌进了腐败的深渊，大清帝国从此一蹶不振，由盛世转而走上衰败。

中国的封建社会在乾隆后期走向衰败，原因虽然很多，但吏治腐败，奢侈之风盛行，贪风日炽，朝廷对贪官污吏惩治无方，无疑是其中非常重要的原因。

1. 乾隆前、中期的吏治清明

乾隆帝比他的父亲雍正帝幸运多了，他接手的是一个好家底，国库充裕，吏治清明。乾隆即位之初，尽管萧规曹随，沿袭了雍正王朝稳定的政局，但对吏治却有所松懈。

乾隆认为，康熙治国"宽"，雍正治国"严"，过于宽或过于严，都不利于长治久安，而要采取宽严相济、执两用中的治国方针。他说："治天下之道，贵得其中。故宽则纠之以猛，猛则济之以宽。"

依据宽猛并济的施政原则，乾隆对雍正朝制定的各项严厉惩贪措施，在不同程度上都有所放宽；对官吏包揽诉讼等不法行为处罚不再那么严厉；在雍正朝因贪赃枉法而被革职或降调官员，基本都官复原职，所涉贪污案也一概免予追究。

这些宽松政策，一度换取了部分官员的支持，短时间内起到了巩固政权的作用。但官场上的种种劣习却也因之而生，官官相护，官吏任意搜刮百姓钱财的不法行为大行其道，雍正朝大力整饬而相对澄清的吏治，开始走向浑浊，贪污受贿之风迅速蔓延开来。

乾隆帝当然明白吏治不清必然会导致政权衰微的道理，并且也及时察觉到吏治腐败的蔓延之势，随之采取相应措施予以制止。从乾隆三年（1738年）起，朝廷开始不断地惩处贪官，鼓励各级官员和普通民众揭发贪官污吏的不法行为，并对揭发出的贪贿案件严肃处理。

在这一时期，乾隆追查了几桩贪污案件，涉案贪官都受到严厉惩罚：有的被勒令自尽，有的被处以绞刑。

乾隆六年（1741年）四月，兵部尚书、步军统领鄂善收受贿赂，乾隆帝赐鄂善自尽。这是乾隆继位之后，第一个因贪污而被处死的二品大员。

当时地方府库的亏空案越来越多。过去处理这类侵贪案件，是给犯案的贪官限定一个期限，在限期内只要能退还赃款赃物，便可从轻发落。乾隆逐渐认识到如此处理不足以惩儆，于是下令对地方上自乾隆元年（1736年）以来侵贪的案子重新复审，对于罪重轻罚者，发往边远地区充军。

由于前一个阶段朝廷惩贪的重点是中下级官吏，很少涉及封疆大吏，所以虽在一定程度上遏制了贪污贿赂之风的发展，但由上层刮起的贪腐之风仍没有得到有效遏制。乾隆十年（1745年）以后，各地贪官鱼肉百姓，强取豪夺的案件日积而多，行贿受贿之人逐日而广。乾隆终于明白了，贪腐之源在中枢，整顿吏治眼睛不能只盯住下级官吏，更重要的是必须有效地遏制从上层刮起的贪腐之风。

乾隆十四年（1749年）以后，乾隆提出对贪官的处理不能过轻，对于性质严重或影响恶劣的贪污案件，一经查实，即予正法。与此同时，他还恢复了雍正时期实行的下级官吏亏空钱粮由上司分赔的政策。这些措施与政策的实行，对于惩治贪官污吏，澄清吏治起到了积极作用，在整个官僚体制内出现了"上司害怕连累自己而不敢徇私，劣员知失命而不为子孙谋"的情况。

从乾隆二十年（1755年）起，乾隆将惩贪运动推向了一个新的阶段，主要以打击高级官吏为重点的惩贪活动，其中最具典型的是乾隆亲自督办的4个大案。

乾隆二十二年（1757年），云贵总督恒文勒买黄金案，是乾隆朝由前期向中期转折的一个典型大案。云贵总督恒文以向朝廷进贡金手炉为名，向下属官员派购黄金，少付黄金价钱，实际上是打着皇帝的招牌聚敛钱财。云南巡抚郭一裕本来是恒文的同谋，进贡金手炉的点子也是他出的，当他看到恒文的行为过于张扬，担心要出事，出事后自己也脱不了干系，于是向乾隆皇帝告密。乾隆派刘统勋等赴昆明查处恒文勒买黄金案。案情大白之后，案中主犯恒文被判处死刑，一杯"归天酒"送了老命；其管门家人赵二被判处死刑。纸包不住火，郭一裕当然也难逃被法律制裁的命运。其余与案子有关的云南布政使、按察使等高官都被处以撤职处分。

同一年，乾隆又主持查处了山东巡抚蒋洲贪污案。蒋洲在担任山西布政使期间贪污受贿，致使官库出现巨额亏空。朝廷判处蒋洲和山西按察使杨龙文死刑，立即处斩。判处太原知府七赉死刑，秋后处决。

乾隆三十四年（1769年），朝廷又查处了贵州巡抚良卿贪污案。这是一个"狗咬狗"的案子。案子最先由贵州巡抚良卿揭发举报下属官员刘标、永泰而引发。刘标与永泰得知顶头上司举报自己，随之反诉良卿。

朝廷派员审理发现，原告和被告为合伙作案，因为分赃不均和劣迹暴露无法遮掩，于是出现互相检举对方以争取主动的"狗咬狗"局面。

乾隆愤怒地说：过去侵吞帑项犯，从若此之甚者！

案件查实以后，良卿及贵州布政使高积被判处死刑，立即执行；前任贵州巡抚方世俊被判处绞监候，秋后处决。

乾隆三十七年（1772年），朝廷又查处了云南布政使钱度贪污案。钱度被判处死刑，立即执行。案中其他官员40余人分别受到斩、绞、斩监候、杖刑、流放等惩处，其中被判处死刑立即处死和秋后处决的高官有4位。

这些案件的处理，表明乾隆帝在执法上的态度以及雷厉风行的作风。通过对各级官吏特别是对高级官吏贪污受贿行为的持续不断地严厉惩治，不仅沉重地打击了贪官污吏的嚣张气焰，整饬了吏治，而且加强了对各级政权的监督和管理，在一定程度上遏制了地方官吏的贪腐行为，从而保证了社会生产的正常进行，保证了国家财政的正常收入和社会秩序的相对安定。乾隆盛世不是徒有虚名，而是实至名归。

2. 乾隆后期的吏治败坏

乾隆朝是康乾鼎盛时期，但只限于乾隆前期和中期，中期以后，衰落迹象便逐渐表露出来。从乾隆四十年（1775年）至嘉庆四年（1799年）的24年间，贪污大案一个接一个，层出不穷。最显著的是浙江省，贪案几乎从未中断过。旧的贪案尚未处理完毕，新的贪案又冒了出来。被检举揭发的贪官主要有：四川总督阿尔泰，云贵总督李侍尧，陕甘总督勒尔谨，浙江巡抚王亶望、陈辉祖、福崧，山东巡抚国泰、布政使于易简，江西巡抚郝硕、布政使郑源等等。这些督抚侵贪大案，往往都是带有集团性质的窝案，其中以乾隆四十六年（1781年）甘肃冒赈案最为典型，其案情之大，牵涉之广，涉案人员之多，达到骇人听闻的地步。

甘肃冒赈案是一起地方官员以赈灾济民的名义上下勾结伪灾舞弊，折收监粮，肆意侵吞的大案，时称"甘肃冒赈案"，后人也称"甘肃米案"。

甘肃冒赈案牵连布政使及以下各道、州、府、县官员113人，追缴赃银281万余两，震动全国，连乾隆皇帝也惊呼，此案"为从来未有之奇贪异事"。

甘肃冒赈案发生于乾隆三十九年(1774年)，从发生起隐匿了7年之久，是循化厅撒拉族人苏四十三反清起义引发了这桩大案的败露。

乾隆四十六年(1781年)三月，属甘肃河州管辖的循化厅撒拉族人苏四十三，因不大清政府残酷的阶级压迫和民族压迫，率众起义，杀死领兵弹压的兰州知府杨士玑和河州协副将新柱，进逼兰州。

乾隆帝唯恐兰州不保，命和珅为钦差大臣赶赴甘肃处理此案，又命大学士阿桂督师，速调陕西、四川、新疆等地援军进剿。由于官军不能速胜，乾隆非常震怒，一气之下，对陕甘总督勒尔谨处以撤职处分。一时间，甘肃的地方官员人人自危，不可终日。

甘肃布政使王廷赞为了摆脱困境，主动向乾隆皇帝上奏，表示愿意拿出历年积存廉俸银4万两，缴贮甘肃藩库，以资兵饷。

王廷赞万万没想到，他的这道奏折不但没有取宠于乾隆，而且被精明的乾隆皇帝看出了破绽。

乾隆疑惑地问身边的大臣：王廷赞只是一任甘肃藩司，家境很富裕吗？怎么一下子就拿出这么多银两，其中有什么名堂吗？乾隆没有将疑团埋在心里，而是想解开疑团，并向大学士阿桂和代理陕甘总督李侍尧说出了自己的疑问，命他们彻查此事。一场追查地方官员冒赈侵贪的序幕正式拉开，一个惊天大案随之也大白于天下。

案件的情形是这样：清代在甘肃曾实行过"捐监"。"捐监"就是凡愿意取得国子监监生学历资格的读书人，须按规定数目向当地官仓捐交谷粮，遇到灾荒年景，便用这些粮食赈济灾民。后来"捐监"曾一度停止。王亶望出任甘肃布政使后，以甘肃仓储不足，"捐监"粮米赈贷灾民为由，说服陕甘总督勒尔谨，经勒尔谨奏请朝廷获准，于乾隆三十九年（1774年）开始在甘肃各地再次开捐。

王亶望这次开捐采取与以往不同的办法，他让监生将应捐粮食折合为白银，改变"原令只收本色粮米"为"私收折色银两"。粮米变成白花花的银子，为王亶望及各级官吏中饱私囊提供了便利。与此同时，王亶望调蒋全迪为兰州知府，专门办理"捐监"事务。

蒋全迪按照王亶望的意图，将私收的白银借灾赈之名任意开销，从中取利。蒋全迪与王亶望商议，为各县预定灾情，按照各县报灾的轻重，定出收捐数额，由藩司衙门预定份数发单子给各县，命各县照单开赈，这就是"冒赈"。

甘肃各级官员利用"捐监"，几乎个个中饱私囊，王亶望贪污最多。李侍尧奉旨清查各地监粮，发现甘肃仓库粮米亏空达100万石，并上报乾隆皇帝。

乾隆帝愤怒地说："甘肃此案，上下勾通，侵帑剥民，盈千累万，为从来未有之奇贪异事。案内各犯，俱属法无可贷。"

甘肃冒赈案是一个窝案，自道府至州县，参与其中的大小官员有100多人，其中陕甘总督勒尔谨、甘肃布政使王廷赞、前布政使王亶望、兰州知府蒋全迪等6名高级官员先后被正法外，贪污数超万两的巨犯斩首56人，免死发遣46人，革职、杖流、病故、畏罪自杀数十人。

甘肃冒赈案震惊朝野，在中国历史上屈指可数。捐监是这件案子的诱因，冒赈是其结果。乾隆帝查办这个案子是出于无奈而不得不办，查办过程中也不忍大办，但毕竟他还是办了。

更让人不可思议的是，甘肃冒赈案杀人的血迹未干，竟然又出现了陈辉祖侵盗赃款、赃物案。这是一个耐人寻味的"案中案"。

首犯陈辉祖原本深得乾隆信任，被授予总督之职。但他在查抄王亶望家产时，竟然将部分赃物"精品"攫为己有。乾隆得到举报以后，以为是属下官员所为，陈辉祖必不知情。真相大白之后，乾隆不禁感叹："朕又将何以用人？尚复何人可以信任乎？"

乾隆的感叹道出了当时的实情，当时的吏治之腐败，已经到了无官不贪，没有人可以信任的地步。后人评价说：乾隆执法之严为前代之罕见，然"诛殛愈众，而贪风愈甚"。大清江山的衰败是已无可挽回的事实，甘肃捐监冒赈案则是清朝盛世中衰的一个征兆。

3.乾隆葬送了"康乾盛世"

大清王朝在乾隆盛世时走向衰败，根子其实在乾隆本人身上。在皇权专制下，乾隆作为天下主宰者，其学识素养、统治作风，以及个性与爱好，无不对时政产生重要的影响。当这些影响放出的是正能量，则会促进吏治走向清明，当这些影响放出的是负能量，则会导致吏治败坏。乾隆后期的所作所为，释放出来的无疑是负能量居多，正能量很少。

其一，人治大于法治，一碗水不能端平。

官吏贪黩腐败，表明其利益要求已与以皇帝为代表的封建国家发生了尖锐的冲突，其结果必然要损害到封建吏治的清明与社会的安定，为封建统治的根本利益所不允，因而历代有为的君主都力求整饬吏治。

乾隆帝曾明确规定：凡官员犯有侵贪、亏空、科索、贿赂、欺冒、挪移、盗库等贪污行径，一经发觉，严惩不贷，决不为贪官开幸生之路，并以"斧锁一日未加，则侵贪一日未止"施行严刑峻法。但在执法过程中，其权力和意志却又往往凌驾于法律之上，带有很大的随意性。主要表现在以下两个方面。

一是因人立法，徇庇亲信。比较典型的如云贵总督李侍尧。李侍尧是一个大贪官，乾隆却认为他"在督抚中最为出色"，升任武英殿大学士，恩宠独深。乾隆四十五年（1780年），李侍尧因贪赃索贿，为云南储粮道海宁参劾，由于情节恶劣，大学士九卿会议拟为斩决。乾隆百般回护，不顾朝臣的反对，下诏定为斩监候，即死缓。不久又降特旨，赐三品顶戴花翎，起用为陕甘总督。此后，李侍尧贪黩如故，屡屡犯法，"上终怜其才，为之曲赦"。

二是以时立法，时宽时严。乾隆帝即位伊始，即强调"宽严相济"。他认为乃祖康熙皇帝为政尚宽，"多有宽纵之弊"，乃父雍正皇帝立法过严，"又多有严峻之弊"，而他自己则要"宽严适中"。即所谓"天下之理，唯有一中，中者，无过不及，宽严并济之道也"。但事实上，乾隆帝的"宽严相济"并不是持之以恒地执行，宽严并没有一定标准，似乎有些随心所欲，任意而为，表现在对贪污案件的处理上，在不同时期，采取不同的态度。总的来说，乾隆在其统治前期和中期，执法突出了一个"严"字。特别是乾隆二十二年（1757年），一年之中就惩办了3起贪污巨案，即湖南布政使杨灏案、云贵总督恒文案、山东巡抚蒋洲案。表明这一时期乾隆帝在执法上的严肃认真态度及雷厉风行的作风。但是，在更多的情况下，乾隆帝惩贪则颇为宽大，正如他自己所说：朕御极以来，政崇宽大。特别到其统治后期，"办理庶狱，多从宽纵"。

乾隆四十六年（1781年），甘肃布政使王亶望集团贪污，这个案子在爆发之前，乾隆帝其实早就有所风闻，由于案情重大，态度一直很暧昧，犹豫不决。案子爆发之后，想捂也捂不住了，虽然查办了，却是出于无奈。

还有浙江巡抚福崧，早在乾隆五十二年（1787年）盘查浙江省亏空案及平阳知县黄梅贪污案时，就已发现其贪赃的蛛丝马迹，但乾隆帝却未予深究，只是将福崧改调他省任职。

宽纵的结果，为官吏营私舞弊大开方便之门，以致酿成乾隆后期一起又一起的贪污大案"接踵败露"。

由此可见，乾隆朝吏治屡经整饬而官吏之贪黩如故，与乾隆帝执法的非一贯性、一碗水不能端平有直接的关系。

其二，惩处贪官却又重用贪官。

和珅以奇贪闻名于清代，乾隆皇帝在其统治后期，对和珅却是"依毗益笃"，宠幸有加。乾隆中叶以后，由于吏治败坏，因钱粮亏空、积欠而严重影响了政府正常的财政收入。清政府不得不采取各种措施来增加财政收入，如：开捐例、增关税、加盐价等。和珅在给乾隆皇帝增加财政收入的同时，自己也在拼命纳贿贪赃。他大量占有土地，收取高额地租；在京城广置房产，用以收取房租；同时他还放高利贷，经营典当、银号（钱铺）业，从中获取暴利。乾隆后期的吏治必然要受到和珅的影响，甚至会打上个人品格的烙印。清人薛福成也说和珅"性贪黩无厌，征求财货，皇皇如不及"，这应该是符合历史事实的。

和珅吝啬加贪婪的个性，使他不惜以任何方式敛财，攫取了数以亿计的家财，而以权谋私，索贿受贿，当为其一贯的作风，当时就有人说："自和相秉权后，政以贿成。"和珅的纳贿在当时几乎处于半公开状态。

自乾隆四十年（1775年）以后，和珅家里几乎成了卖官交易所。和珅婪赃纳贿，直接导致了两种后果：一是地方督抚在利益的驱使下，为行贿和珅而以上索下，或监守自盗，亏空国帑。二是上行下效。和珅恣意贪婪，官吏争相效尤，有恃无恐。故乾隆后期的贪污大案，凡情节严重、手段卑劣者，基本上都与和珅有关。

如被乾隆皇帝称之为"从来未有之奇贪异事"的王亶望贪污案，在当时几乎是公开的秘密，只瞒着乾隆皇帝一人而已。而"内外诸大臣俱隐忍不言，竟无一人举发陈奏"，并不是惧怕王亶望，而是畏惧和珅之势。

总之，在乾隆后期，和珅"擅舞威福，大开贿门"，时人"有口皆言，举世侧目"。乾隆五十年（1785年），监察御史曹锡宝愤懑难忍，便上疏弹劾和珅家人刘全，说他"恃势营私，衣服、车马、居室皆逾制"，希图借以扳倒和珅。

和珅闻讯后，立即命刘全毁掉所有物证。审查结果是查无实据。乾隆皇帝反而将曹锡宝革职查办，对和珅宠信有加。此后，和珅的地位更加巩固。

和珅所获殊宠，除了靠他的精明干练之外，在更大程度上，与他"为人狡黠，善于逢迎"有关。和珅虽居相位，却能将乾隆皇帝的脾气、性情、爱好乃至生活习惯研究得了如指掌，投其所好也达到了无所不能的程度。特别是乾隆晚年，由于南巡、用兵，以及营造宫殿园林等虚耗靡费，国库已趋空空如洗，财政入不敷出，而皇帝骄奢如故。

为了满足乾隆皇帝的恣意挥霍，和珅总能挖空心思为乾隆弄到钱。如乾隆四十五年（1780年）所行"议罪银"，据有关学者研究，即出自和珅一手策划。由于议罪银所得款项均入内务府各库，所以它增加的主要是皇帝及皇室的收入。和珅曾一度出任主管皇室事务的内务总管大臣，莅任前，"本府进项不敷用时，檄取户部库银以为接济"，和珅到任后，几年时间，便"岁为盈积，反充外府之用"。

由此可见，和珅的机敏与才干，在一定程度上迎合并满足了乾隆皇帝追求奢华，讲究虚荣等心理与欲望，故能成为其心腹宠臣，这在中国历史上，正是封建社会吏治日趋腐败、封建国家江河日下的反映。

其三，倡导奢侈之风。

乾隆帝好大喜功，刚愎自用，特别是作为封建盛世的太平君主，他在生活上习于安乐，讲究排场，纵恣骄奢。突出表现在两个方面，一是对贡品有特别的嗜好，欲壑难填，越多越好；二是好游玩，隔三差五地便要出京旅游，乐此不疲。

乾隆在位期间，六次南巡，七次东巡，五次西巡，至于盛京、兴京，近畿之天津、保定、热河、河南等地，随时可去。而黄河决口数十次，他从来没有到现场去看过一次。

从北京到杭州，往返6000余里，途中建行宫30余处，处处极尽豪华。陆路用马数千匹，大车百余辆；水路用船千余艘，随行的队伍沿运河南下，旌旗招展，首尾相望；随行的人员有后妃、王公、亲贵、文武百官，还有大批警卫部队。仅皇帝、后妃乘坐的5只大船，就用纤夫36000人。沿途地方官府为迎送圣驾所耗费的人、财、物不计其数。穷奢极欲，劳民伤财，达到了登峰造极的地步。后来乾隆自己也愧悔地说："六次南巡，劳民伤财，实属作无益害有益。"

乾隆皇帝纵情骄奢，挥霍无度的作风，必然影响到时政和时风。

首先，社会风气日趋奢靡。如南巡中，皇帝讲究排扬，各级官员迎驾便纷纷效尤。仅以各地给搭盖的彩棚为例，最初是因乾隆帝回京，经过山东、直隶时，天气已渐炎热，搭棚避暑，为了取悦于乾隆。后来各地相互攀比，不论什么季节，也不论什么地方，一律搭彩棚接驾，以至千里御道，彩棚相望，成为一大景观。又如苏州的狮子林，本来已荒芜多年，改为了民居，地方官为取悦于乾隆，从第一次南巡后，便开始修复，历经10年，至乾隆皇帝第三次南巡时，狮子林成为一座风景秀丽的江南名园。乾隆帝虽然多次诫谕地方官"务敦本业，力屏浮华",但对地方官"踵事浮华"的接驾采取默许的态度,致使攀比之风愈演愈烈。

其次,直接加速了吏治的腐败。地方接待要耗费巨额银两,向乾隆进贡也是花钱的买卖。清代官吏的薪资历来就很低,雍正以后虽然有优厚的养廉银两,但仍难以满足官吏追求奢华生活的要求和欲望,更不用说应酬。乾隆帝的个人嗜好,成为各级官员贪污的借口。乾隆二十二年(1757年),云贵总督恒文与云南巡抚郭一裕,就是以"议制金炉上贡"为名,令下属官员在市场上购买黄金,从中"私饱己囊,篮篡不饬"。乾隆四十五年(1780年),乾隆第五次南巡,杭嘉湖道备王燧和故嘉兴知府陈虞,借办差为名贪纵浮冒等等。

由于官吏的政治生命操于君主一人之手,因而谋取功名,以求富贵荣华,是其取悦皇上的目的所在。而乾隆皇帝对官吏"夸多斗糜",铺张浪费的作风听之任之,或欣然默许,对当时"奢靡之风与贪风竞长"的社会风气负有重要的责任。如此奢侈铺张的皇帝,又怎能使其臣下廉洁呢?因此,乾隆朝由鼎盛而转向衰败,根子就在乾隆身上。清王朝前期出现的"康乾盛世",虽然乾隆功不可没,但却也亲手葬送了"康乾盛世"。

二、腐败与烟毒交相为恶

清王朝从康熙至乾隆中叶,确实有过百年的鼎盛时期,即"康乾盛世"。它同汉初的"文景之治",唐初的"贞观之治"一样,堪称为中国封建社会的治世。然而,历史的长河并不都是碧波如镜,有时也会有狂风掀起的恶浪,打破往日的平静。清王朝经历"康乾盛世"之后,就已经盛极而衰,败迹显露。特别是到了嘉庆、道光年间,吏治的败坏与烟毒的泛滥,更加深了晚清社会的危机。

清王朝的吏治腐败,首先表现为大兴文字狱。这是清王朝由盛转衰的标志之一。从康熙开始,为了征服汉、蒙等族的学者文人,一方面把这些人招揽进京,特授官职,让他们埋头于修史编书。著名的《康熙字典》、《四库全书》等,都是此间问世,这无疑是为清王朝的文治增添了几分光彩。另一方面则是大兴文字狱。康熙时,有一个叫庄廷鑨的文人,他曾刊刻了一部明史稿,因书中有指斥满人的语句,被人告发后,竟然被立为大案。但追查此案时,庄廷鑨已不在人世,即使如此,仍不放过。结果不仅庄廷鑨被掘墓焚尸,而且受株连被杀者达70余人,流放200余人。这就是历史上有名的"明史案"。到了雍正、乾隆时,文字狱搞得更厉害,整个社会形成一种人人自危的恐怖气氛。有一位名叫胡中藻的诗人,写了一首诗,诗中有"一把心肠论浊清"。这"浊清"二字本来是好坏的意思,可乾隆看后,硬说把"浊"字放在"清"字的前面,这是对国号为"清"字的清朝政府的诋毁。于是,胡中藻被诛杀,并株连其师友。此类事件还很多,结果使社会恐怖,民怨沸腾。

贪污成风,贿赂公行,这是清政府吏治败坏的又一重要标志。这种情况在乾隆后期便已显现出来,到嘉庆、道光年间,便一发而不可收拾。如果说乾隆后期是清王朝由盛而衰的转折点,嘉庆朝则是清王朝政局转折的裂变期。清王朝由盛转衰的历史趋势,在嘉庆朝表现得非常明显,成为政治形势的裂变期。

嘉庆其实是一个想有所作为的皇帝,这从他即位之后,在乾隆皇帝尸骨未寒的时候就迫不及待地对乾隆帝最宠信的大臣和珅痛下杀手可见一斑。

乾隆六十年(1795年),乾隆决定禅位太子颙琰(即后来的嘉庆帝)。自雍正皇帝以后,清代传位人选是皇家绝对机密。和珅是乾隆的第一宠臣,从乾隆那里窥探到这个国家最高机密,如果不外泄也就没什么，但和珅为了取悦下一代君王，竟然跑去向颙琰跪献玉如意，隐含对嘉庆的拥戴之意。

和珅自作聪明，自以为得计的出格行为，引起了嘉庆帝的极大猜忌。嘉庆帝颇有城府，将猜忌深埋在心里，对和珅报之一笑。

乾隆帝虽然做了太上皇，但权力并没有下放，一切军国大事仍然牢牢地掌控在自己手里，嘉庆帝即位，只是例行公事，并无实权。

嘉庆二年（1797年），能够在某种程度上约束和珅的勋臣阿桂病逝，和珅更加肆无忌惮，朝廷内外大事取决于他一人，大小官员顺从他，立马获得升职，否则好日子就到头了。

嘉庆心存顾虑，且投鼠忌器，身为皇帝，对和珅却是极力周旋，以至称他为相公而不呼其名。有事要奏报太上皇，也请和珅代为转达。他知道和珅在自己身边安插了耳目，却不说破，只是不露声色地小心应付，随时随地都表现出一种对和珅重用、信任、尊敬的姿态，借以安定和珅的反侧之心。

嘉庆四年（1799年）正月初三，太上皇乾隆帝病逝。

三年训政，嘉庆对和珅的人品领教颇深，对乾隆中后期国家财力耗竭，吏治衰败的政局也深有所悟。要整饬内政，挽救危机，必须尽早诛除和珅。尽管嘉庆自称"皇考大事"自己"五内昏乱"，但在诛和珅这个问题上，却保持着非常清醒的头脑，他认为和珅就是大清朝政体的一颗毒瘤，毒瘤不去，贻害无穷。即使是大孝在身，他心里考虑的却是用什么办法除掉和珅。

在太上皇乾隆病逝当天的哀诏中，和珅的名字赫然在目，且位置排在各位王爷之后，文武百官之首，并委之以办理丧事的重任。这无异于给和珅吃了一颗定心丸，据说和珅为此在私底下笑得合不拢嘴。

太上皇乾隆病逝的当天，嘉庆帝除发布太上皇遗诰和通告中外哀诏外，共发了5道命令。前3道命令是丧事的例行安排，后2道命令则是人事调动：调朱珪来京任职，命刘墉、陈万金、达椿、万承风留任尚书房。

大丧之日，嘉庆帝急调68岁的安徽巡抚朱珪来京供职，留用年近八旬的刘墉，其中必有文章。

朱珪是北京人，18岁中进士，历任翰林院编修、上书房师傅，教授颙琰读书，即嘉庆帝的老师，官至两广总督。朱珪在仕途上曾受到和珅的阻挠而未能出任大学士，后因在广东任职时对广东海盗缉捕不力，被贬为安徽巡抚。

刘墉在清朝奢靡最甚之时的乾隆中后期，曾巧妙而直率地与大贪官和珅对着干，并因之而闻名于世。

朱珪、刘墉的被重用，实际已证明和珅被冷落。无须讳言，哀诏中和珅名字的出现，只不过是一种稳住和珅的策略。

乾隆去世的第2天，嘉庆就命和珅和户部尚书福长安昼夜守灵，不得擅离职守，实际上剥夺了和珅的军机大臣、九门提督之衔。

给事中王念孙等秉承皇帝旨意，立即上书弹劾和珅。

太上皇乾隆去世的第5天，嘉庆下令将和珅革职，逮捕入狱，宣布他有20条大罪：第1条便是泄露传位机密，"以戴为功"；其次为专横跋扈、违制不法者13条；再次为攫取钱财者6条。

和珅是个聪明人，知道自己的末日到了，任何隐瞒都无济于事，干脆竹筒倒黄豆，一粒不留，对所犯贪赃枉法的罪行供认不讳。被关进大牢，时值元宵，面对此景他感叹万分，料定在劫难逃，提笔留下《上元夜狱中对月两首》：

其一：

夜色明如许，嗟令困不伸。
百年原是梦，廿载枉劳神。

室暗难挨晓，墙高不见春。
星辰环冷月，缧绁泣孤臣。
对景伤前事，怀才误此身。
余生料无几，空负九重仁。

其二：

今夕是何夕，元宵又一春。
可怜此月夜，分外照愁人。
思与更俱永，恩随节共新。
圣明幽隐烛，缧绁有孤臣。

和珅招供后，嘉庆立即下令赐和珅自尽。在逮捕和珅的同时，又下令查抄其家产。查抄的资财简直就是一个商业帝国，具体为：田地80万亩，当铺75座，银号42座，赤金、生砂金800万两，金银元各1000个（每个重100两），元宝银940万两，其他珍珠、玉器、古董、绸缎、人参、貂皮等不计其数。查抄的家产共列109号，其中当时已估价的29号，价值银2亿2000多万两。

嘉庆帝看到和珅的抄家清单，既惊讶，又嫉妒，因为和珅家藏的奇珍异宝，居然比皇宫还要多好几倍。据估算，和珅的家产可折合白银不下8亿两，相当于当时清政府20年的税银收入。和珅当权20年，平均每年搜刮到的钱财，相当于一年的国库收入。

嘉庆帝在大丧之日立诛和珅，虽有"不得已之苦衷"，但其"肃清庶政，整饬官方"的用意十分明显。他反复强调惩处的只是和珅一人，既然和珅已伏法，其他的事不再追究，决不株连其他人。

这种政治上的策略，在于缓和当时日益尖锐的阶级矛盾，将统治集团的失误归咎于和珅的"专擅",希望清政府镇压川、楚、陕白莲教起义能"早日蒇功",除去嘉庆心中的病根。

查处和珅有很明显的政治倾向,在具体办案过程中,嘉庆帝头脑清醒,计划周全,为其整饬吏治扫清了第一道障碍。

嘉庆帝在位25年,查处较有影响的贪贿案有十余起,比如:胡齐仑案。嘉庆四年(1799年)八月,胡齐仑在镇压白莲教起义过程中,利用经手湖北襄阳局军需银420万两的机会,一次从中私扣3万两,用于贿赂总督毕沉等人。他还将大量军需据为己有。案件爆发后,胡齐仑被判处绞刑。其他涉案人员也都分别受到惩处。广兴、英纶案。总管内务大臣广兴、巡漕御史英纶因为贪污,先后被处以绞刑。王书常案。工部书吏王书常造假印、写假条子,从户部冒领数十万两白银。案发后,王书常被处死,有关大员禄康、费淳等人也遭到处罚。

整饬吏治是嘉庆帝挽救政局颓败之势的重要举措,大丧之日立诛和珅以肃纲纪,显示了他对吏治腐败的严重性和整饬吏治的迫切性的清醒认识。

嘉庆帝整饬吏治做的第二件事是"禁呈宝物"。

按照俗例,以往各省官员进京觐见皇帝时,都要进呈贡物。官员们为了取悦皇上,各种贡品争奇斗艳。乾隆时和珅等权佞上下其手,借进贡之名从中渔利肥己,以致进贡演变为官场一大积弊。

嘉庆帝心明如镜,知道这些贡品并不是官员们自掏腰包,而是督抚取之于州县,州县取之于百姓。在惩办和珅的同时,他通令内阁,从此以后,禁止官员进贡宝物,并郑重宣布,"诸臣等有所禁之物呈进者,即以违制论,决不稍贷"。

嘉庆将贡品与官风、民生联系在一起,是对乾隆陋政的一大更张。

嘉庆五年(1800年),肃亲王永锡因三阿哥绵恺要到上书房上学,备进玉器等物,但事先没有奏明,擅自命本府太监交皇后饭房太监转呈。

嘉庆知道后，革除了永锡所有职位，并将各位亲王、郡王召集在一起，当面将贡品掷还给永锡。

永锡事件之后，暂时平息了贡品之风。

嘉庆十四年（1809年）十月，嘉庆帝50大寿，嘉庆下令"准各恭递玉如意一柄"。此后宫中所进贡物，仅各省例进土特产一项。

嘉庆帝崇俭黜奢的节俭思想，不仅源于他对传统文化的感悟从早年就形成的意识，更源于当政时所面临的严酷社会现实。

嘉庆帝深知官逼民反的深意，对于吏治的腐败和整饬吏治的迫切性十分清楚，他亲自速诛和珅的重要目的之一，就是要解决这个问题。他一方面身体力行地崇俭，禁呈宝物以截断侵贪之源，一方面加大惩贪的力度。但总的来看，仍然失之过宽，瞻前顾后，这在处理和珅案时就有所表现。

嘉庆帝惩处和珅之后，本可以乘机澄清吏治，但他却下诏声明不再株连，不咎既往，把吏治腐败的责任推给和珅一人，使平时趋附于和珅的一大批贪官污吏得以逍遥法外，心无所惧。

尽管嘉庆帝屡次下诏，"下不为例"虚声恫吓，但这对于积习成性的贪劣官员来说，早已失去震慑力而成为耳边风。所以，无论嘉庆如何"舌敝唇焦"、"随笔泪洒"，也难收敛贪官们唯利是图的本性。正如洪亮吉形容当时官场风气说："以模棱为晓事，以软弱为良图，以钻营为取进之阶，以苟且为服官之计。"至此，清代吏治已成贪赃受贿、因循苟且之颓势，江河日下已不可挽回。

道光以后，清朝吏治更加腐败，法不举而令不行，到处是贪官。后世之人曾把当时的吏治从上到下作了概括：嘉庆、道光，昏庸无能，残民以逞；朝廷上下，官以贿得，刑以钱免，贪污腐化，竞相钻营；封疆大吏，闭目塞听，抱残守缺，惜命如山，爱财如命；枢机之臣是因循守旧，反对革新；掌握财权的库臣是盗窃的里手，理财的拙夫；地方官吏则是敲诈民财，为非作歹，大多是民之蟊贼。

特别是道光十九年（1839年）以后，封建专制的肌体已是病入膏肓，政治腐败，社会矛盾激化，清政府的昏庸腐朽达到空前的地步。殖民主义者的入侵，又加深了民族危机，中国沦为半殖民地、半封建社会。

无论是政治，还是经济，清政府都逐渐丧失了独立地位，成为依附于洋人的朝廷，仰殖民主义者的鼻息而苟延残喘，国家机器的统治力在殖民主义者的炮舰、洋货面前，显得那么无能为力，那么低贱，大清朝已走到了穷途末路。

吏治腐败是晚清政府第一大害，而18世纪中叶的烟毒泛滥则是又一大害。烟毒与吏治腐败交相为恶，把清王朝推向崩溃的边缘。

烟毒就是鸦片，自明朝以来，西方一些国家同中国进行商品贸易，常常把鸦片作为药材纳税进口。随着西方资本主义势力的发展，特别是号称"海上霸主"的英国为了补偿对华贸易逆差，不顾人性道德，把大量鸦片输入中国。鸦片虽然可以作为药材，但毕竟是毒品。大量毒品流入中国，清政府不能不为之忧虑，因而曾多次明令禁止鸦片入关，并严令禁止贩卖鸦片和吸食鸦片。但利欲熏心的英国侵略者与中国贩私集团相勾结，采取各种手段，把鸦片偷偷运进中国，致使烟毒在中国迅速泛滥起来。

鸦片泛滥给中华民族带来沉重灾难，造成非常恶劣的社会影响。

官府缙绅吸食鸦片，使鸦片流毒浸透到天朝的整个官僚体系，使腐败的吏治雪上加霜；士兵吸食鸦片，使军队腐化堕落，丧失战斗力；普通百姓吸食鸦片，既损害身心健康，又丧失生产能力，造成大批不事生产的蠹虫，败坏了社会道德和社会风尚。烟毒泛滥造成中国大批白银外流，导致银源的枯竭。凡此种种，吏治腐败与烟毒泛滥，已成为鸦片战争前清政府所面临的最大社会问题。

道光帝虽然也极力提倡节俭,改革盐政,部分弛禁开矿,并对吏治加以整顿。由于当时腐败成风,阻力过大,收效很有限。对于鸦片之害道光帝最初虽然力主抵抗,因对时势无知,而大臣懦弱无能,他动摇不定。

林则徐是中国近代"开眼看世界的第一人",在危难之际挺身而出,将在广东收缴的鸦片,全部堆积于虎门海滩付之一炬,创造了虎门销烟的壮举。这样一位民族英雄,不但没有得到嘉奖,反而遭到迫害,被贬往新疆伊犁。

鸦片战争爆发之后,号称"十全武功"的天朝大国败在区区"蛮夷"小邦之手,稍有爱国之心的中国人,都会受到极大的刺激。沉痛的事实迫使国人去思索一个问题,中国为何打了败仗?

著名诗人龚自珍一针见血地指出,这个时代已经是一个"日之将夕,悲风骤至"的衰世,在这个世道里,"痹痨之疾,殆于痈疽,将萎之华,惨于槁木"。这显然是对当时整个社会图景淋漓尽致的披露。

近代中国"睁眼看世界"的先行者魏源,通过对资本主义列强的认真研究,破天荒地提出了"师夷之长技以制夷"的思想。他把师夷之长技与内政改革紧密地结合起来,初步勾画出一个爱国御侮的方案。这一方案启迪了几代人对救国救民真理的追求,具有"创榛辟莽,前驱先路"的重大历史意义。

三、侵吞军费酿国耻

咸丰时期较之道光时期的吏治腐败,更是大大加剧了。咸丰八年(1858年)冬至十年(1860年)冬,在清朝中央政府中发生了一件大案,人们称之为"户部宝钞案"。

户部是清政府管理钱财的机构,代表皇帝掌管财政大权。此前,清政府因为财政匮乏,设立了宝钞处和官钱总局等机构,发行钞票和大钱,用来解决财政困难。为了推行这一工作,宝钞处之下设立官钱号,以便招商出纳。当时设立的官钱号很多,包括"乾"字官号4个,"宇"字官号5个等等。由于宝钞和大钱缺乏信用,人们不太买账,清政府便利用相关法令强制推行,以致弊端丛生,特别是官商勾结问题,异常突出,影响极坏。

咸丰八年(1858年)冬,肃顺任户部尚书,开始派人对有关人和事进行调查。肃顺是郑亲王端华之弟,又是御前大臣,在当时以敢于任事著称,很受咸丰帝的信赖。肃顺在派人调查时发现宝钞处"宇"字官号欠款,数目与官钱总局总账不相符,他奏请咸丰帝派人进一步深入调查。

由于案情错综复杂,前后查了两年,才查出"宇"字官号的官员将官款化为私欠,官商勾结,狼狈为奸的事实。

案情大白之后,司员王正谊、李寿蓉等被革职查办,商人张兆麟等遭逮捕严讯。整个案子牵涉商户数十家,官员数十人。

"户部宝钞案"是晚清时期发生的一起影响很大的经济犯罪案。案情为官商勾结,挖国家财政墙脚,是典型的贪污腐败案件。

咸丰十一年(1861年),咸丰帝归天,留下一个吏治腐败的乱摊子。接掌这个乱摊子的是一个女人,她就是慈禧太后。

说到慈禧太后,大家都知道这是一个不一般的女人。她从咸丰十一年(1861年)开始垂帘听政,到光绪三十四年(1908年)死去,掌权长达40余年,是同治、光绪两朝的实际统治者。这个不是女皇的女皇,以专制顽固、阴险狠毒、穷奢极欲、卖国求荣而著称,其祸国殃民的行径,给中国造成了无穷的灾难和世代难以洗刷的耻辱。在众多的丑迹中,最令人愤慨的是挪用海军经费重修颐和园。

颐和园原是清漪园的一部分,是乾隆年间在明朝好山园的基础上改建的,咸丰十年(1860年)被英法联军放火焚毁。光绪十四年(1888年)修复,改名颐和园。

修复颐和园并不是坏事,问题是出于何种目的,采取何种手段。慈禧太后为了满足个人享乐,曾多次下令让大臣们讨论修复问题。

光绪十一年(1885年),在慈禧太后一手策划下,成立了海军衙门,由醇亲王奕譞出任督办,李鸿章和奕劻两人出任副督办,曾纪泽、恩佑为帮办。这些人大部分是慈禧的亲信。

奕譞和奕劻两人对海军事务一窍不通,李鸿章虽然熟悉海军事务,但常年驻在天津,故海军衙门的日常工作主要由恩佑处理。

恩佑原本是一个市井无赖少年,因献媚宫廷有功,捞了个副督办之职。海军衙门中的办事人员大都是满族人,且十之八九为纨绔子弟,这些人只知游手好闲,什么也不懂,什么也不会做。慈禧选择这班庸劣之辈主持海军衙门,当然不是为了建设海军,而是想把海军衙门变成第二个内务府,充当她的御用工具。

海军衙门成立时,清政府的财政状况非常糟糕,捉襟见肘,入不敷出。在如此情况下,慈禧仍然念念不忘修复颐和园一事,私下向奕譞透露了想法。奕譞心领神会,便以筹办海军的名义,暗中为修复颐和园筹集资金。

光绪十四年(1888年),修复颐和园的工程正式动工,第一笔修复经费是从海军衙门账上拨过来的。奕譞还答应,今后每年向修复颐和园工程拨银30万两。

海军衙门如此慷慨,难道真的是财大气粗吗?事实并非如此。海军建设需要扩充军队,添置兵舰、武器,这是一笔巨大的开销。清政府筹措海军经费的来源,一靠洋款,二靠捐款,当时海军衙门的财政状况实际是入不敷出,想走正常渠道解决这个问题,等于是走进了一条死胡同。正门走不通，就只能搞歪门邪道了。

清代仕途有一项制度，称之为"捐纳"，这是文雅之称。直白地说，捐纳就是买官，至于买什么职位的官职，则要看出钱多少，钱多买一个肥缺，钱少买一个闲职。

慈禧垂帘听政以后，卖官鬻爵之风盛行。

宫中的珍妃、瑾妃费用拮据，有一个太监出主意，建议她们效法太后，卖官弄钱。瑾妃胆子小，拒绝了这个建议。珍妃平常得皇上宠幸，大着胆子尝试了一下。

有一个叫鲁伯阳的人，通过宫中太监向珍妃送了4万两白银，稍后便得到江海关道的一个官职。这是由于珍妃暗中操作，骗过了光绪皇帝签了文件。

慈禧太后对这件事略有耳闻，但她揣着明白装糊涂，装作什么也不知道。吩咐太监头子李莲英找到一个名叫玉铭的木工商人，让他承揽奕䜣的工程。

木工商人玉铭在承包工程过程中，不但侵吞了大批公款，而且还勾结内监，盗窃大批宫中珍贵器物，拿去变卖，获数十万赃款。

皇上对这件事也无可奈何，因为玉铭的后台是李莲英，李莲英的后台是慈禧太后，他惹不起。

玉铭本是一个商人，有钱后动了做官的念头，想花钱买一个道员过一把官瘾。玉铭买官当然要走李莲英这条路线。

慈禧见李莲英一下子拿出30万两白银，喜出望外，立即向皇上提出授玉铭四川盐茶道道员。

皇上答应了，后来查阅履历表，才想起玉铭就是承揽奕䜣工程的人。于是召见玉铭，见面后一段对话非常有趣：

皇上："你现在在哪个部门做官？"

玉铭："在一个木器厂，专门给内廷做一些木器用品。"

皇上微笑着说："既然是做木匠活，为什么要舍弃木匠活去做官呢？"

玉铭："四川盐茶道一年的收入超过10万，收入胜过木匠数倍。"

皇上："你会写字吗？"

玉铭突然紧张起来，憋了半天嘴里最后勉强蹦出一个字："能！"

皇上随即让人拿来纸笔，命令他将自己的履历写出来。

玉铭的手不停地颤抖，急得汗流浃背，等了好半天，才写出不成字形的"玉铭"两个字。皇上气得浑身发抖，命人将玉铭轰了出去，并下令将他降职为候补同知。

慈禧太后知道这件事后，立即去找皇上，质问道："你能用鲁伯阳，难道我就不能用玉铭吗？"

皇上一时无话可说。

自此以后，两宫的斗争愈演愈烈。这虽然是两宫之争的一次小风波，但充分暴露出慈禧太后凶顽刁蛮的面目。

当时还流传着有关慈禧太后的一件丑闻。

有一位名叫阎敬铭的大学士兼任户部尚书，此人清正廉洁，精明能干，为了效忠朝廷，缓解财政危难，在任户部尚书期间，厉行节约，一年下来竟然积聚了白银百万余两，8年下来，约有千余万。

阎敬铭不是贪官，积聚这些银两不是中饱私囊，而是想等积聚到1500万两后，用作修筑京汉铁路的费用。如果京汉铁路修不成，那就用来补充海军经费的不足。

慈禧太后不知从什么渠道得到了这个信息，几次派人前往户部索要这笔银子。阎敬铭不买账，断然拒绝了。

慈禧太后不想放弃，派人隔三差五去户部骚扰，阎敬铭一气之下辞官不做，回老家养老去了。

阎敬铭离开户部才几个月，原来留在户部账上的那笔存款就无影无踪了。这件事当然是慈禧太后所为。为了满足随心所欲的奢华，慈禧太后什么丑事都干得出来。

颐和园的工程，每一项都耗资巨大，海军衙门凭自己的财力根本就无法应付，于是就想出了个以筹建海防为名义筹款的办法。

首先，他们以购船设防的名义筹款。奕譞计划以一大笔银两生息，特地致信李鸿章，请他想办法办这件事。

李鸿章答应筹银 200 万两，结果共筹 260 万两，除先后汇入天津汇丰、德华、愉、怡和洋行 200 多万两之外，有 50 万用于重建颐和园工程。实际上，在上述洋行所存的款项，半数以上都被慈禧太后挪用了。

其次，将海防捐专备颐和园工程之用。海防捐本来是清政府为解决财源不足而于光绪十年（1884 年）开设的一种捐银买官的措施，名义是为海军衙门创建海军筹集资金，实际上已变成颐和园工程的专款。正如梁启超所说的那样，名为海防捐，实皆颐和园工程捐也。海防捐虽然不太景气，但也成为海军衙门一笔为数不小的收入。光绪十二年（1886 年）就收到百余万两，占海军衙门的总收入三成以上。

海军衙门既为海军衙门筹款，又主管工程建设，名义上是为海军办事的海军衙门，实际上没有替海军办一点事，为颐和园工程提供的经费总计不少于 600 万两。所以，时人说海军衙门是慈禧为重修颐和园所设立的新内务府。

慈禧太后为满足个人享乐，不顾海军建设的大局，任意挪用海军经费修筑颐和园，其腐败造成的后果是相当严重的。

海军经费本来就严重不足，慈禧又擅自挪作他用，结果应该添置的舰船不能添置，应该维修的船只不能维修，应添购的武器装备不能添置，以致在甲午海战之前，清政府所谓北海舰队，很少增添新舰只，有些船只使用了多年，已经破烂不堪，由于经费不足却得不到维修。

更有甚者，就连海军使用的炮弹也大都是3分火药，7分铁滓泥沙，不仅打不中敌舰，反而伤了自己的炮手。正如严复揭露的那样：甲午之办海防也，水底鱼雷与开花弹子，有以铁滓泥沙代火药者。洋报议论，谓吾民以数金锱铢之利，遂使其国破军杀将失地丧师不顾，则中国今日之败衄，他日之危亡，不可不谓不幸矣。

以慈禧太后为首的昏庸腐败的统治者，对海军建设竟如此漠然置之，结果导致甲午海战之败，随之北洋海军也全军覆没，这是中国近代的一大悲剧。

甲午之败的原因虽然是多方面的，清政府及其统治者的腐败，无疑是其中最重要的原因。甲午耻乃腐败之必然，绝不是耸人听闻。

四、光绪不做亡国之君

甲午战后，清政府的腐败无能和屈辱卖国的丑恶嘴脸已经暴露无遗。日本帝国主义通过侵华战争所猎取的大宗特权和巨额赔款，极大地刺激了列强的胃口，他们纷纷效仿日本，进一步扩大对中国的侵略。《马关条约》签订之后，沙皇俄国就勾结德、法两国，迫使日本放弃辽东半岛，这是历史上所谓的"三国干涉还辽"，其实这是沙皇俄国的一个巨大的阴谋。不久，沙俄以威胁和贿赂的手段，迫使李鸿章与其签订《中俄密约》，将刚从日本嘴里吐出来的辽东半岛全盘接收。

"三国干涉还辽"和《中俄密约》的签订，揭开了甲午战争后帝国主义瓜分中国的序幕。继沙俄侵占辽东半岛之后，德、法、英等列强接踵而来，立即掀起了一股瓜分中国的狂潮。中华民族面临着生死存亡的关头。

鸦片战争以来，中国很多具有爱国之心的人士都在思考这样一个问题：西方国家为何那样富强？中国为何如此衰败落后？更有一些有识之士走上了向西方寻求救国真理的道路，从而形成一股向西方学习，迅速振兴祖国的社会思潮。甲午战后，随着民族危机的日益加深，这股思潮很快汇集成救亡图存，发展资本主义的时代潮流。康有为的爱国思想，就是在这一潮流撞击之下逐步形成的。

1895年，《马关条约》签订的消息传到北京，当时齐集在北京参与科举会试的18省举人，得知中国割去台湾及辽东，并向日本赔款2亿两白银的消息，一时间群情激愤。康有为、梁启超联合18省举人向皇帝上万言书，提出拒和、迁都及变法的主张。因为外省举人到京是由朝廷的公车接送，这次事件也被称为"公车上书"。经此上书一举，康有为名声大震，由此奠定了他在戊戌变法运动中的领袖地位。

公车上书在当时没有得到直接实质的后果，但却形成了国民问政的风气，之后也催生了各式各样不同的议政团体。其中以康有为、梁启超二人发起的强学会最为声势浩大，曾一度得到帝师翁同龢、南洋大臣张之洞等清朝高级官员的支持。最终得到光绪皇帝的支持。

光绪皇帝为何能与维新派站在一起呢？这还得从光绪帝本人谈起。

1875年同治皇帝死后，因为没有儿子，便在皇族中挑选继承人，载湉的父亲醇亲王奕譞是咸丰帝的弟弟，母亲是慈禧太后的妹妹，于是成为了幸运儿。继位后年号光绪。光绪帝继位时年仅4岁，由慈禧太后垂帘听政。

光绪帝出生在清朝的衰世之秋，又是在清政府中各种矛盾激化的情况下被推上皇帝宝座的。因此他不同于中国历史上的许多皇帝那样皇权独运，而是处处受到慈禧太后的掣肘，况且他又是一个乳臭未干的小孩，这算是他的先天不幸。

光绪帝在位34年，开头15年他不谙政事，由慈禧太后垂帘听政。

1889年，19岁的光绪帝开始亲政，到1898年被囚禁瀛台，仅有10年亲政时间。因此对光绪帝一生的评价，实际上只能是对他亲政10年的评价。在这段时间内，怎样评价光绪帝的功过呢？这就要看他在历史的关键时刻，是顺历史潮流而动，还是逆历史潮流而行，前者是进步的，后者当然就是反动的了。具体来说，光绪帝亲政的10年中，中国发生了两件大事：一是中日甲午战争，二是戊戌变法运动。这两件事都关系到国家和民族的命运，光绪帝对这两件大事的态度，可以作为对他评价的依据。

1894年，日本侵略者挑起了侵华战争，在严重的战争威胁面前，清政府统治集团内部表现为两种势力，两种态度。

一种势力对内是"顽而又固"，对外是"固而不顽"，从盲目虚骄到屈辱投降。这股势力是以慈禧太后为首的后党官僚，他们是清政府内部的实权派，控制着清政府的军政大权。在日本军国主义步步紧逼下，贪图享乐，委曲求全，置国家的安危于不顾。尤其令人不能容忍的是，慈禧太后在财政拮据，战事急需的情况下，竟然为操办60大寿庆典挪用海军经费，以巨资重修颐和园。由慈禧太后一手提拔起来的直隶总督兼北洋大臣李鸿章，更是"无作战之气"，抱定妥协投降的宗旨，实行避战自保的方针。

另一种势力是以光绪帝为首的帝党。这派人物从思想倾向来看，是愤懑于慈禧太后的专横跋扈，期望归政于光绪帝，使其获得实权。他们企图借助对日战争来消灭后党势力，这是帝党形成后一直存在的思想基础。但是仅看到这一点远远还不够，帝党官员非常关切国家和民族的前途，他们认为，日本帝国主义大举入侵，将使"我中华从此无安枕之日"，因而在态度上"一力主战"。光绪帝更是"抱大有为之志，欲张挞伐，以湔国耻"，在实际行动上也进行了一系列的战事部署：当李鸿章调派叶志超、聂士成率军前往朝鲜应敌时，光绪帝深恐兵力不足，命令"增调续发"，急令知兵善战的刘永福、刘铭传等抗敌将领到台湾布防；不怕触犯慈禧太后，下令停修颐和园。中日宣战以后，光绪帝指令李鸿章要严惩临阵脱逃的将领。由于光绪帝以实际行动表明了坚决主战的态度，大批具有民族正义感和爱国之心的官员深受鼓舞。在御敌卫国的关键时刻，光绪帝能使个人的权力之争服从于国家和民族命运之争，勇于在昏聩的清政府内部举起抵抗外敌的大旗，这是他高尚的爱国情怀和力争有所作为的具体表体现。如此胸怀和抱负，在中国历史上的皇帝中实属仅见。

戊戌变法运动的发生，是光绪帝亲政10年间的又一件大事。

第一次鸦片战争前后，清朝最高当国者，大多恪守封建主义传统观念，他们既愚昧守旧，又盲目虚骄，从来就不肯睁开眼睛看看外界的大势。在这种愚腐的气氛中，有谁敢言改革，将被斥之为大逆不道。然而，作为一国之君的光绪皇帝却相反，他即使是在身不由己的窘境之中，也不忘探索中国的"致败之故"和"图强之道"。对于中国的失败，光绪帝认为主要失败在保守而不开化上，主要弊端是墨守成规，顽固坚持"祖宗之法不可变"的积习，结果是既"弃祖宗之民"，又失"祖宗之地"，于是他坚决表示说，"宁忍坏祖宗之法，不忍弃祖宗之民，失祖宗之地"。这种对顽固势力的毫不妥协的抗争精神，以及为求富强之道而自强不息的进取精神，是他后来坚决支持维新运动的思想基础。

光绪帝既已下定决心革新，便在救亡图存这一点上与康有为、梁启超等维新派有了共鸣，尤其是他每阅读书籍时，都从中受到新的教益和激励，因而在行动上开始勇于力排众议，为维新运动的发展扫清障碍，为维新派撑腰张目。如下几件事，足以说明这个问题。

其一，欲夺实权，不做亡国之君。光绪帝下定变法的决心，决定要公开支持维新派，把变法运动付诸实施。要命的是他虽然是一国之君，国家权柄却掌握在慈禧太后之手，要实现自己的理想，就必须夺得实权。于是，他直截了当地对慈禧太后的心腹庆亲王奕劻说："我不能为亡国之君，如不与我权，我宁逊位。"

慈禧太后听到传话后，暴跳如雷，大叫道："他不愿坐此位，我早不愿他坐了！"

然而，当时的形势已不容慈禧太后大耍淫威了。因为全社会救亡的呼声非常高，就是统治阶级内部也有人发出强烈的呼声，对慈禧太后形成了一股强大的政治压力。正在这个时期，慈禧太后的死党、在朝中举足轻重的人物恭亲王奕䜣病死，使得后党的势力大大削弱。在这种情况下，慈禧太后不得不冷静下来，经与庆亲王奕劻密商，答应就依光绪帝去办，等办不出模样再作评论。

慈禧太后这是在万般无奈的情况下作出的决定，但后半句话显然就是走着瞧的意思。可对于光绪帝来说，就是要争个变法维新的自由权，只要慈禧太后答应依他去办，其他的事情也就管不了那么多了。

光绪支持维新变法，不做亡国之君还真不是一句空话，当一些权贵大臣攻击康有为的"保国会"，光绪帝斩钉截铁地回击说，保国会能够提出保国，这岂不是天大的好事，何以非难？一些顽固分子见光绪帝出头，立即做了缩头乌龟，一股来势汹汹的逆流被平息下去，维新派扬眉吐气。

光绪帝非常重视对新政人才的提拔重用。为了召见康有为，他打破"非四品以上官不能召见"的"成例"，在仁寿殿召见康有为，并授予他专折奏事的权利。对拥护新政并具有才识的官员，也格外加以提拔重用。如：内侍读杨锐、刑部主事刘光第、内阁中书林旭、江苏知府谭嗣同等4人，一并被提拔为四品军机章京，直接参与新政。光绪帝如此重视人才的选拔和使用，实际上是在按照自己的意志来聚集一批推行新政的新生力量，以应对顽固派的进攻。可见其"欲任大改革"之决心。

以上几件事足以说明,光绪帝在亲政的 10 年间,经受了甲午中日战争和戊戌维新运动的严峻考验,在每一个重大事件中,他都是坚定地站在维护国家和民族利益的立场上。对外敌坚决主战,毫不妥协;对救亡图存的维新运动,他全力支持,直至身陷囹圄。所有这些都充分体现了这个所谓的"傀儡皇帝"不甘作"亡国之君"的豪迈气概和进取精神。

五、最后一曲挽歌

1901 年,清政府与英、俄、德、日、奥、法、意、西、荷、比等 11 国,在北京签订了出卖国家主权的《辛丑条约》,条约进一步加强了帝国主义对中国政治、经济、军事等方面的控制和掠夺。单就赔款一项,高达 4 亿 5000 万两白银。清政府还恬不知耻地宣称,他们对外方针是"量中华之物力,结与国之欢心",完全变成了帝国主义的忠实走狗。

帝国主义不仅在中国强占所谓的"租借地",划分"势力范围",侵略边疆地区,加紧投资设厂、开矿、筑路和扩张银行活动范围,在经济上对中国进行掠夺,而且还派遣披着宗教外衣的传教士进入中国境内,对中国进行思想和文化上的侵略。

清政府则依靠帝国主义,对人民进行残酷的搜刮,打着举办"新政"的幌子,巧立名目,增设捐税。当时的苛捐杂税层出不穷,多于牛毛,连骡马、草料都要上捐。1899 年以前,清政府每年财政收入纹银 8000 万两,1903 年增加到 1 亿两,1908 年为 2 亿 3000 万两,1910 年则达到 3 亿两。10 年间使人民的负担增加了数倍。此外,清政府还发行"昭信股票",举办"赔款捐",对人民进行任意的搜刮,农民纳税，往往1两银子的税款要缴4～5两的附加税。

除苛捐杂税之外，土地兼并之风也愈演愈烈。土地兼并的结果，使土地更加集中到少数人手里，失去土地的农民处于破产状态；豪绅地主对佃农、雇工的压迫和剥削也是敲骨吸髓，日益加重。这种极端腐败、反动的统治，残酷的压迫与剥削，逼得广大劳动人民走投无路，卖妻鬻子，家破人亡。

清朝立国之初，曾定下了一条规矩，就是不准收礼。乾隆中后期，这个规矩被破坏了。乾隆朝查处的一些大贪案，很多都与贡品有关，因为这些地方大员在为朝廷办贡品之时，乘机中饱私囊。到了晚清，统治者干脆将祖宗定下的规矩一脚踢开，不但公开收礼，甚至还鼓励送礼。八国联军侵占北京，慈禧和光绪皇帝逃往西安，八国联军撤退后，慈禧从西安返回北京，沿途官员"孝敬"给她的金银财宝，竟然装满了3000辆大车。

最高当权者如此贪婪，各级官员也就上行下效。所以晚清官场中送礼也就大行其道。送礼只是一个幌子，其实是借"礼"之名行贿赂之实。

晚清官场送礼有讲究。送礼是一个技术活，既要使接受方能接受，又要使接受方不丢面子，否则会把事情办砸。就是礼品前面加上"仪"、"敬"等字，以文雅的词句掩盖丑陋的行为。一般送礼都是送银子。比如夏天气候炎热，人喜凉爽，这时候送银子就称"冰敬"。冬天天气严寒，人喜温暖，这季节送银就称"炭敬"。新年送银子称"年敬"。中秋节、端午节等节日期送银子称"节敬"。生日、结婚、生子等喜庆日子送银子称"喜敬"等等。

送礼就是行贿，不行贿就什么事也做不成。晚清的官场中人深识其道，办事以"礼"字为先，甚至连曾国藩这样名重一时的权臣也不例外。

曾国藩是武英殿大学士、直隶总督，可谓位高权重。然而他在官职变化的时候，也要"打点"各方面的关系，"破费"钱财。同治七年（1868年），曾国藩由两江总督改任直隶总督，到京城请训，次年正月离京，前往保定赴任。曾国藩有一个记日记的习惯，同治八年（1869年）正月，有几天的日记是这样写的：

> 十四日……袁子久来久谈，旋核别敬单，二更四点睡。……
>
> 十五日……夜写信，与朱修伯商事，核别敬单，二更三点睡。……
>
> 十六日……夜与许仙屏核别敬单。二更后，张竹汀等来一谈，三点睡。
>
> 十九日，早饭后清理文件，核别敬单三纸。旋见客多次，料理城内送礼各事……三更后成寐。
>
> 二十日，早饭后至间壁谢公祠一坐，核别敬各单。旋归会客三次，巳时起行出京。

从这些天的日记可以看出，曾国藩是多么忙，而忙的主要内容之一，就是核别敬单，料理城内送礼的事情。送礼人们都好理解，那么"核别敬单"是什么意思呢？原来，"别敬"是馈赠给亲戚、朋友、同乡、同年及年家世好的礼物，这礼物包括银子，所以，"别敬"含有馈赠和贿赂两方面的意思。"核别敬单"当然就是核对记载"别敬"的单子，说得更明白一些，就是核计给哪些人各送多少银子。

连曾国藩这样的重臣都在"天子脚下"的京城大行贿赂之事，在天高皇帝远的"地方"上，行贿受贿之事，不知严重到何种程度。有送钱的，就有收钱的，由此可见当时吏治的腐败。

"送礼"为了求官，当官为了求财，这是一条利益链，也是晚清官场上的潜规则。

晚清有一个"5人承包知县"的故事，很能说明晚清官场上当官为发财的情况。

光绪年间，浙江山阴县有个名叫蒋渊如的人，见当官是一条发财的门道，他把唐文卿、陈柏生、王平斋、吕少川4个朋友召集在一起，对他们说：当知县很赚钱，一年下来，少的可以得银子几千两，多的可以得到10万两。他想请大家凑份子买一个知县，赚钱后大家分，问朋友们干不干。几个朋友表示愿意干。

钱凑够后，果然买到了一个肥缺知县。蒋渊如上任前和4个朋友起誓，要和衷共济，有财大家发。并做了明确分工：蒋渊如任知县，唐文卿任刑名师爷，陈柏生任钱粮师爷，王平斋为钱漕家丁，吕少川为转递公文的家丁。商定贪赃得到的钱按买官时的出资比例分配。结果在不到3年时间里，他们贪赃得银60多万两。3年一任期的考核中，蒋渊如虽然因贪污被罢官，但5个人最初的目的达到了，每人分银子10多万两。

人民看穿了清政府的腐败与凶残，当时社会上流传着这样一首民谣：

> 这个世界不得了！
> 富人富得不得了，
> 穷人穷得不得了，
> 不造反不得了。

中国人民日益觉醒，自义和团运动以来，农民、手工业者和其他劳动群众，不断地在全国各地掀起反帝、反封建的斗争风暴。

一批资产阶级和小资产阶级知识分子，在严重的社会危机和民族危机之下，逐步走上了资产阶级民主革命的道路，他们中间的很多人为了寻求真理，纷纷到国外留学。

日本是中国近邻，原来也是一个落后的封建国家，并曾受到外国资本主义的侵略和奴役。明治维新之后，日本资本主义得到发展，迅速变成一个资本主义的强国。一些有识之士认为，中国要富强，就得学习日本，再加上日本离中国近，留学费用相对更低，于是，一大批青年知识分子涌向日本，形成一个赴日留学潮。1906年，留学日本的学生人数达到8000多人，这一批人中多数是抱着政治目的前往日本的。在民族危机深重，清政府卖国投降的反动面目日益暴露的情况下，留日学生在积极参加爱国运动的同时，还组织爱国团，出版报纸刊物，宣传革命思想，揭露清政府对内腐朽暴虐，对外屈辱投降的丑恶行径，主张用革命的手段推翻清政府，只有这样才能达到救亡图存的目的。

随着革命形势的日益发展，各地革命团体的不断出现，迫切需要建立一个统一的政党，以领导全国的资产阶级民主革命。

1905年，孙中山在比、德、法等国，向中国留学生宣传革命思想，获得不少人的赞同。不久，在孙中山的倡议下，反清团体在日本成立了"中国同盟会"。会议通过了孙中山提出的"驱除鞑虏、恢复中华、创立民国、平均地权"16字纲领，作为同盟会会员共同奋斗的目标。会上公举孙中山为总理。

前进的道路上充满了曲折，从来都不是一帆风顺。在资产阶级民主革命向前发展的时候，存在着两条政治路线的斗争：一条是以孙中山为代表的民主革命路线，一条是以康有为、梁启超为代表的改良主义路线。

孙中山从革命民主派的立场出发，主张用革命的手段推翻清朝的封建帝制，建立资产阶级民主共和国；康有为和梁启超主张不触动清朝皇帝的根本利益，在保存清朝封建制统治的基础上实行君主立宪，指望皇上"开明"，只是作一些改良。

孙中山领导的革命派同改良派进行大论战，在这场激烈论战中，孙中山领导的革命派斗志昂扬，表现出了朝气蓬勃的革命精神。

孙中山领导的民主革命之所以能得到迅速发展和壮大，是与他的为民廉政思想分不开的，也是有其新的社会阶级基础的。这个新的阶级基础就是资产阶级。华侨资产阶级中很多人都是小商人，有些商人从工人起家，同国内封建统治者没有多少联系，由于他们接触了西方资产阶级文化，又受到外国人的歧视，痛恨清政府的腐败无能，有较高的革命情绪。他们要求废除中美华工条约，抵制美货，为民除害，反美爱国运动给美帝国主义支持的清政府以沉重的打击。

农民一直是反对帝国主义势力的主力军。以农民为主体的劳动群众，踏着义和团的血迹，向帝国主义和封建势力发起了猛烈攻击。抗租、抗税，反对外国教会的斗争在全国各地此起彼伏，向清朝政府的贪官污吏和帝国主义教会、教士发起进攻，矛头直指腐败的清政府。

这一时期，中国工人阶级还没有作为一个觉醒的、独立的阶级力量登上政治舞台，但在逐步发展中，已和农民阶级一起成为反对清政府的重要力量。1906年，江西萍乡和湖南的浏阳、醴陵一带农民举行起义时，安源煤矿的矿工纷纷响应，参加到起义军中英勇战斗，成为起义的主力之一。在反对清政府统治的斗争中，这支来自劳动人民群众的力量，逐渐引起革命党的重视。

宣统三年（1911年）四月，清政府与4国银行团大借款正式达成之后，突然宣布"铁路国有"政策。

铁路国有政策是一个强盗政策，说白了，就是赤裸裸地抢。将原来的铁路投资者扫地出门，连股本都不给，抢来后拱手送给帝国列强，中国人再也不能跨入这个行业。这就是4国银行团大借款最要命的地方：银行团借钱给清政府，清政府把中国铁路的修筑、经营权交给帝国列强权作为回报。

"铁路国有"犹如一根导火索，点燃的火药桶威力到底有多大，超过了任何人的想象。要深入地了解这个问题，有必要回顾一下中国的铁路史。

中国铁路始于吴淞上海之间的轻便铁路，这条铁路由英国商人于同治五年（1866年）开始修筑，历经10年，于光绪二年（1876年）通车。不幸的是铁路刚通车就碾死了一名清兵，引起铁路沿线人民的愤怒。光绪三年（1877年），清政府被迫以28.5万两白银赎回这条轻便铁路，然后把路轨和车厢都抛到打狗港去了。

中国人自己修筑铁路，始于光绪七年（1881年），这一年，招商局修筑唐胥铁路（唐山到胥各庄），为运煤专用铁路。

中国正式有铁路，从光绪七年（1881年）算起，比起世界上最早通车的铁路，落后了50年。在修路过程中，曾受守旧派的阻挠反对，使修筑一再停工。光绪十四年（1888年）这条路展延到天津，于是改称唐津铁路。

一直以来，清政府把筑路看成是一件祸事，老百姓也认为，火车是一个怪物，轰隆轰隆地来，轰隆轰隆地去，怪吓人。

由于海禁大开，列强争着要求在中国修筑铁路，俄国首先抢到了修筑南北满铁路特权；随后比利时得到芦汉铁路（京汉铁路前身）；美国得到粤汉铁路；德国得到胶济铁路；法国得到滇越铁路；俄国得到正太铁路；英国得到沪宁铁路和道清铁路；比利时得到陇海铁路的修路权。

你如果以为帝国主义是菩萨心肠，在中国发展现代化交通是给中国人民送福利，那就错了。天上不能掉馅饼，帝国主义也不是菩萨，而是吃人的狼。他们之所以如此热心，是从借款、施工一直到路政管理，都由他们一手包办，目的就是掌握中国的交通命脉，进而控制中国的经济命脉。

光绪二十二年（1896年），清政府设立了南北铁路总公司，派盛宣怀为首任铁路督办大臣。

盛宣怀是中国最早的买办阶级，被称为"中国铁路大王"，实际上这个人是一个借债大王，贪污大王，卖国大王。他依靠帝国主义和皇族载泽替他撑腰，敢做他人所不敢做的事情，敢于一次又一次地借外债，敢于一次又一次地把路权和经济特权献给帝国主义，也敢于从中大把大把地捞票子，他的亿万身家就是这样积聚起来的。

外国人像疯狗夺食一样在中国抢夺修路权，让中国人发现，修筑铁路是一个巨大商机，这块蛋糕特大，于是，中国人自己开始筹款修路了，修路热潮从湖北、湖南、广东3省开始，一直蔓延到全国。光绪三十年（1904年），全国有13个省成立了民办铁路公司。

宣统二年（1910年）四月十五日，美、英、德、法4国在巴黎成立4国银行团。4国银行团是帝国列强在中国狗咬狗的产物，这个联合阵线是在排斥日、俄两国的基础上形成的，目的是在垄断中国铁路投资权，而联合阵线是他们相互间的一种妥协，以达到利益共享。

宣统三年（1911年）三月六日，清政府与垄断对华贷款为目的的4国银行团签订1000万英镑的"币制实业借款"。

正是在这种背景下，清政府宣布铁路国有政策。

这种"宁亡于外寇，不亡于家奴"的卖国行径，激起了全国人民的愤慨，掀起了一股反抗的怒潮，刚开始这股怒潮和革命还没有扯上关系，演变下去，却和革命洪流汇合在一起，形成一股巨大的、不可抗拒的洪流，这就是发生在清朝末年的保路运动。

四月十二日，盛宣怀再次与4国银行团签订600万英镑的川汉、粤汉铁路借款合同，首先拍卖了这两条铁路干线。这种卖国行径，激起了全国人民的愤慨，各地立宪派乘机鼓动请愿，一个规模空前、声势浩大的保路运动迅速掀起来。

川汉、粤汉铁路所经过的四川、湖北、湖南、广东4省形成了反抗风暴的中心，4省都成立了"保路同志会"，坚决反对铁路"国有"，一致要求"诛盛宣怀以谢天下"，并提出了"路存与存，路亡与亡"的响亮口号。

保路运动的浪潮迅速冲击到全国各地，从城市到农村，从海滨到山地，人人都感到中国大祸将临，都抱有一颗死中求活的决心。

有关各省督抚害怕"官逼民反"，纷纷上表，请求缓行铁路国有政策。清政府不但没有采纳这些建议，还对那些上表的督抚一番训斥，并给他们下了一道死命令：违者以抗旨论。

依"大清刑律"，抗旨属"大逆不道"的杀头死罪。很明显，面对愤怒的人心，清政府已经举起了屠刀。

保路运动以四川的反应最为激烈，成都各界纷纷以罢课、罢工、罢市、抗捐的形式抗议清政府的卖路、卖国政策。

四川总督赵尔丰接到朝廷"格杀勿论"的指示，设计诱捕了保路代表蒲殿俊、罗纶、邓孝可、颜楷、张澜、胡嵘、江三乘、叶秉诚、王铭新等人。

民众听说代表被捕，聚集在总督衙门前请愿，要求释放被捕代表。赵尔丰竟命令统领田征葵开枪，当场击毙6人，并调来骑兵驱赶民众，死伤民众难以数计，这是保路运动的第一血案。

成都血案发生后，保路运动由和平请愿转向武装起义。

原来的保路运动，由君主立宪派指导和策划，其组成人员由咨议局、民办铁路公司和地方绅士为主，赵尔丰用枪弹对付手无寸铁的民众，进行疯狂的屠杀，从而促使保路运动由和平请愿转向武装起义。

成都附近各县民团纷纷集合起来进攻省城，与政府军进行了一个多月的顽强战斗，双方互有死伤。

保路运动在全国风起云涌，摄政王载沣和总理大臣奕劻却在北京城吵得不可开交，争吵的原因据说就是分赃不匀。

端方在光绪末年大红大紫，曾任湖广总督、两江总督和直隶总督，光绪驾崩的时候，他还是直隶总督，后来被革职了。

端方被革职，犯的是大不敬之罪。据说在光绪皇帝移灵的时候，他在皇宫里照相，恰巧被隆裕皇后撞着了。一件生活小事，就成了大不敬之罪，因而被革职。

端方下台之后，一心想东山再起，见四川的保路运动风起云涌，摄政王和总理大臣为分赃不匀又吵得不可开交，觉得机会来了。于是他上书朝廷，说四川总督赵尔丰懦弱无能，控制不了四川的局面，然后向总理大臣、"庆记公司"大老板奕劻投放银弹，结果获得"川粤汉铁路督办"的职位。清政府命令他顺道湖北，抽调一部分新军前往四川镇压闹事的民众。

端方费九牛二虎之力，谋求到"川粤汉铁路督办"的职位，满以为能大捞一把，把放出去的银弹成倍地收回来，谁知却走上了一条不归路。

日暮途穷的清政府，越到后来越腐败无耻，大量出卖铁路的主权，以换取外国主子的欢心与支持。各地人民坚决反对清政府的腐败卖国行为，强烈要求收回主权。

1911年7月以后，在川粤汉铁路沿线的保路风潮不断扩大的形势下，两湖的革命党人就在积极地准备在武昌发动武装起义。8月下旬，在同盟会的推动下，文学社和共进会在武昌举行联合会议，进一步策划武装起义，并成立领导起义的统一机构，推选蒋翊武为革命军总指挥，原商定于10月6日起义，后因准备不足，起义日期推迟。

10月9日，因孙武在汉口俄租界宝善里试制炸弹不慎失手爆炸。爆炸声引来了巡捕，宝善里这个秘密据点被暴露，准备起义的旗帜、文件、武器、名册，都被巡捕房抄走。随后，清政府在武汉三镇大肆搜捕革命党人。

　　蒋翊武闻讯后，于当天下午在武昌小朝街文学社机关召开紧急会议，决定将起义时间提前到当天晚上12时，并派人传达起义命令。

　　当天晚上，清朝军警追踪到小朝街革命党人，逮捕了彭楚藩、刘复基、杨洪胜、丁笏堂、陈化龙5人，蒋翊武越墙逃脱。

　　清军捣毁了文学社总部，宣布全城紧急戒严，武昌城大街上除了军警，看不到行人，起义的命令无法送出。当晚12时起义的决定因此而流产。

　　10月10日清晨，彭楚藩、刘复基、杨洪胜3位革命党人，在湖广总督衙门前被杀害。

　　当天晚上7时，新军营副班长金兆龙向枪膛里装子弹，被前来查夜的二排排长陶启胜发现，陶启胜认为金兆龙要造反，冲上前要抓他。同棚士兵程正瀛闻声赶来，一枪托把陶启胜砸倒在地。

　　陶启胜从地上爬起来就跑，程正瀛举枪就射，击中陶启胜的腰部，陶启胜负伤而逃。

　　程正瀛开的这一枪，就是武昌起义推翻清政府的第一枪。腐败的晚清政府，在武昌起义的枪声中落幕。

六、清朝兴亡的启示

　　大清王朝虽然已经落幕，但大清王朝的兴亡仍给后世留下一些问题值得思考。

　　第一，政治腐败的实质是官僚集团与国家之间的利益冲突，惩治贪官污吏则是封建帝王为维护其统治而与官僚集团在利益上的冲突。这种冲突从清朝开国时便已存在，到乾隆中后期达到高峰，官僚集团在冲突中渐占上风，乾隆帝在冲突中悄然妥协。大清王朝的繁荣昌盛随着乾隆的妥协戛然而止，乾隆葬送了由自己缔造的"康乾盛世"。

第二，吏治腐败是封建官僚政治的伴生物。封建官僚政治与吏治腐败是一对孪生兄弟，而官僚政治却是中国历代统治者的传统，这就决定了历代吏治腐败从形式到内容上具有很大共性。清中叶，社会环境发生了很大变化，商品经济发达，奢侈颓废成为官僚集团成员的时尚，为吏治腐败准备了适宜的土壤和条件。

第三，封建官僚制度是吏治腐败的根源。中国封建官僚制度以君权专制为核心。君权专制在政治上存在人身依附关系，君臣、上下级之间有着不可逾越的差别和政治隶属，下级的政治生命掌控在上司之手。为了迎合上司，下属不得不采取各种非正常手段。贿赂成为调节传统政治关系的重要手段。另外封建官僚制度的特点是人治大于法治，法治的对象只是人民，其在统治集团面前只是一种摆设，偶遇开明君主，能发挥有限作用。重视人治而忽视法治，只能使吏治腐败雪上加霜。

第四，政治受传统文化的支配。中国传统文化是一种亲族型文化，表现为"在家尽孝，为国尽忠"。入仕必须忠君报国，君主需要臣下对自己绝对忠诚，理论上这种忠诚虽然包括完成君主规定的政治目标，在政治生活中遵纪守法的内容，但评判标准却掌握在君主手中，正如雍正帝所说，朕说你好，你才好！君主对臣僚的要求首先是忠，其次才是廉，廉洁与否仍然由君主评判，一切以君主的需要为定。在实际政治生活中，尽管政治原则要求各级官吏克己奉公，大义灭亲，但官吏们更习惯于把亲族情感作为优先考虑的对象。官僚集团不仅要利用自己的特殊身份来满足自己物质和权力的欲望，而且还要满足和照顾亲情关系下的所有人，"一人得道，鸡犬升天"，说的就是这个道理。

所以政治腐败，官吏贪赃枉法不是一个简单的历史现象，并非人治社会的严刑酷法所能根除，也非专制条件下的讽喻说教所能阻止，只有靠社会的变革，生产力的发展，人民成为自己命运的主人时，才能从根本上消除吏治腐败的根源。